U1075711

两业融合

——推动先进制造业和现代服务业深度融合发展的探索与实践

LIANGYE RONGHE

—— TUIDONG XIANJIN ZHIZAOYE HE XIANDAI FUWUYE SHENDU RONGHE FAZHAN DE TANSUO YU SHIJIAN

国家发展和改革委员会产业发展司　编著

中国计划出版社

北　京

图书在版编目（CIP）数据

两业融合：推动先进制造业和现代服务业深度融合发展的探索与实践 / 国家发展和改革委员会产业发展司编著. -- 北京：中国计划出版社，2023.5（2023.12 重印）
ISBN 978-7-5182-1351-1

Ⅰ. ①两… Ⅱ. ①国… Ⅲ. ①制造工业—服务业—产业发展—研究—中国 Ⅳ. ① F426.4

中国国家版本馆 CIP 数据核字（2023）第 038997 号

策划编辑：朱　冰　　责任编辑：张文征
封面设计：纺印图文　　责任校对：杨奇志
责任印制：李　晨　王亚军

中国计划出版社出版发行
网址：www. jhpress. com
地址：北京市西城区木樨地北里甲 11 号国宏大厦 C 座 3 层
邮政编码：100038　电话：(010) 63906433（发行部）
北京虎彩文化传播有限公司印刷

787mm × 1092mm　1/16　22 印张　357 千字
2023 年 5 月第 1 版　2023 年12月第 2 次印刷

定价：82.00 元

编　委　会

两业融合大事记

▲ 2018 年 12 月

中央经济工作会议提出，“推动先进制造业和现代服务业深度融合，坚定不移建设制造强国”。

▲ 2019 年 9 月

习近平总书记主持召开中央全面深化改革委员会第十次会议，审议通过了《关于推动先进制造业和现代服务业深度融合发展的实施意见》，指出“推动先进制造业和现代服务业深度融合是增强制造业核心竞争力、培育现代产业体系、实现高质量发展的重要途径”。

▲ 2019 年 11 月

习近平总书记在上海考察时强调，要强化高端产业引领功能，坚持现代服务业为主体、先进制造业为支撑的战略定位，努力掌握产业链核心环节、占据价值链高端地位。

▲ 2019 年 11 月

国家发展改革委等 15 部门联合印发了《关于推动先进制造业和现代服务业深度融合发展的实施意见》（发改产业〔2019〕1762 号），明确两业融合推进总体思路，梳理出 10 种发展潜力大、前景好的融合发展新业态新模式，提出重点行业双向融合发展的 10 个融合发展新路径。

▲ 2020 年 3 月

国家发展改革委印发《关于开展先进制造业和现代服务业融合试点工作的通知》（发改办产业〔2020〕224 号），组织开展两业融合发展试点。

▲ 2020 年 7 月

国家发展改革委印发《关于做好先进制造业和现代服务业融合试点工作的通知》（发改办产业〔2020〕559 号），确定天津经济技术开发区等 20 个区域、北汽福田汽车股份有限公司等 40 家企业作为第一批试点单位。

▲ 2021 年 3 月

“十四五”规划《纲要》提出，“加快推进制造强国、质量强国建设，促进先进制造业和现代服务业深度融合”“推动现代服务业与先进制造业、现代农业深度融合，深化业务关联、链条延伸、技术渗透”。

▲ 2021 年 4 月

国家发展改革委印发《关于继续开展先进制造业和现代服务业融合发展试点工作的通知》（发改办产业〔2021〕302 号），组织开展第二批试点工作。

▲ 2021 年 8 月

国家发展改革委举行新闻发布会，介绍两业融合进展，宣传佛山市南海区、景德镇市昌南新区、双良节能系统股份有限公司、杭州网易严选贸易有限公司等试点区域、企业的经验做法。

▲ 2021 年 8 月

国家发展改革委印发《关于继续做好先进制造业和现代服务业融合发展试点工作的通知》（发改办产业〔2021〕669 号），确定中关村科技园区大兴生物医药产业基地等 20 个区域、北京全路通信信号研究设计院集团有限公司等 40 家企业作为第二批试点单位。

▲ 2021 年 9 月

国家发展改革委举行惠企纾困专题新闻发布会，产业发展司负责同志介绍两业融合进展及下一步工作考虑。

▲ 2022 年 9 月

《经济参考报》专题采访国家发展改革委产业发展司负责同志并刊发《赋能制造转型升级　两业融合激发内生动力》《两业融合持续深化　着力培育一批龙头企业》报道。

▲ 2022 年 10 月

党的二十大报告提出，“构建优质高效的服务业新体系，推动现代服务业同先进制造业、现代农业深度融合”。

前　言

产业融合是全球经济增长和现代产业发展的重要趋势，是增强我国制造业核心竞争力、建设现代化产业体系的重要途径。党中央、国务院高度重视先进制造业和现代服务业融合（以下简称两业融合）发展，“十四五”规划《纲要》明确指出“促进先进制造业和现代服务业深度融合”，党的二十大报告再次强调“推动现代服务业同先进制造业、现代农业深度融合”，充分彰显两业融合在建设现代化产业体系、着力推动高质量发展中的重要性。

近年来，我国两业融合进展积极、成效显著。一是加强顶层设计。为贯彻落实党中央、国务院决策部署，2019 年国家发展改革委等 15 个部门印发《关于推动先进制造业和现代服务业深度融合发展的实施意见》（发改产业〔2019〕1762 号，以下简称《实施意见》），各部门、各地方结合工作实际和地区特点出台了相应的政策举措，形成了部门协同、上下联动的两业融合工作推进局面。二是推进试点示范。国家发展改革委在全国组织开展了两批先进制造业和现代服务业融合发展试点，遴选确定了 40 个区域和 80 家企业作为试点单位，鼓励大胆探索，形成一批可供借鉴推广的融合发展路径模式。有关部门、地方也积极开展服务型制造示范遴选、两业融合试点创新。三是探索有效路径。不少行业、企业遵循市场化发展方向，依托新一代信息技术、人工智能等新技术应用，积极探索“服务 + 制造”、系统集成总承包、全生命周期管理、个性化柔性化定制等融合发展模式，通过走符合实际的融合发展路径，加速向产业链价值链中高端攀升，融合发展效应充分释放，发展质量效益明显提升。

为更好发挥典型示范引领作用，国家发展改革委产业发展司组织各地、各试点单位梳理总结了两业融合的有效经验和特色做法，编写出版了《两业融合——推动先进制造业和现代服务业深度融合发展的探索与实践》一书。本书收录了专家学者对两业融合的宣传解读，遴选展示了一批融合发展成效显著、具有代表性的试点区域和企业案例，并以附录形式展示了国家和地方关于两业融合的政策文件，以期为更多地方、行业、企业推动两业融合发展提供参考借鉴，助力国家现代化产业体系建设和经济高质量发展。

本书编委会

2023 年 3 月

目　录

第一篇

谈政策、画蓝图，专家热议话融合

坚持“三个导向”引领两业融合发展

两业融合是我国制造业转型升级的重要方向，是实现经济高质量发展的内在要求。党的二十大报告强调坚持以推动高质量发展为主题，提出“加快建设现代化经济体系，着力提高全要素生产率，着力提升产业链供应链韧性和安全水平”。推动两业深度融合有利于加快我国产业转型升级，助力打好产业基础高级化、产业链现代化攻坚战，推动制造强国建设和高质量发展。

一、坚持目标导向，把推动两业融合发展作为增强制造业核心竞争力、建设现代化产业体系、实现高质量发展的重要途径

二十世纪七八十年代以来，随着信息技术快速发展和经济服务化趋势不断深化，产业交叉渗透、融合共生现象不断涌现，融合新业态新模式快速成长，产业融合成为全球经济发展的重要特征。经验表明，产业融合通过产业渗透、交叉和重组等方式，引发了产业功能形态、组织方式和商业模式的变革，推动了产业转型升级和附加值提升，培育了新的经济增长点、塑造了国际竞争新优势。例如，西方国家较早地重视制造业和服务业融合，大力支持制造企业服务化转型和制造业信息化升级，接近 60% 的制造企业同时提供产品和服务。美国通用电气公司通过实施“技术 + 管理 + 服务”模式转型，服务业务占公司总收入的比例超过 2/3；美国苹果公司开创了将手机硬件、软件和服务融为一体的新型商业模式，获得了巨大收益。国内一些大型企业也在积极探索两业融合发展新路径，如上海电气集团股份有限公司、陕西鼓风机（集团）有限公司等装备制造企业加快向服务供应商转型，海尔集团公司等消费品企业大力发展个性化定制和全程服务。

当前，我国经济已由高速增长阶段转向高质量发展阶段，正处在转变发展方式、优化经济结构、转换增长动力的攻关期，长期累积的结构性矛盾日益突出，产

业体系“大而全”但“大而不强”“大而不优”，技不如人和受制于人的领域仍然较多，总体处在全球价值链的中低端；同时还面临着部分制造业产业链外迁增多、美国加大对我国技术封锁等严峻挑战。我们要坚持目标导向，把推动先进制造业和现代服务业深度融合作为增强制造业核心竞争力、建设现代化产业体系、实现高质量发展的重要路径，并提出相关要求。

二、坚持市场导向，市场机制是两业融合发展的根本动力

两业融合是经济发展到一定阶段和水平后，在互联网、大数据等新一代信息技术支撑下，由企业主导、市场驱动的必然产物，具有主体多元、路径多样等显著特征。推动两业融合要充分发挥市场配置资源的决定性作用，鼓励探索融合发展的新业态、新模式、新路径。

一是发挥多元化融合发展主体作用。企业是最主要的市场主体，也是推动融合发展的主导力量。推进两业融合必须强化企业主体地位，支持企业通过多种方式实现对资源要素、技术研发和市场开发的有效整合。不同类型主体融合发展作用也不尽相同，如华为技术有限公司等产业链龙头企业，主要发挥其产业链引领作用，通过技术、产品、服务等领域持续创新，带动配套服务企业协同发展，实现全产业链向高端跃升；中国宝武钢铁集团有限公司等骨干企业，主要发挥其行业示范作用，通过先行探索提供系统解决方案，引导业内企业学习借鉴，避免走弯路；专精特新中小微企业，主要发挥其贴近市场、机制灵活等优势，探索新业态、新模式、新路径，通过融合培育形成一批“小巨人”和“单项冠军”企业；杭州网易严选贸易有限公司、北京小米移动软件有限公司等平台型企业，主要发挥其整合资源、集聚企业的优势，构建以平台型企业为中心、众多企业参与的产业生态圈。

二是培育融合发展新业态新模式。融合发展的业态模式是企业在市场竞争中产生并经市场检验才形成的。例如，有的企业基于追求利润最大化和满足顾客需求，注重产品与服务环节的整合，提供基于产品的增值服务或系统解决方案；有的企业基于适应消费结构变化和提高生产效率，对客户需求、工艺流程和业务流程的分工协作进行重构，形成柔性化、个性化生产等新的组织模式。近年来，国

内一些企业率先探索、走在前列，形成了一批新业态新模式，如华为的整体解决方案、上海电气的总集成总承包模式、深圳市怡亚通供应链股份有限公司的全程供应链整合创新等。此外，工业互联网创新应用、共享工厂、全生命周期管理、服务衍生制造、工业文化旅游等新业态新模式，也在不断释放融合发展红利，成为诸多制造企业、服务企业实现转型的重要抓手。

三是探索重点行业重点领域融合发展新路径。两业融合发展包括制造业服务化（servitization）、服务业制造化（manufacturization）两大方向。推动两业融合，必须鼓励企业根据行业领域特点，结合自身情况，进行自主探索和选择。例如，装备制造业与服务业融合发展主要方向是实现由提供设备向提供系统集成总承包服务转变，由提供产品向提供整体解决方案转变；消费品工业与服务业融合发展主要方向是更好满足个性化、品质化需求，通过推进品牌化、发展个性化定制、全链式智能生态服务实现转型升级；现代物流和制造业融合发展主要方向是鼓励物流、快递企业融入制造业采购、生产、仓储、分销、配送等环节，推进降本增效；研发设计服务和制造业融合发展主要方向是引导研发设计企业深度嵌入制造业转型升级的关键环节，提升产业创新水平和产业基础能力。

三、坚持问题导向，创新适应两业融合发展要求的保障措施

过去相当长一段时期，我国对制造业、服务业采取相对分立的态度，往往就制造谈制造、就服务谈服务，在政策措施和管理体制上也有明显差异。例如，现行财税制度设计仍带有较为浓厚的工业经济色彩；现行用地政策上，商服用地价格偏高；受行政体制、条块分割、法律法规等因素影响，不同行业不同领域不同部门之间普遍存在数据信息流通共享不够、信息资源碎片化严重、数据资源开发利用不充分等问题。这些问题，不仅使两业融合发展面临制约，也影响了融合发展的进度和程度。

两业融合实践探索中出现的新情况新问题，对传统的管理体制和政策体系提出了新要求。融合发展虽然是企业自主行为，但也需要政府营造良好发展环境。我们要坚持问题导向，根据融合发展中面临的体制机制障碍，通过在优化融合发展环境、强化要素保障、推动试点示范等方面发挥政府作用，引导市场主体更好实现两

业融合发展。适应跨界融合要求，清理制约两业融合发展的规章、规范性文件和其他政策措施，放宽市场准入，深化资质、认证认可管理体制改革；适应从“互联网＋”到“智能＋”的发展趋势，加快建立推广适应工业互联网和智能应用场景需求的设备、产品统一标识标准体系；针对制造企业转型发展服务型制造、服务企业反向拓展制造形成的用地需求，鼓励地方探索功能适度混合的产业用地模式，符合产业和用地政策，具备独立分宗条件的宗地可以合并、分割等。

当前，世界正处于百年未有之大变局，建设制造强国、推动高质量发展，是我国主动应对新一轮科技革命和产业变革的战略选择。要进一步改革创新、扩大开放、优化环境，支持、鼓励和引导企业积极探索两业融合发展新业态、新模式、新路径，不断增强我国产业链韧性，提升产业链发展水平，在开放合作中形成更强创新力、更高附加值的产业链，重塑我国产业竞争新优势，为全面建成社会主义现代化强国、实现第二个百年奋斗目标提供强有力的产业支撑。

（黄汉权　国家发展和改革委员会价格成本调查中心）

推动两业深度融合协同互促

两业融合发展是顺应新一轮科技革命和产业变革，以及增强制造业核心竞争力、培育现代产业体系、实现高质量发展的重要途径。近年来，我国两业融合程度不断加深、趋势不断增强，许多行业、企业探索形成了各具特色的融合发展模式。但目前来看，产业融合发展的范围不够广、程度不够深、水平不够高，支撑引领经济高质量发展的作用还不明显。今后一个时期，要深刻把握产业融合的规律和趋势，坚持改革创新，围绕重点行业和领域，培育多元化融合发展主体，探索特色融合发展路径，促进制造业高质量发展和服务业提质增效升级。

一、深刻认识产业融合内涵

随着信息技术的发展和扩散，一些基于工业经济时代大规模专业化分工的产业，边界逐渐模糊或消融，并在原有的产业边界融合发展出新的产业形态，成为经济增长和企业价值增长新的动力源泉。一般认为，这就是产业融合。产业融合是建立在高度专业化分工基础之上的，其实质是产业间分工的内部化，即把社会化分工转化为产业内部分工。专业化分工深化细化是产业融合的基础和前提。

先进制造业和现代服务业是相对于传统制造业和传统服务业而言的，是深度应用现代化技术、管理、模式的制造业和服务业。目前的传统制造业和服务业经过技术改造和管理创新后，也可能演进升级为先进制造业和现代服务业。两业融合是受技术进步、市场开放和制度创新驱动，通过技术渗透、产业联动、链条延伸、内部重组等途径，打破原有产业边界、促进产业交叉融合、育成新业态新模式，实现制造业和服务业相互支撑、高效协同、融合互动的动态过程，最终推动产业提质增效升级。

两业融合发展随着科技革命和产业变革不断演进、升级，是一个主体多元、路径多样、模式各异、动态变化、快速迭代的过程。这个过程既包括先进制造业和现代服务业相互渗透和互动、嵌入彼此产业链价值链体系，从而形成紧密关系，也包括制造业和服务业融为一体，形成新产业新业态。从要素层面看，服务特别是生产性服务作为制造业中间投入要素的比重不断提高，服务业在整个产业链、价值链中创造的产出和价值不断提高；从技术层面看，技术创新是两业融合发展的重要基础和前提条件，特别是新一代信息技术、人工智能等的广泛应用加速了产业融合进程，催生出众多融合新业态；从企业层面看，企业转型升级步伐加快、路径增多，一些制造业企业转型为“制造＋服务”或服务型企业，一些服务业企业向制造环节延伸；从产业层面看，制造业、服务业的专业化水平不断提高，同时也会产生两者融为一体的新产业。

二、关注融合发展难点问题

近年来，我国两业融合程度持续加深、趋势持续增强。但是，一些问题也值得关注。

一是生产性服务业发展相对滞后，影响产业融合进程。发达国家的两业融合起步较早、水平较高，产业结构普遍存在“两个 70%”现象——服务业占国内生产总值（GDP）的 70%、生产性服务业占服务业的 70%，发达的生产性服务业为现代产业体系提供了强大支撑。我国已成为世界第一制造业大国，但还不是制造强国，制造业创新能力还不够强、质量效益还不够高，其中一个重要原因就是生产性服务业发展尚不充分。

二是融合发展的范围不够广、程度不够深、水平不够高。从范围看，尽管我国一些行业龙头、骨干企业在融合发展上初见成效，但量大面广的中小企业鲜有突破，装备制造、家电等行业的融合发展起步较早，其他行业则相对滞后；从程度看，一些企业已经开展设计、采购、建造、系统集成等总承包业务，但提供优质、高效整体解决方案的能力还不强，存在核心技术缺乏、品牌影响力弱、服务增值带来的营业收入占比不高等问题；从水平看，一些领域融合发展主要是沿袭或模仿发达国家、跨国企业的既有模式，创新性和灵活性不够，难以适应新的客户需求和市场形势变化。

三是企业间、产业间的协同性还不强，融合发展效益没有充分释放。具体来看，许多企业缺乏外包非核心业务、专注打造核心竞争力的意识，生产经营涉及领域众多、专业化不强，难以与上下游企业形成有效的分工协作机制，导致核心竞争力弱。一方面，融合发展新业态总体规模较小，局限于领先企业的先行探索，还没有快速成长为推动发展动能转换和结构转型的重要力量；另一方面，行业的效益、效率不高，融合发展还没有形成推动企业向价值链中高端攀升的力量。

以上这些问题，既源于长期以来形成的路径依赖和分工格局难以在短期内改变，也存在现有体制机制难以适应两业融合发展进程的因素。同时，也要着力解决一些行业管理方式滞后、政策不配套、标准不健全、数据不开放等难点问题，在公共数据获取、数据确权和交易、数据安全等方面加快完善制度保障，为产业融合提供良好条件。

三、瞄准融合发展重点方向

"十四五"时期，要立足新发展阶段、贯彻新发展理念、构建新发展格局、推动高质量发展，把握产业融合发展趋势，围绕重点领域和关键环节，培育融合发展主体，探索融合发展路径，发展融合新业态新模式，创新体制机制，激发企业融合发展内生动力，实现先进制造业和现代服务业协同互促与深度融合，为制造强国建设和经济高质量发展提供有力支撑。

一是打造多元化融合发展主体。企业是融合发展主体，需强化企业主体地位，支持企业通过多种方式实现对资源要素、技术研发和市场开发的有效整合，同时注重发挥平台型组织、产业集群的重要作用。既要支持"链主"企业带动产业链上下游企业分工协作与联动融通，实现资源、要素、产能、市场的深度整合与共用共享，又要强化行业领军企业的示范引领作用，支持融合基础条件好、技术模式领先的企业在产业融合的方向、路径、模式上先行先试，形成、推广一批融合发展效果好、转型升级效应强的经验做法，还要完善平台型组织的综合服务功能，积极培育融合平台型企业，引导优势企业和上下游企业、关联企业围绕核心业务和产品共建业务信息平台、交互研发设计平台、供应链管理平台、工业云平台等，形成融合共生的产业生态圈。

二是积极探索重点行业的融合发展路径。我国制造业门类齐全，服务业业态众多，产业融合发展是一个双向的过程，既包括制造业向后端延伸的服务化，也包括服务业反向延伸的制造化，必须突出重点行业，根据行业特点，探索适合的融合发展路径。具体来看，可加快原材料行业和服务业融合步伐，从研发设计到生产制造各个环节对接下游企业，加快原材料行业从提供原料产品向提供原料和工业服务解决方案转变；推动消费品行业和服务业深度融合，适应消费结构升级趋势和居民多样化、个性化、品质化需求，推动创新设计、市场营销、品牌管理、售后服务等环节变革；提升装备制造业和服务业融合水平，发展系统集成、工程总承包、远程维护等服务，拓展增长空间；推进制造业和互联网融合发展，引导电信运营企业、互联网企业等积极转型，发展面向重点行业和区域的工业互联网平台；强化研发设计服务与制造业融合发展，采用新技术、新材料、新工艺、新装备、新模式，通过研发设计增强制造业产品的绿色化、智能化、品牌化水平；推进物流服务与生产制造无缝对接，推动制造业借助现代供应链开展资源整合和流程优化，实现供需精准匹配，降低实体经济成本，提升制造业运行效率。

三是培育融合发展的新业态新模式。先进制造业和现代服务业深度融合利用了现代信息技术和新型组织模式，能催生许多新业态新模式。从趋势看，共享工厂、柔性化定制、反向制造等具有很大发展前景。可依托完整工业体系和强大生产能力，面向中小企业，建立共享生产平台，推广共享工厂模式，推进厂房、设备、人才等资源整合，既能提升产能利用水平，又能节省生产投入成本；可支持企业增强柔性制造能力，将用户需求直接转化为生产订单，实现以用户为中心的个性定制与按需生产；可发展服务反向制造，鼓励服务业企业通过品牌授权、贴牌生产、连锁经营等方式嵌入制造业企业，拓展产业增长空间和增值能力；还可以推进文化旅游与制造业深度融合，支持有条件的工业企业、园区和历史遗迹通过挖掘文化底蕴、丰富品牌内涵、优化工厂设计，打造集生产、展示、观光、休闲、科普、购物等于一体的工业旅游景点景区。

（洪群联　中国宏观经济研究院产业经济与技术经济研究所）

更好把握产业融合发展趋势

产业融合特别是先进制造业和现代服务业深度融合，是全球经济增长和现代产业发展的重要趋势，同时也反映出新一轮科技革命和产业变革以及消费升级对产业发展演进的深刻影响。我国高度重视推动两业深度融合，并将其作为增强制造业核心竞争力、培育现代产业体系、实现高质量发展的重要途径。

先进制造业是指拥有更高增加值和更高生产率、更能体现未来发展方向的制造业。现代服务业是为了提高生产效率和人们的生活质量而发展起来的、具有较高技术含量和价值增值特征的服务业。两业深度融合是指两者打破传统产业边界，彼此相互嵌入、衍生、转化、合成、赋能等，形成更高效率、更高价值的新产品新模式新业态的过程。推进这一过程有利于促进产业转型升级、提升产业竞争力，进而提高经济社会整体运行效率，发挥产业协同效应，增强产业链供应链韧性，推动产业高质量发展。

"十四五"时期是我国产业竞争优势加快重塑、产业升级加快推进的重要时期，是产业发展提质增效、向价值链中高端迈进以及保障产业链供应链安全稳定高效的重要时期，也是制造强国建设迈出实质性步伐的重要时期。面对全球各国在产业、科技、规则、供应链等方面的激烈竞争，面对市场需求持续升级以及日益复杂的不确定性风险，从战略全局推动两业融合发展具有必要性和紧迫性。当前，我国经济发展面临需求收缩、供给冲击、预期转弱三重压力，但也要看到，我国经济韧性强，长期向好的基本面没有改变，需切实提升产业链供应链的稳定性和韧性，不断完善产业生态，推动产业融合提质升级。

近年来，我国两业融合步伐不断加快。一些大型制造业企业向服务业转型，取得显著进展，许多服务业企业的业务边界向制造业渗透延伸，还有部分企业被纳入两业融合发展试点单位。但也要看到，先进制造业与现代服务业仍面临发展不平衡、协同性不强、融合深度不够以及政策环境、体制机制难以完全适应发展进程等问题。

主要表现为：先进制造业和现代服务业的战略对接不足，融合方式单一、融合环节较少，利益联结松散，主导企业少、带动能力不强，相关体制机制尚不完善。更好把握产业融合发展趋势，需以推动两业深度融合为重要抓手，进一步深化两者的业务关联、链条延伸、技术渗透，积极探索新业态、新模式、新路径，推动产业相融相长、耦合共生。

一方面，要遵循产业发展规律、演进规律和创新规律。既要明确不同产业的属性、责任、功能与使命，又要认清形势、扬长避短，发挥整体效能，注重互动发展。在实践中，需体现战略性、宏观性、全面性、系统性、多层次性、动态性等特点，通过深化改革、扩大开放，构建有利于产业融合的体制机制与政策环境，促进先进制造业与现代服务业精准定位、深化分工合作，实现多方位、多层次、多环节融合。特别是要推动战略理念、核心业务流程、组织方式、商业形态、公共设施、关键要素等各层次的深度融合。推动服务型制造向网络化、智能化发展，加快生产性服务业专业化、高端化、精细化、智慧化、绿色化、品质化、体系化发展，催生一系列新技术、新平台、新模式和新业态，着力解决制造业与服务业协同不足、衔接不畅、模式滞后、缺乏统筹等问题。

另一方面，要分类施策、分步推进。近期和中期来看，需使融合创新成为先进制造业与现代服务业发展的重要驱动力。可积极推动先进制造业与现代服务业在重点领域形成一系列深度融合的实践案例，形成一批先进制造业与现代服务业深度融合的龙头企业；提升先进制造业的研发效率、设计水平、产品竞争力，着力降低生产成本、单位增加值物流成本等；推动服务型制造发展，提升制造业服务化水平；大力提升生产性服务业对制造业转型升级的支撑能力；提升先进制造业供应链安全水平，推动产业互联网与产业生态建设。长期来看，要全方位提升制造业的研发、设计、创新能力，全面提高生产效率、物流效率、供应链管理能力，全面推进服务型制造发展，打造一批世界级产业互联网平台、供应链服务企业，提升现代服务业国际竞争力。

基于我国制造业体系完整、服务业类型丰富以及发展水平不一等现实情况，两业融合的具体路径具有多样性、探索性、创新性等特点。比如，制造业企业可基于核心技术优势拓展专业的社会化服务；以制造业流程外包促进制造和服务供应链一体化；推动基于产品全生命周期管理与系统解决方案服务的制造与服务全价值链集成；促进基于智能化产品和装备的制造与服务功能一体化；实现基于产业互联网平台的制造和服务资源整合；推动基于客户深度参与的产品个性化定制；拓展基于研发、创意、设计、品牌等服务优势的生产制造网络等。

两业融合发展涉及领域广泛、影响深远，可优先选择若干重点领域，力争实现突破。比如，强化研发设计创新服务，创造先进制造业的需求空间；重视智能运维服务，提升先进制造业的综合价值；建立检验检测认证体系，完善先进制造业的产品质量管理；升级现代物流体系，提高先进制造业物流供应链效率；加速电子商务创新，保障先进制造业的价值实现；发展新型金融服务，优化先进制造业的资源配置；升级节能环保服务，推动绿色制造；发展工业文化旅游等。

还要看到，推动两业深度融合是一项系统工程，需进一步深化改革，为产业融合提供更好的体制机制保障与政策激励。要加快转变政府职能，完善市场准入制度，通过需求引导、利益激励、竞争机制等促进两业融合发展；进一步形成有利于融合的财税金融支持政策、科技创新政策、教育培训体系以及标准、统计体系，完善产业监管体系与监管机制，做好经验总结与示范推广。

（魏际刚　中国国际发展知识中心）

两业融合为高质量发展增添新动能

两业融合是现代经济发展的重要特征，也是全球产业分工体系调整和格局重塑的重要一环。自二十世纪六七十年代以来，发达国家就大力推动制造业企业向服务价值链延伸，服务收入已经成为发达国家制造企业销售收入和利润增长的重要来源。当前，我国正进入两业融合发展的发轫期，要从思想认识、路径引导、模式探索、政策措施保障等方面扎实推进两业融合发展进程，有力推动制造业高质量发展和现代化产业体系建设，增强我国在全球分工体系中的核心竞争力和产业链韧性。

一、两业融合发展加速推进、势头良好

近年来，我国两业融合发展快速推进，不同行业、不同企业结合自身特点探索实践取得了积极进展，涌现了一些融合发展领军企业和典型路径模式，融合发展效应开始逐步显现，成为产业转型升级的重要内容和突出亮点。不少装备制造企业通过“技术＋管理＋服务”模式积极发展装备增值服务，加快向整体解决方案供应商转型。一批消费品企业大力发展个性化定制和全程服务，实现生产流程再造以及与客户的紧密互动。互联网电商平台企业积极探索原厂委托设计（ODM）模式，实现了设计与制造、生产与消费的无缝对接。实践表明，许多企业和行业通过走两业融合发展道路，焕发了增长新机、释放了增长潜力、推进了动能转换、重塑了竞争优势。

总体来看，我国两业融合发展的质量和水平还有待提升，行业、企业覆盖面还有待拓展。一些领域融合发展主要模仿发达国家、跨国企业的既有模式，创新性、灵活性不够，不能很好适应客户需求和市场变化。从更深层次来看，对两业融合发展的认识还不到位，有的企业认为两业融合发展就是发展生产性服务业，有的企业把两业融合简单等同于企业主辅分离和多元化，或者就制造谈制造、就服务谈服务。

在发展路径上还存在惯性依赖，由于相当长一段时间国内企业在国际分工体系被锁定在加工组装环节，向高端服务拓展的路径转换风险高、投入大、见效慢，有的企业则习惯于“服务内置化”的封闭式发展路径，改变“大而全”“小而全”的生产经营模式尚需时日。在政策环境上还不完善，如行业资质管理方式滞后、标准不健全、数据不开放等，对企业跨界融合发展造成障碍。

二、两业深度融合将释放巨大经济增长效应

推动两业融合有助于优化要素资源配置，提高供给体系的质量和效益。随着经济发展阶段和要素资源条件变化，我国高投入、高消耗、低成本、低价格的经济发展模式难以为继，重供给轻需求、重生产轻服务、重规模轻品质、重扩张轻升级带来的问题越来越突出，经济增长亟待由传统的粗放型发展向高质量发展转变。推进先进制造业和现代服务业深度融合，建立与消费结构升级相适应的生产组织模式和市场营销模式，通过智能化生产、柔性化定制、供应链协同等方式紧密对接生产消费两端、供给需求两侧，将生产性服务业嵌入制造环节，能够提高要素资源的配置效率和利用效率，有效破解低端无效供给过剩和高端有效供给不足的矛盾，更好地改善供给体系质量和效益，进一步畅通国民经济循环体系。

推动两业融合有利于提升我国产业链水平，推动制造业高质量发展。制造业是国民经济的主体，是立国之本、兴国之器、强国之基。没有强大的制造业，现代化经济体系就没有坚实的基石。近年来，受要素成本上升、科技人才竞争加剧、国际经贸规则重构等内外部因素影响，我国作为制造大国的传统优势正在减弱，制造强国建设面临发展优势重塑、增长动力重生、外需市场打压、高端技术封锁等多重任务和挑战。推动先进制造业和现代服务业深度融合，可以拓展我国制造业发展优势，补齐研发设计、市场营销、品牌管理等短板环节，加快提高产业链水平，增强制造业核心竞争力；可以促进传统制造模式向两业融合的新型制造模式转变，重塑产业竞争新优势，培育持续发展新动能，释放转型发展新空间，推动我国从制造大国向制造强国转变。

推动两业融合有利于拓展服务业发展空间，促进现代服务业提质增效。国际经

验表明，制造业部门为增强产品竞争力，将不断增加服务投入，越来越依赖信息、技术、知识等软要素，从而带动生产性服务业快速发展。两业融合发展，将带动服务要素作为中间投入的巨大需求，对高端优质的现代生产性服务业形成有效牵引，促进金融保险、计算机软件、信息服务、商务服务、科技服务等行业的快速发展。同时，在新一轮科技革命和产业变革孕育突破的形势下，两业融合发展将创造出许多新需求、形成许多新产品、衍生许多新服务，从而拓宽服务业增长空间，孕育形成经济发展新的增长点。

三、当前推动两业深度融合发展的工作重点

两业融合是经济发展阶段变化的必然规律，也是市场内生驱动、企业主动作为的过程，特别是融合发展的新业态、新路径和新模式，需要企业及其他主体在不断探索、反复尝试中逐步发展成熟起来。对于两业融合发展，政府主要发挥引导激励作用，营造公平有序的融合发展环境。一是聚焦问题深化体制机制改革，针对融合发展存在的体制机制障碍，加快服务业对内对外开放，打破多头管理和条块分割，推进数据等资源开放共享，形成良好的融合发展生态；二是积极探索创新用地供给方式，针对两业融合发展的新形势和土地集约高效利用的新要求，探索业态复合、功能混合、弹性灵活的用地出让方式，特别是要研究适应制造企业服务化转型、服务企业反向拓展制造的用地供给方式创新；三是协同发力强化融合发展要素保障，通过设立投资基金、培养跨界融合人才、推进产教融合、搭建重大平台等措施，补齐资本、人才、技术等要素短板；四是因地制宜开展两业融合试点示范，针对不同地区、行业和企业的特点，鼓励和支持有条件、有代表性的城市、园区和企业开展融合发展试点，形成一批融合发展的典型案例和发展样板，起到探索经验做法、率先示范引领的作用。

（徐建伟　中国宏观经济研究院产业经济与技术经济研究所）

以两业融合发展壮大实体经济

发展两业融合是顺应数字时代日益模糊的产业边界的趋势选择，也是有效应对后疫情时代全球制造业分工深度重塑的有效手段。在服务业增加值占比日益提升的大背景下，服务业与制造业融合为经济高质量发展赋予了新的动能，有助于服务业克服鲍莫尔病，更是防止过度服务导致产业空心化的重要举措。当前，全球主要经济体都把两业融合作为一项重要的战略予以推进。但是，我国两业融合程度还相对较低，两业融合的体制机制尚未健全，通过两业融合发展壮大实体经济，还任重道远。

一、两业融合为经济高质量发展赋予了新的动能

服务经济的迅速发展，尤其是数字技术的出现，颠覆了服务业鲍莫尔病的传统认知。尤其是随着生产性服务业的迅速崛起，制造业服务化和服务型制造越来越成为现代产业新的组织形态。

虽然在现有统计制度下，无法从数据上直观得出两业融合的规模体量，但是考虑到两业融合的一个重要载体是日益普及的数字化技术应用，因此可以从工业互联网的角度进行观察。根据中国工业互联网研究院发布的《中国工业互联网产业经济发展白皮书（2021 年）》，2020 年我国工业互联网直接产业增加值规模为 0.95 万亿元，带动就业 603 万人；渗透产业增加值规模为 2.62 万亿元，带动就业 2 126 万人。

与此同时，两业融合所带来的生产方式的柔性、智能、精细化转变，使得制造业企业延伸了服务链条，促进了生产提质增效，推动了制造业朝高端、智能、绿色、服务方向发展，在无形之中催生了制造业竞争新优势。制造业服务化不仅提高了我国企业价值链的参与程度，而且显著提升了我国企业在价值链体系中的分工地位，

这主要是因为制造业服务化的垂直效应（产品质量）和水平效应（产品技术复杂度）提升了企业出口产品品质。在应对国外产品进入中国市场的竞争中，服务型制造有助于改善企业在进口竞争中的经营绩效。制造业服务化既能够显著提高中国制造业的显示性比较优势指数，也能够提高中国全球价值链的前向参与度。

尤其是在数字经济飞速发展的今天，借助于数字技术，现代制造业日益呈现出智能、柔性和高效的发展趋势。比如，机械设备的远程控制、产品的全生命周期管理和柔性化、个性化的生产组织方式已经越来越普遍。这改变了过去制造业企业与消费者之间相对较远的联系，在提升了制造业企业对市场响应能力的同时，也大大改善了消费者的效用函数，从而在供需两端共同发力，推动了形成新的更高水平的供需平衡。

整体来看，通过两业融合，实现现代服务业和先进制造业的耦合共生，既是有效应对后疫情时代全球产业链供应链横向调整和纵向压缩变化的有力武器，也是顺应产业结构变迁和技术变革的趋势使然。两业融合所孕育出的新动能，开拓了制造业和服务业协同发展的“第二曲线”，这奠定了壮大实体经济的重要根基。

二、当前两业融合的主要短板

（一）两业融合程度还相对较低

2005 年，中国两业融合度指数为 0.105 9，低于美国的 0.139 3、英国的 0.179 7、挪威的 0.264 8 及芬兰的 0.183 2。到了 2014 年，中国两业融合度指数是有 0.083 1，不升反降，不及美国的 1/2，也远低于其他发达国家。造成这一现象的主要原因，一方面有可能是因为中国制造业部门内置的高端服务活动（研发、管理）的比重较低，导致出口中来自制造业部门的内置服务活动价值的贡献很少；另一方面可能是中国制造业服务化（尤其是国内服务化）总体上还较为低端，研发、商务、市场营销等高智能服务占比较低。

（二）两业融合的生态体系尚未成型

生态体系建设是中国两业融合的另一个短板，突出表现在发展不平衡、协同性不强，以及现有政策环境下的体制机制尚不通畅等方面。从两业融合的主要类型来看，有中国改革开放以来的国有企业内部服务活动的剥离和服务外包形成的传统分离式，还有大家所熟知的制造业服务化，以及服务制造化形成的现代延伸式。上述三大类型表现形式首要集中在设备的维护保养管理、生产过程的敏捷化反应、物流系统的快速响应等综合化服务平台，其次是产品的全生命周期管理、研发设计外包、企业的数字化流程再造和全行业整体性解决方案等平台。

正是由于两业融合的这种全新生产组织形式，导致了对传统生产组织方式的冲击。典型的是在企业内部，由于新产品和新技术的研发设计，需要多个不同领域的专家相互配合，企业将研发活动内置化的成本显然高于服务外包。但是，由于许多知识型服务往往需要与企业的生产组织过程密切衔接，并不断修正，又有可能导致研发活动服务外包的成本飙升。因此对于企业来说，如何适应不断融合的产业发展新模式，需要进行探索和试错。此外，这种全新的组织方式，也给现有的市场监管体系带来了挑战。如何畅通企业内部决策流程和降低外部沟通成本，建立高效快捷的资源配置平台和有效的监管体系，通过设立柔性边界和刚性底线，创造有利于两业融合的市场化体制机制，是当前我们迫切需要迫切的难题。

三、两业融合壮大实体经济的政策建议

（一）不断壮大生产性服务业实力

生产性服务业直接涉及制造业的生产和流通过程，从国际比较来看，部分发达国家正是凭借具有国际竞争力的生产性服务业，牢牢占据了全球价值链分工的顶端。因此，促进两业融合的重点和主攻方向，应该是扎实提升生产性服务业的发展水平，重点做好研发设计、信息技术、金融、物流、检验检测认证和品牌管理等生产性服务业发展水平，引导企业以产业升级需求为导向，打破“大而全”“小而全”的格局，分离和外包非核心业务，不断提升服务供给质量。

（二）以更包容的态度支持新业态发展

信息科学技术的发展，使得依托于人工智能、大数据、云计算、区块链等新

技术的新应用快速发展，这些新模式新业态在给传统的生产组织方式带来产业链供应链和价值链不断重构的同时，也给现有的监管体系带来巨大挑战。对于监管部门来说，要及时补上监管短板，强化消费者权益保护。通过出台两业融合负面清单，建立包容审慎监管规则，加强数字时代的公共基础设施建设等措施，引导新业态健康发展。

（三）尽快建立两业融合统计制度

当前两业融合给国民经济统计体系带来了巨大的挑战，主要是由于不断消失的产业边界，使得部分增加值可能在制造业和服务业领域被重复统计。而新业态新模式也可能使得真实增加值统计存在错统、漏统或误统。因此，应加大对两业融合经济现象的统计监测，充分应用统计数据，全面认识两业融合现状，提出与经济发展相匹配的监测评价和统计方法，为正确认识两业融合的发展趋势提供数据支撑。

（四）抓住数字化转型这一关键变量

数字技术的飞速发展使数据这一生产要素的价值被彻底激活，我们不得不调整生产组织方式，以应对和适应数字技术变革所带来的挑战。在制造业领域，数字技术催生出了智能制造、柔性生产和产品全生产周期管理等多种全新的组织方式，这大大提升了全社会资源配置的效率。因此，在两业融合的过程中，要抓住数字化这一“牛鼻子”，把数字化转型作为服务业和制造业融合的抓手，利用数字技术对传统产业链和供应链进行智能化改造，从而促进实体经济的高质量发展。

（五）构建有利于两业融合的创新体系

创新有利于提高全要素生产率，通过两业融合壮大实体经济需要构建强有力的创新支撑体系。国际经验显示，依托关键核心技术和知识产权保护，牢牢占据全球产业分工的优势地位，是西方发达国家掌握全球产业链供应链话语权的重要手段。构建创新支撑体系，首先，要进行人才队伍建设，通过教育体制改革，逐步建立职业教育和普通高等教育有机配合的多层次人才队伍。其次，要进一步优化现有的双创体系，建立“卡脖子”重点技术攻关团队，畅通技术成果转化的隐形壁垒。最后，要用好金融工具，大力发展风险投资和私募股权投资，建设多层次资本市场，为创新企业成长壮大做好支撑。

（夏杰长　中国社会科学院财经战略研究院；
肖　宇　中国社会科学院亚太与全球战略研究院）

两业融合助力产业迈上价值链中高端

制造业是我国国民经济支柱产业，是立国之本、兴国之器、强国之基。党的二十大报告提出，建设现代化产业体系，坚持把发展经济的着力点放在实体经济上，推进新型工业化。《实施意见》明确通过鼓励创新、加强合作、以点带面，深化业务关联、链条延伸、技术渗透，探索新业态、新模式、新路径，推动先进制造业和现代服务业相融相长、耦合共生。

一、两业融合的战略背景与发展环境

（一）产业协同背景下制造业由提供产品转向提供产品叠加高端服务发展

随着各类新技术的快速创新和应用，产业发展逐渐实现跨领域协同和跨界融合。服务业和制造业间的分工界限不再明显，呈现出要素重组、互相渗透、边界消融、加乘借力等特点，新业态新模式层出不穷。一些制造业头部企业在技术、产品、服务等领域持续创新突破，深化与配套服务企业协同，从单纯提供产品向提供智能化产品叠加多元服务的方向迭代升级，引领产业链深度融合和高端跃升。

（二）全球产业重构趋势下倒逼服务业功能体系步入多元化发展

随着发达国家纷纷提出“再工业化”战略，全球产业链重构已成为趋势。当前，我国正在加快构建以国内大循环为主体、国内国际双循环相互促进的新发展格局，构建优质高效的服务业新体系成为新发展阶段的重点任务。未来，我国服务业功能体系将进一步聚焦产业转型升级和居民消费升级，走向多元化、多层次发展。

（三）两业融合加速推动生产性服务向专业化高端化发展

党的二十大报告提出，构建优质高效的服务业新体系，推动现代服务业同先进制造业、现代农业深度融合。2021 年，我国服务业增加值占 GDP 比重达到 53.3%，服务业已成为支撑经济发展的支柱性产业。随着产业转型升级成为趋势，供给侧结构性改革背景下要求生产性服务业不断走向专业化和高端化，而两业融合正是有效促进生产性服务业高质量发展的重要抓手。

二、两业融合的路径与业态模式探索

（一）聚焦创新链突破，加快自主创新，发展延伸式融合业态

制造业企业通过自主创新，加快突破关键核心技术，向上游延伸研发设计、技术创新、检验检测等服务，向下游延伸工业旅游、节能环保、回收与利用等服务，发展延伸式融合业态，实现向价值链高端跃升。例如，中联重科股份有限公司以全三维数字化样机为核心打造产业链协同研发平台，对外输出试验检测服务，实现研发设计协同。北京全路通信信号研究设计院集团有限公司建立完全自主化列控系统装备综合验证平台，为列控系统装备的综合测试、模拟负载验证、电磁兼容及环境综合验证提供服务，实现业务向工业软件和测试服务业延伸。

（二）通过价值链重组，开展业务集成，推进系统式融合业态

制造业企业通过对技术、资源、业务、管理和市场等价值链进行分解、重组，找到与现代服务业的最佳融合点，探索出总集成总承包、全生命周期管理、柔性化定制等新业态模式，实现从单一的产品制造商向系统集成和整体解决方案提供商转型。例如，新疆金风科技股份有限公司依托数字化管理平台，输出精益管理与智慧运营服务，成为风电整体解决方案提供商。深圳市大疆创新科技有限公司通过建立监测系统、应答中心、追溯体系，提供远程运维、状态预警、故障诊断等在线服务，发展产品再制造、再利用，实现价值最大化。

（三）深化产业链合作，促进服务嵌入，创新支撑型融合路径

生产性服务企业利用在技术研发、检验检测、物流仓储、金融服务等方面的专业优势，将专业的服务逐步融入制造业产业链各环节，推动技术资源和生产资源优

化配置，形成优化供应链管理、服务衍生制造等新业态，在现代物流和制造业高效融合、研发设计服务和制造业有机融合、金融服务制造业转型升级等新路径上展开探索。例如，北京机械工业自动化研究所有限公司打造云端业务支持服务模式，支撑制造业企业研发设计、优化控制、设备管理、质量监控、物流运输等全流程数字化升级与云化发展，实现上下游企业精准对接业务、实时共享信息、产业协同发展。常州天宁经济技术开发区推动研发设计与制造业嵌入式合作，通过引入信息软件开发企业，建设了以常州艾贝服饰有限公司等研发机构为主导的服务设计公共服务平台，以共性关键技术研发支撑制造企业发展。

（四）围绕技术赋能，强化数字驱动，探索出渗透型融合路径

随着新一代信息技术的加速应用，产业从前端的研发设计，到中端的生产制造、物流仓储，再到后端的售后服务和资源回收，各相关环节的数据资源正加速互联互通。共性技术研发平台、共享生产平台、工业互联网创新应用、智能工厂等业态正促进有形的生产资源与无形的数据资源高效渗透融合，带来生产效率、产品质量、产品附加值的多重提升，也探索出制造业服务业和互联网融合发展、新能源生产使用和制造业绿色融合、消费服务重点领域和制造业创新融合等重点行业融合发展路径。例如，阳光电源股份有限公司建设基于新能源产业的 Clean-E 工业互联网平台，引入智能设计、智能生产、智能管理和智能物流，实现产品研发、生产、测试环节的数字化、信息化和智能化。攀钢集团有限公司搭建线上积微族群拓展产业链，构建钢材、钒钛、废钢等相关大宗商品产业服务链，打通交易、物流、循环、指数、采购、供应链金融等全要素环节。

三、未来推进两业深度融合应重视的问题

（一）提高创新与知识产权保护力度，进一步加强融合路径模式探索

随着两业融合深入推进，应围绕主业和前沿技术领域，强化自主创新，探索先进技术研发，加强与国内外顶尖科研院所的合作与交流；加强行业内、区域内以及企业内部研发设计平台、协同创新平台等平台机构建设，提升科技研发服务能力与

专业化运营管理能力；加强知识产权保护手段与力度；树立标杆，鼓励头部企业与发达地区进一步加强融合路径模式的探索创新。

（二）鼓励发挥各自比较优势，加快实现更具特色的融合路径创新

鼓励不同发展阶段的区域充分挖掘自身在区位条件、产业基础、资源禀赋、政策红利等方面的比较优势，突出自身特色与发展重点，展开融合路径与模式的探索；鼓励企业立足自身行业地位以及在技术、资源、机制等方面的比较优势，探索符合自身实际及具备一定代表性的融合路径。

（三）加强平台机构建设，助推中小微企业加快实现融合发展

目前两业融合主体多为行业内头部企业，还有量大面广的中小微企业，正在两业融合发展之路上探索尝试，面临着自主探索成本过高等难题。应加强共性技术的平台机构建设，并鼓励行业内两业融合探索卓有成效的企业，为中小微企业输出成熟的技术、服务和模式，以较低成本实现智能化、数字化、绿色化转型升级。

（四）夯实保障措施，多方合力共推融合发展

系统梳理两业融合政策，在市场准入、行业差异、管理体制等方面进一步完善政策举措，推动多部门的政策联动。拓宽两业融合发展资金渠道，引导社会资本广泛参与，鼓励企业多渠道融资。支持龙头企业、行业协会、专业院校联合培养既懂制造，又懂信息技术和企业管理的复合型人才，增强企业两业融合软实力。充分发挥产教融合平台、产业联盟在资源对接、技术开发、成果转化等方面的优势，促进制造业与现代服务业特别是生产性服务业的纵深融合发展。

（田煜、吴梦宸　中国国际工程咨询有限公司）

协同推进产业融合与科技创新

近年来，我国产业融合不断深化，为构建现代产业体系、培育壮大经济发展新动能提供了重要增长点。科技创新对于深化产业融合，化解产业融合中的突出矛盾与关键问题，能够发挥至关重要的作用。面向开启全面建设社会主义现代化国家新征程之际，需在协同推进产业融合和科技创新上下功夫，以二者的协同发展更好解决当前经济领域存在的短板弱项，为实现高质量发展提供助力、激发活力。

一、协同推进产业融合与科技创新是推动经济高质量发展的重要路径

产业融合是不同产业之间或者相同产业不同行业之间，通过相互渗透、交叉重组融为一体并逐步形成新产业的动态过程，主要涵盖服务业与制造业的融合、服务业与农业的融合、服务业内部不同行业之间的融合以及数字经济赋能产业融合等。产业融合可以激发产业链价值链的分解、重构和功能升级，引发产业功能、形态、组织方式以及商业模式的重大变革，促进产业发展提质增效和节本降险，提升产业的生产率、附加值和竞争力，提高供给体系对国内需求变化的动态适配性，增强供给适应、引领、创造新需求的能力。深化产业融合正日益成为推动产业转型升级、培育产业竞争新优势的重要着力点，为不断拓展培育新业态新模式、抢占产业竞争制高点提供了新路径。

当今世界正经历百年未有之大变局，新一轮科技革命和产业变革深入发展，“十四五”时期乃至更长一段时期的发展对加快科技创新提出了迫切要求。党的二十大报告强调“加快实施创新驱动发展战略”，提出“加快实现高水平科技自立自强”。依靠科技创新打造高质量发展新引擎，应是我们未来一个时期着力推动经济高质量发展的重要抓手。

还要看到，新一轮科技革命深化发展，多学科专业交叉群集、多领域技术融合集成的特征日益凸显，使得科技创新与产业融合的互动关系更加鲜明，对协同推进产业融合与科技创新的要求进一步提升。有效结合科技创新成果与产业要素，可以打破阻碍科技成果转化的瓶颈，将创新成果更好、更快、更有效率地转化为现实生产力，形成推进产业融合与科技创新的整体合力。为此，需要统筹兼顾，多角度、多层次地提升产业融合与科技创新协同发展的整体效能。

二、协同推进产业融合与科技创新要锚定主要方向发力

一方面，要大力推进服务业、制造业融合发展与科技创新的协同。作为产业融合发展的重要领域，服务业与制造业融合发展往往以需求为导向，通过制造业服务化和服务业制造化等路径，推动生产型制造向服务型制造转变，打造供应链、提升价值链，推进产业链和创新链深度融合。推动服务业与制造业融合发展，特别是推动现代服务业与先进制造业的深度融合，已经成为我国构建现代产业体系的重要一环。

当前，在我国不少地方，服务业和制造业融合发展取得了显著进展。一批制造业企业在转型发展过程中探索出融合服务业共同发展的新路径，从而加快了产业技术、产业业态和商业模式创新的进程。推动服务业与制造业融合发展的过程，也是加快科技创新规模化植入服务业和制造业发展的过程，是增强现代服务业和先进制造业融合渗透、协同发展能力的过程。

协同推进服务业、制造业融合发展与科技创新，需要面向客户需求拓宽科技创新视野，通过大数据、云计算等现代信息技术，精准发现、有效匹配客户需求，促进新技术组合、集成和规模化网络化应用；创新科技服务供给的组织方式，推进科技创新由面向企业转变为面向产业链供应链，加强企业间、政府部门间围绕产业链创新链的分工合作，增强企业科技创新能力；着力培育先导性和支柱性产业，推动战略性新兴产业融合化、集群化发展；整合优化科技资源配置，进一步突破体制机制障碍，使服务业与制造业在融合发展过程中充分借力科技研发新成果，提升产业链供应链现代化水平，保持制造业比重基本稳定，巩固壮大实体经济根基。

另一方面，要大力推进服务业、农业融合发展与科技创新的协同。我国脱贫攻坚战已经取得了全面胜利，完成了消除绝对贫困的艰巨任务，但进一步解决发展不平衡不充分问题、缩小城乡区域发展差距等仍然任重道远。下一阶段，需做好巩固拓展脱贫攻坚成果同乡村振兴有效衔接各项工作，让脱贫基础更加稳固、成效更可持续。其中，迫切需要扩大农村需求，畅通城乡经济循环。在坚持科技创新基础上，加快推动现代服务业与现代农业深度融合，有利于将科技、人才、资本等专业化要素引入农业，将现代产业发展理念和组织方式引入农业，提升农业产业链供应链的资源配置效率；同时，也有利于在农业发展过程中加快实现由生产导向朝消费导向转变，加快实现质量兴农、绿色兴农、服务强农、品牌强农，助推农业农村现代化。这是补齐农业农村现代化短板的重要抓手，也是坚持农业农村优先发展、全面推进乡村振兴的题中应有之义。

协同推进现代服务业、现代农业融合发展与科技创新，需要从多方面入手。重点要补足农村一二三产业融合发展面临的短板弱项，一是要避免和解决区域之间同质性强、低水平过度竞争等问题，结合大数据、云计算等新一代信息技术，精准把握城乡消费需求的动态变化和消费市场的细分性，增强面向需求创新供给以及创新供给引领需求的能力；二是要提高对相关市场需求变化的灵活适应和动态反应能力，提升地方农业和乡村产业的科技含量与附加值；三是应发挥新型农业服务主体在推进科技创新和现代农业发展方面的关键作用，推动农业科技创新更好地促进农业提质增效和节本降险，推进新技术的连片规模化集约利用，更好地促进小农户与现代农业发展有机衔接。

三、协同推进产业融合与科技创新要充分发挥数字经济的作用

当前，数字经济迅猛发展，数字化、网络化、智能化不断深化，成为经济体系最为活跃的新动能和引领全球经济增长的动力源，深刻改变了人类的生产生活方式、思维方式和产业组织方式。我国已成为数字经济大国，近年来数字产业化稳步发展，产业数字化持续深化，数字化治理能力不断提升，数据价值化加速推进。在实践中，

数字经济不仅可以为科技创新以及农业、制造业、服务业的融合发展赋能，还可以通过与产业的融合发展更好地引领带动经济发展的质量变革、效率变革和动力变革；数字经济可以拓展科技创新促进高质量发展的可能性边界，为新技术、新业态、新模式成为经济发展新的重要增长极提供强大助力。发展数字经济有利于精准引导用户需求，推动产业融合发展，赋能现代服务业与先进制造业、现代农业的深度融合。

促进数字经济健康发展，并更好赋能产业融合与科技创新协同推进，需从多个层面加以关注。合理把控企业发展风险和可持续性，关注数据产权和隐私保护，采取积极有力的措施科学解决推动数字经济和实体经济深度融合过程中的“政策好、落实难”等问题，努力培育数字经济产业生态，强化人才支撑。

与此同时，还需用好产业链供应链这个重要载体。借此，既可以有效贯通生产、分配、流通、消费各环节，推动构建协同高效的产业链供应链，又能加快解决实体经济特别是制造业高端供给不足、自主创新能力不强、产业链供应链数字化水平亟待提升等问题。我国规模庞大、齐全完备的产业体系，以及超大规模市场优势和内需潜力，都有利于以产业链供应链为载体协同推进产业融合和科技创新，在提升我国产业链供应链竞争力和自主可控能力的同时，促进两业深度融合。

（姜长云　中国宏观经济研究院产业经济与技术经济研究所）

积极探索两业融合新路径

党的二十大报告指出，构建优质高效的服务业新体系，推动现代服务业同先进制造业、现代农业深度融合。随着制造业企业降低生产成本、突破技术瓶颈、实现产业跃升的需要日益迫切，“制造业服务化、服务业制造化”趋势愈加明显。两业融合一方面可以提升生产和服务的效率，另一方面可以更好地适应需求端个性化差异化升级趋势。

一、两业融合是产业发展的必然趋势

从宏观层面来看，无论是增强产业创新能力，还是提升产业链现代化水平，都需要制造业和服务业提质增效。制造业比重是衡量一国制造业发展和工业水平的重要指标，对大国经济至关重要。近年来，我国制造业比重在波动中呈趋势性下降态势，占 GDP 的比重由 2016 年的 32.5% 降至 2021 年的 27.4%。如何推动制造业发展，筑牢经济“压舱石”，成为高质量发展过程中必须思考的问题。2016 年，工业和信息化部、国家发展改革委、中国工程院联合发布的《发展服务型制造专项行动指南》指出，“服务型制造，是制造与服务融合发展的新型产业形态，是制造业转型升级的重要方向”。《实施意见》提出，“推动先进制造业和现代服务业相融相长、耦合共生”。2020 年以来，国家发展改革委先后组织开展了两批两业融合试点，确定了 40 个区域和 80 家企业，鼓励融合实践。据不完全统计，截至 2021 年末，已有 2/3 以上省（市）结合本地服务型制造实际出台有针对性地方性政策，两业融合按下“加速键”。

成功实现现代化的国家，都经历过产业体系现代化的过程。目前，我国产业链整体处于国际分工体系的中低端，现代服务业发展水平不高，与制造业融合发展不足，科技、产业、金融之间的良性循环还未形成。两业深度融合，通过融入更多的科技创新要素，形成新型制造模式和产业形态，使制造业向价值链的高附加值两端延伸，构建具有更强创新力、更高附加值、更安全可靠的产业链供应链，有利于提高我国产业国际竞争力，培育我国参与国际合作和竞争的新优势。

从产业发展来看，制造和服务的相互渗透融合促进了产业与市场的有机联系。一方面，制造业企业的生产销售模式在不断演化，由传统的生产模式逐步向“制造+服务”模式转变，很多制造业企业正朝着服务型制造不断发展。另一方面，芯片设计、工业软件、人工智能研发、自动驾驶和工业4.0等行业强劲增长，成为现代服务业发展的重要方向。随着工业化与信息化深度融合，制造业服务化与生产性服务业将不断模糊传统产业之间的界限。

从技术进步的角度来看，数字化、网络化和智能化技术驱动的制造服务融合，不仅会在微观层面改变企业转型升级面貌，还会在产业层面呈现制造与服务的相生相长。根据产业结构发展规律，产业从资源和劳动密集型向资本和技术密集型演进是必然的进程。以“产品+服务”的融合模式正在赋能制造业和服务业转型。随着数字经济的到来，以云计算、人工智能、物联网为代表的前沿数字技术，为企业提供了富集的技术应用场景，如个性化定制、综合解决方案等高附加值活动。

二、两业融合的路径和方向

目前，地方和企业在推动两业融合的过程中，还存在着创新生态、产业体系不健全，融合发展程度不高，技术基础薄弱，中小微企业积极性不强，缺少服务平台的支撑推动等问题。两业融合的业态、模式是在市场竞争中不断催生、经过检验而逐步形成的，发展路径需要企业结合实际不断探索、自主选择。

第一，企业发展要与市场需求相结合。深入推动两业融合的关键点就是实现制造业与市场需求相结合，让企业的产品更好地适应市场需求，直击用户痛点提供解决方案。如果说2020年前更多企业是在局部场景单点试水，那么“十四五”的这五年，这些“单点”必将加速蔓延开来，联结成一场范围更广、规模更大、层次更深的智能制造升级变革。按需求定制化、多样化的生产正成为满足新一轮消费升级的关键所在。例如，浪潮集团有限公司的智能工厂融合了智能制造和“互联网+”的设计理念，面向客户需求实现网络下单、定制设计、柔性生产和全流程智能化控制，用更少的时间满足更多的云计算和大数据定制化产品的动态需求。

第二，以科技创新和产业创新为两翼，提升价值链和产业链。党的二十大报告指出，要推动战略性新兴产业融合集群发展，构建新一代信息技术、人工智能等一批新的增长引擎。这些领域实际上也是两业融合重要的技术来源、应用场景和产业阵地。对于高技术企业来说，两业融合是其提升价值链的重要方向。制造业企业和服务业企业通过技术研发等手段完成自我补链、自主强链，不仅可以优化当地产业基础和产业结构，还可以引导企业向“微笑曲线”全价值链发展。例如，内蒙古伊利实业集团股份有限公司布局“智慧乳业”全产业链建设，在产业链的上游建设智慧牧场，运用人工智能识别技术，提升奶源管理流程识别的精度和广度；在产业链的中游以制造执行系统（MES）为核心，达到降低成本、提高质量、把控品质的目的；在产业链的下游，通过大数据分析，洞察消费者所需。

第三，龙头带动引领，产业集群蓄能。一座城市、一个区域经济发展的核心竞争力是企业，企业做强做优做大的关键在于创新。集群式的发展可以将企业创新示范引领发挥到极致，从而带动当地经济发展。比如，重庆高新技术产业开发区在推动两业深度融合创新的过程中，发挥龙头企业的牵引作用，进一步扩大其在新一代信息技术领域的优势。目前英业达股份有限公司等龙头企业的优质上下游企业已在重庆高新技术产业开发区形成集聚，这些龙头企业通过新技术、新产品、新模式的应用，为辖区企业带来了产业融合发展的新思路。

三、促进两业融合健康发展

推动两业融合，既与产业发展有关，也与营商环境密切相连。一方面，它为传统产业生产和管理模式带来新机遇，另一方面，也对政府政策引导和优化营商环境提出了更高的要求。

第一，融合路径没有统一标准，政策制定和落实需“量体裁衣”。在两业融合发展过程中，政策环境的持续优化是两业融合发展不可或缺的重要支撑。两业融合的政策措施制定要根据当地的政策布局和本地要素禀赋优势，进一步增强宏观政策在土地、税收、金融服务和产业发展等方面的前瞻性和针对性，增强公共服务供给，打造形成具有独特竞争优势的产业集群。多点发力促进两业融合营商环境的培育和优化。

第二，坚守创新“生命线”深挖应用场景，不断增强制造与服务协同能力。自主创新是企业的生命，是企业爬坡过坎、发展壮大的根本。当前国内外环境仍面临巨大的不确定性，但对于科技含量高的制造业和服务业相关企业而言，这恰恰是展现实力的关键窗口期。推动两业深度融合，要瞄准应用需求这个靶心发力，通过软硬件结合、应用场景匹配，进一步精准开拓市场、满足用户的特定需求，引入先进工具或先进工作模式、先进技术与垂直场景融合，重构产业分工格局和价值链体系，加快制造与服务的协同融合。

第三，用好数字技术，发挥产业链优势做好融合路径规划。当前，数字技术正处于创新变革活跃期。数字技术有别于以往驱动服务化转型的动力要素，具有独特的“数字”属性和自生长性。以云计算、5G、大数据、人工智能为代表的数字技术，驱动着千行百业的商业模式、组织管理、业务场景等实现数字化转型，为制造业拓展数字化驱动的服务转型带来更大的发展机遇。通过数字技术，锻造产业链长板，有助于推动全产业链从“物理相邻”向“化学相融”转变，探索出两业深度融合新路径。数字技术与土地、劳动力、资本等要素的结合，也将形成基于数据和应用场景驱动的数字经济发展新范式。

（杜壮　中国发展改革报社）

精准施策促进两业融合发展

党中央、国务院高度重视两业深度融合，这既有对产业融合发展规律和趋势的判断，也有对外部环境变化的深层次研判。在保护主义上升、全球市场萎缩的外部环境下，促进产业间配合、维护产业链供应链安全稳定的重要性凸显。在新一轮科技革命和产业变革的激烈竞争中，推动两业融合发展，是培育现代产业体系和提升产业链竞争力的重要内容与实现方式。

经过40多年的改革开放，我国服务业规模迈上了新台阶，服务业早在2013年就成为中国经济第一大产业。从规模扩张到高质量发展，是“十四五”期间中国服务业发展的重要战略转型。服务业的发展渗透性强，它的发展不是孤立的，而是强调与农业、工业等产业的融合互动，在融合互动中既做大做强服务业自身，也促进相关产业的发展。因此，产业融合互促，既可以拓展服务业发展空间，提高服务业发展质量，也能增强服务业对先进制造业和现代农业的促进、提升，是“一箭双雕”的选择。

一、把握深刻内涵，聚焦两业融合重点领域

近些年，先进制造业和现代服务业的概念被广泛使用。先进制造业既包括新技术新模式应用下的高新技术产业及创新业态，又包括许多遵循新发展理念实现转型升级的传统制造业。现代服务业是指在工业化比较发达的阶段产生的，依靠高新技术和现代管理方法、经营方式及组织形式发展起来的，主要为生产者提供中间投入的知识、技术、信息相对密集的服务业，以及一部分由传统服务业通过技术改造升级和经营模式更新而形成的现代服务业。

无论是先进制造业，还是现代服务业，其核心特征都是技术引领下的创新发展，这种创新发展涵盖了新技术应用下的业态创新、产品创新、服务创新和经营管理创

新。《实施意见》明确了两业融合的重点领域，涉及原材料工业、消费品制造、装备制造、汽车制造、“互联网＋”、现代物流、研发设计、新能源生产使用、重点消费服务、金融服务等产业。

二、两业深度融合的不同视角分析

我国正处在产业深度融合与调整的战略变革时期，两业融合发展是体现这一变革的核心内容，二者之间的融合发展突出表现在以下几方面。

一是传统制造业的转型升级与先进制造业的繁荣发展，均需要强有力的生产性服务业作为支撑。基于专业化分工、效率提升和成本节约等角度的综合考虑，生产性服务业已成为先进制造业不可或缺的中间投入要素、生产支撑要素和价值延伸要素。

二是两业融合正在改变传统产业边界。先进制造业和现代服务业之间存在越来越多的功能延伸，传统产业的原有边界变得愈发模糊。一方面，生产型制造转向服务型制造，传统的以产品为中心的发展模式转向以客户需求和产品服务系统为导向的服务型制造模式；另一方面，服务业制造化的现象也逐步显现，服务企业凭借其研发设计、物流网络、市场营销等方面的优势，利用在产业链高端的控制力，通过贴牌生产、连锁经营等方式嵌入制造领域，发展起了自身的或为其服务的制造业务。受此影响，许多新业态不断涌现。

三是创新应用下的两业融合成为传统产业园区转型升级的重要路径。在特定发展阶段和一定区域范围内，传统产业园区在资源配置效率、就业与收入、综合吸引力、经营成本和抗风险能力等方面发挥了积极作用。但经历过数量与规模的积累，许多传统产业园区的局限逐渐显现。在新技术应用与平台经济的发展背景下，发展两业融合，推动传统产业园区内部的提质增效，成为跨区域的传统产业园区之间实现协同配合的主要选择方向。

四是生活服务业和公共服务领域的现代需求也会传递到制造业领域。例如，尽管旅游消费有着较强的服务属性，但与丰富旅游产品供给体系密切相关，现代旅游服务的配套问题，仍然离不开实体产品制造的支持与配合，现代旅游装备、特色旅游商品、新技术娱乐体验设备等都需要配套的研发、制造与营销管理。

三、精准施策，克服两业融合中的困难

尽管我国在两业融合发展方面已取得一定成绩，但在创新应用程度、区域差异、配套政策、融合主体和人才支撑方面仍然存在许多亟待完善的地方。

第一，研判创新应用趋势，拓展融合空间。政府和企业对两业融合的认识不断增强，但在具体发展中，适应新发展趋势和面对长远竞争的改革力度有待加强。因此应积极研判创新应用的发展趋势，明确技术创新应用为代表的先进性和现代化发展方向，充分重视产业发展中的创新应用实践，不断挖掘在技术落地、商业模式、生产组织、运营管理等方面的创新内容与经验，鼓励和拓展两业融合发展的广度与深度。强化产业链各环节的衔接配合与资源配置上的相互支撑，努力提升整体产业链的综合竞争力。

第二，做好区域发展规划，协调发展关系。各地的先进制造业和现代服务业发展程度参差不齐，各自为政的产业引导情况普遍存在。应结合各地的产业发展基础和资源禀赋特征，重点分析区域内与区域间的制造业与服务业发展情况，推动区域分工协作，提升两业融合方面的区域整合能力。充分发挥区域中心城市、现代服务业集聚区在资源整合、产业链拓展和服务功能辐射等方面的积极作用。

第三，改善服务工作机制，构建精准扶持"政策工具箱"。在传统的部门分工面前，两业融合带来的许多边界性新问题导致服务与监管上出现责任推诿与矛盾重叠并存的现象，影响了企业解决困难的进度。因此需要强化部门间的协调合作，捋顺工作流程，建立高效协同、共扶同创的工作机制。放宽市场准入，避免过度干预，构建支持产业融合的宽松政策环境。在财税政策、引导基金、用工用地、标准建设、规划协调等方面精准发力，构建有利于融合发展的"政策工具箱"。

第四，培育融合发展主体，激活企业创新发展活力。尽管我国已形成了一批有国际竞争力、有融合意识和能力的龙头企业和骨干企业，但是，这些企业在融合发展方面的引领和示范作用仍然欠缺；中小微融合型企业成长缓慢，专精特新企业的融合发展活力受到限制。因此，应强化龙头企业和骨干企业的引领和支撑效应；加

大专精特新企业的扶持和培养力度，充分发挥中小微企业灵活创新的优势，支持企业通过行业协会、企业联盟、协作配套等方式开展业务上的合作与融合。

第五，培育融合人才体系，放大人才资本效能。当前，我国能够适应两业融合发展需要的人才供给总量仍显不足，同时存在融合型人才区域不平衡的现象。因此，应加大对高层次复合型人才的培养力度。以市场为导向，鼓励高等院校、职业学校及专业培训机构定向培养两业融合发展紧缺的各类人才。鼓励地方根据自身发展需要优化人才发展战略，制定对接需求的优惠政策。吸引力较弱、引人留人困难的地区，需多加重视对当地年轻人的培训、培养与扶持。

（丰晓旭　中国社会科学院民族学与人类学研究所；
徐紫嫣　中国社会科学院大学商学院）

在促进两业融合发展上多下功夫

党的二十大报告提出，坚持把发展经济的着力点放在实体经济上，推进新型工业化，加快建设制造强国、质量强国、航天强国、交通强国、网络强国、数字中国。同时，党的二十大报告强调，构建优质高效的服务业新体系，推动现代服务业同先进制造业、现代农业深度融合。当前，按照高质量发展要求建设现代化经济体系，需要把发展经济的着力点放在实体经济上，而发展实体经济，重点在制造业、难点也在制造业。先进制造业是相对于传统制造业而言的，它在产业体系中处于高端，具有较强的创新能力、较高的附加值、技术含量和市场竞争力。促进两业融合发展正成为推动制造业加快实现质量效益提高、产业结构优化、发展方式转变、增长动力转化的有力保障。我们应该在促进两业融合发展上多下功夫，推动传统产业改造提升。

一、完善两业融合发展的全产业链条

由制造环节向研发设计和营销服务两端延伸形成全产业链条。一是完善上游产业链条，由制造环节向前延伸，加强创意开发、工业设计、技术研发、成果转化等环节，提高产品的科技含量；二是完善下游产业链条，由制造环节向后延伸，加强检测、评估、营销、服务，以及废旧产品回收利用等环节，提高产品附加值。先进制造业企业可以从产品定制、设计生产到物流售后，全过程依托数据驱动和网络运作，进而完善两业融合发展的全产业链条。

二、打造两业融合发展的平台载体

产业集群是两业融合发展的重要平台载体。先进制造业的集群化发展更利于深化细化分工协作、加快创新、降低成本和整体效益最大化。先进制造业企业由于其工艺环节可分性较强，所以也更适合发展产业集群。依托产业集群和工业园区，聚焦集群内产业关联度低、两业融合不够等瓶颈问题，努力提高集群内制造业与服务业的相互协同、配套服务水平，打造两业融合发展的平台载体，使产业集群成为集成制造与服务功能的产业链集合，不断提升全产业价值链的竞争力。在制造业集群内，可以搭建研发设计、知识产权、信息服务、金融、商贸、物流、会展等服务平台，围绕制造业集群构建区域服务体系，形成产业共生、资源共享的互动发展格局。例如，运用金融服务的杠杆功能，通过产业引导基金和风险补偿基金的选项投放、金融机构授信规模和信贷结构的调控，使各工业园区能够明确核心主导产业，避免无序竞争。有效的金融服务引导会更好地促进制造业的发展。同时，在服务业集群内，可以完善创新创业投资环境，完善知识产权创造、运用和保护法律体系，促使先进制造业企业共享信息知识资源，提升创新能力，做到市场集聚、共同发展。

三、创新两业融合发展的典型模式

先进制造业除了表现在技术的先进性、业态的先进性之外，还有模式的先进性。为了促进制造业企业由生产型制造向服务型制造转变，应重点支持创新设计、定制化服务、供应链管理、网络化协同制造、服务外包、智能服务、金融支持服务、信息增值服务、系统解决方案、全生命周期管理等服务型制造典型模式。例如，青岛红领集团打造的“互联网＋服装定制”的红领模式，为服装行业开拓了新的想象空间，在红领模式的基础上，现在已经有服装制造企业进一步开发出全面的“互联网＋”模式，每台缝纫机作为独立的信息终端，直接与云平台实现交互共享，所有的辅料、原料、面料数据全部被编码成云平台可以识别的数据语言，在生产线上进行传输。广大制造业企业应向先进企业学习，一是从大规模流水线生产转向定制化规模生产，二是产业形态从生产型制造向服务型制造转变，产业模式可以从以产品为中心向以用户为中心转变，创新适合本企业发展的“产品＋服务”模式。

（郑瑛琨　中共黑龙江省委党校决策咨询部）

第二篇

谋方案、抓落实，省市合力促融合

北京市：紧扣促进“五子”联动[1]探索特色融合发展新路径

北京市扎实推动先进制造业和现代服务业深度融合发展，积极提升有效市场和有为政府效能，把两业融合作为建设现代化产业体系的重要抓手，与促进“五子”联动紧密结合，立足北京产业特点，探索两业融合新机制、新模式和新业态。

一、主要做法

（一）坚持高位推动，完善融合发展推进机制

北京市委、市政府高度重视两业融合发展工作，市第十三次党代会报告明确提出“促进先进制造业和现代服务业融合发展”，将业态融合发展作为下一时期推动产业高质量发展的重点任务。市委财经委员会将两业融合相关工作纳入2022年度工作计划，市委主要领导专门研究审议市级推动两业融合发展的政策文件。下一步将建立市级两业融合发展联席会议机制，由市政府主管副秘书长担任召集人，加强对重点工作的统筹调度。

（二）注重规划引领，加强融合发展整体设计

《北京市“十四五”时期现代服务业发展规划》安排了业态融合升级工程，提出加快制造服务业高质量发展、强化服务型制造业核心优势、推动数字赋能产业融合升级。在对重点园区、行业协会、企业等广泛调研基础上，研究制定了《北京市推动先进制造业和现代服务业深度融合发展的实施意见》，对全市两业融合发展工作作出整体安排，将国家任务要求和北京发展特点相结合，提出新一代信息技术和

[1]“五子”联动指建设国际科技创新中心、推进“两区”建设、打造全球数字经济标杆城市、以供给侧结构性改革创造新需求、推动京津冀协同发展。

制造业服务业融合、医药制造与健康服务有机融合、智能网联汽车制造和服务全链条体系、集成电路制造与研发设计服务一体化发展、高端装备与服务业融合、新能源和节能环保与相关产业绿色融合、现代物流和制造业高效融合、消费领域服务与制造融合等 8 个推进融合发展的重点领域；针对多方面主体面临的共性问题，研究提出 8 方面 20 项重点举措。

（三）推进试点建设，发挥示范引领带动作用

主动辅导企业和园区开展试点储备和申报，中关村科技园区大兴生物医药产业基地、北京小米移动软件有限公司、北汽福田汽车股份有限公司、北京全路通信信号研究设计院集团有限公司、有研科技集团有限公司、北京机械工业自动化研究所有限公司等“1 园 5 企”被认定为全国两业融合试点单位。持续支持推进试点建设，会同各试点单位系统总结、及时报送典型经验做法，积极宣传推广融合发展经验，扩大试点示范带动作用。

（四）突出主体作用，促进各类企业融通发展

积极宣传解读国家两业融合政策，帮助企业加强对融合发展的认识，多次走访服务北京小米移动软件有限公司等两业融合代表性企业，引导企业通过多种方式对资源要素、技术研发和市场开发进行有效整合，通过融合发展实现赋能增效、转型升级。积极组织中国工商银行、中国农业银行、中国银行等十几家金融机构开展银企对接活动，为企业提供现场服务，畅通企业融资渠道。组织筹办两业融合交流会，为不同行业、不同类型的企业搭建交流对接平台。

（五）加强项目支持，鼓励引导社会资本广泛参与

市区两级共同发力、持续做好两业融合领域项目谋划储备，建立了两业融合重点项目库并实现动态更新。在 2022 年底出台的《关于推动“五子”联动对部分领域设备购置与更新改造贷款贴息的实施方案（试行）》中，将两业融合发展作为重点支持领域，对符合条件的项目给予贷款贴息支持，激发两业融合领域社会投资动力和活力。

二、工作成效

（一）试点数量稳步增加

2020 年北京市有研科技集团有限公司、北汽福田汽车股份有限公司 2 家主体入选国家第一批试点名单，2021 年中关村科技园区大兴生物医药产业基地、北京小米移动软件有限公司、北京全路通信信号研究设计院集团有限公司、北京机械工业自动化研究所有限公司 4 家主体入选国家第二批试点名单。同时，在全市储备了 88 家试点企业和 12 个试点园区，为梯度推进、持续开展试点工作做好准备。

（二）融合模式不断丰富

随着两业融合试点工作深入推进，北京市初步形成一批典型两业融合发展模式，获得国家发展改革委认可。北京小米移动软件有限公司以“互联网 + 产业 + 金融”的模式构建生态链，对合作伙伴进行产业投资，以互联网赋能制造业，形成以小米手机为中心的物联网生态。北汽福田汽车股份有限公司通过互联网整合汽车产业链上下游资源，构建后市场业务平台，实现从制造型向制造服务型转型。北京全路通信信号研究设计院集团有限公司打造了“制造 + 服务”新业态，完善供应商的管控机制；形成“产品 + 服务”新模式，实现向工业软件和测试服务业延伸。中关村科技园区大兴生物医药产业基地已集聚中国食品药品检定研究院等 12 个国家级科研院所，拥有各类服务平台 109 个，初步形成“新药筛选—动物实验临床—研究注册上市”的完整链条。

（三）发展基础进一步夯实

近年来，北京市现代服务业规模不断扩大，在全国率先实现“双 80%”的服务经济格局。2021 年，全市服务业实现增加值 3.3 万亿元，占地区生产总值的比重达到 81.7%；现代服务业实现增加值 2.1 万亿元，占服务业增加值比重达到 86.1%，发展水平稳步提升。2021 年实现数字经济增加值 1.6 万亿元，占全市地区生产总值的比重达到 40.4%；高技术产业和战略性新兴产业增加值同比分别增长 14.2%、14.0%，占地区生产总值的比重分别为 27.0%、24.7%，为北京市两业融合未来发展奠定了良好基础。试点园区和企业实现快速发展，2021 年，中关村科技园区大兴生物医药产业基地规模以上企业实现产值 1 633 亿元、占全市医药产业总产值的 39%，同比增长 487%；北京全路通信信号研究设计院集团有限公司 2021 年营业收入达 50 亿元，高铁列控市场占有率达到 80%。

（四）发展环境持续优化

聚焦市场主体诉求，围绕关键要素保障寻求突破创新，促进产业融合发展环境不断优化。在加强人才保障方面，为支持两业融合试点企业引进优秀毕业生，提出北京市级两业融合试点企业经所属区评估后，可纳入重点支持用人单位范围，对引进符合条件的高校毕业生实行计划单列。在加强用地保障方面，为解决两业融合用地具体属性划归问题，将在市级两业融合示范园区内探索功能适度混合的创新型产业用地模式，合理配置地块兼容功能和比例，提升土地使用的灵活性和适应性。

河北省：结合地方产业特色
有序推动两业融合深化发展

河北省深入贯彻落实《实施意见》，从完善制度、严格程序、资金奖补和加强监管等方面着手，积极探索推进两业融合发展工作，试点类型不断丰富，经验做法得到复制推广，社会各界对两业融合发展日渐达成共识，并推动两业融合深化发展。

一、主要做法

（一）完善制度体系

积极探索推进两业融合发展工作。2020—2022 年，河北省共确定省级企业试点 65 家，其中石家庄君乐宝乳业有限公司、河北先河环保科技股份有限公司、石家庄四药有限公司 3 家企业被列为国家试点。以《实施意见》为基础，制定了《河北省先进制造业和现代服务业深度融合发展试点管理办法（试行）》，进一步明确了试点领域和方向、申报条件、申报程序、扶持方式、试点方案要求等。其中，为推动省内各地各部门和企业尽快理解、适应、把握、引领两业融合工作，结合河北实际和产业特色，对两业融合方向进行聚焦，将制造业服务化、服务业制造化作为主要方向，分领域明确融合的业态和重点，为全省两业融合工作开展提供了重要依据。

（二）给予资金奖补

采取以奖代补形式，从省现代服务业发展专项资金列支，对每个省级试点企业奖补资金 100 万元，对每个国家试点再奖补 200 万元，用于补贴项目建设、设备购置、系统开发、职工培训等试点任务推进。2020—2022 年，省级三批试点共下达奖补资金 7 100 万元，在一定程度上调动了有关部门和试点企业推进两业融合工作的积极性。同时，石家庄市对省级两业融合奖补资金按照 1∶1 的比例进行配套，也取得了良好的效果。

（三）加强监管推进

督促市县发展改革部门履行好试点推进、支持服务、监督管理等职责，充分调动基层工作积极性。同时，对试点推进情况加强调度督导，及时发现和协调解决相关问题。比如，对试点支撑项目进展情况进行现场调研，督促县级发展改革部门协调推进试点奖补资金拨付等事宜。

二、工作成效

（一）试点类型不断丰富

随着两业融合工作的持续开展，试点类型不断丰富，由原来简单的智能工厂、共享生产平台等类型，向定向研发、产品全生命周期管理、工业互联网、总集成总承包、供应链管理等模式发展。同时，结合河北实际，探索将部分生活性服务业纳入试点。例如，秦皇岛乔式台球桌厂，由组织中式台球比赛的体育公司向高档台球桌制造商领域发展；河北乐寿鸭业有限责任公司，由肉鸭养殖加工向线上线下新零售、肉鸭技术研发培训等一二三产业融合领域延伸，丰富了河北省两业融合模式和类型，得到了社会各界认可。

（二）已形成一批可复制推广的经验做法

目前，19 家第一批省级试点已完成专家验收，并形成一批可复制推广的经验做法。其中，以石家庄四药有限公司、中信戴卡股份有限公司为代表的制造业企业加快新一代信息技术应用，实现数据跨系统收集、分析和利用，着力打造智能工厂、黑灯工厂；以河钢数字技术股份有限公司为代表的企业加快建设工业互联网，推动钢铁等行业全要素、全产业链对接，建设数字化、网络化和智能制造服务体系；以河北喜德来家具实业有限公司为代表的消费品企业积极发展在线设计服务，开展规模化、个性化定制；以赤道实业有限公司为代表的服务业企业发挥品牌和品牌运作优势，加快发展服务衍生制造，向玩具模具等制造业领域延伸；以石家庄科林电气股份有限公司、张家口安智科为新能源有限公司为代表的企业积极推进新能源生产服务与设备制造协同发展，发展智慧监测、智慧用能设备系统；以河北先河环保科技股份有限公司为代表的环保企业利用技术优势，积极发展“产品＋服务”，向第三方环境监测、污染治理等服务延伸。

（三）社会各界对两业融合形成较好共识

利用培训、会议等方式，对两业融合工作进行宣传引导，并加强对市县发展改革部门的业务指导。从工作实践看，全省社会各界对两业融合的关注度明显提升，通过电话等形式进行的政策咨询增多，认识不断深化，申报省级试点的企业数量由2020年的30家增长至2022年的近60家。在调研和监管过程中，试点企业普遍反映，通过开展两业融合探索，企业的发展思路进一步清晰，发展模式进一步完善，盈利能力进一步增强，行业地位得到提升。

吉林省：做强主导产业优势 搭建两业融合创新平台

吉林省积极探索发展创新路径和有效机制，推动服务业高质量发展，引导制造业数字化转型，加快推进全省两业融合发展。

一、主要做法

（一）推动服务业高质量发展

为加快推动吉林省服务业转型升级高质量发展，省政府出台了《关于推动服务业转型升级高质量发展的意见》，着力实施服务业22项重大工程，对照实施方案明确的工作目标、重点任务，梳理出2021年重点推进的任务清单，对清单中的每条任务提出翔实的材料，年底进行考核，强化考核结果运用。

（二）引导制造业数字化转型

聚焦汽车、装备、医药、光电等优势特色产业，持续推动数字化、网络化、智能化转型，推进工业互联网平台建设。启明信息技术股份有限公司进入2020年全国工业互联网平台企业20强，吉林省东北袜业纺织工业园“互联网＋工业服务”平台被确定为服务型制造全国示范平台。

（三）持续推动两业深度融合

长春市推动汽车制造企业与软件、互联网等企业跨界融合，中国第一汽车集团有限公司与中国科学院长春光学精密机械与物理研究所等单位开展合作，加快智能网联汽车研发，引领国内外智能网联汽车发展。白城市推进能源产业与新能源生产使用、消费服务深度融合，白城市京科集中供热有限公司、白城市中兴热力有限公司等承担全市冬季供热业务，特别是制氢加氢一体化项目，目前已为新能源公交车提供燃料服务，成为两业融合发展的新路径。

（四）助力搭建各类融合平台

搭建产教融合平台，整合强化面向服务业的“融创文旅”“社会服务”“医养康复”等专业集群，中职学校与两业融合发展战略的对接更加紧密；全面推进现代学徒制，省级立项试点单位 45 个、国家级立项试点单位 13 个。搭建科研平台，四平市依托中国农业大学吉林梨树实验站联系中国农业大学 3 位院士，共同合作建立了全国首个黑土地保护与利用院士工作站。依托院士工作站建立了 2 个国家级科研基地，获得发明专利 3 项，执行国家重大研究专项、国家自然科学基金项目、省部级项目等 44 项，成果转化带来净收益超过 8 亿元，“梨树黑土地论坛”已成为跨区域国际间的高端论坛。

二、工作成效

（一）在轨道车辆及部件全生命周期的研制和服务协同管理方面，探索出两业融合发展新路径

围绕轨道交通和汽车零部件优势产业基础，以生产性服务业发展为主攻方向，推动中车长春轨道客车股份有限公司成功获批国家两业融合试点单位。围绕轨道车辆及部件全生命周期的研制和服务协同管理的核心内容，通过加强全生命周期管理、数字化生产线建设、大数据分析、业务协同办公管理平台建设等，不断强化两业融合深入发展。中车长春轨道客车股份有限公司建成“一体化”技术创新平台，自主研发出全球首辆全碳纤维复合材料地铁车体，中研高分子聚醚醚酮主要性能达到国际先进水平，国内市场份额占 50% 以上；轨道车辆智能检修运维平台全部进入程序开发阶段，全生命周期贯通项目数据运营已完成需求开发。

（二）在打造从卫星研发与生产到提供遥感信息服务的完整产业链方面，探索出两业融合发展新路径

积极培育发展新兴产业，鼓励长光卫星技术股份有限公司在生产端和服务端

“双轮发力”，依托“星载一体化”等核心关键技术，建立从卫星研发与生产到提供遥感信息服务的完整产业链，加速企业向“产品＋运维服务”转变的进程，加快企业数据服务步伐，实现制造向服务的研发数据贯通。目前，长光卫星技术股份有限公司开展的“吉林一号”星座核心工程，已发射70颗卫星进入太空，建成我国目前最大的商业遥感卫星星座，具备较强的服务能力。“吉林一号”星座全部建设完成后，可对全球任意地点实现每天23 ~ 25次重访，具备全球一年覆盖2次、全国一年覆盖6次的能力，可为农林生产、环境监测、智慧城市、地理测绘、土地规划等各领域提供高质量的遥感信息和产品服务。

黑龙江省：实施两业融合行动
培育壮大新动能

黑龙江省加强规划引领，实施两业融合行动，把两业融合发展作为培育壮大新动能、激发创新驱动内生动力的重中之重加以大力推进，取得初步成效。

一、主要做法

（一）加强规划引领

将两业融合发展纳入全省“十四五”发展规划，制定并印发了黑龙江省《先进制造业与现代服务业融合发展实施方案》《关于加快推动制造服务业高质量发展的任务分工》《创意设计产业发展专项规划（2022—2030年）》《工业设计赋能行动方案》等政策文件，推动两业融合健康发展。

（二）开展试点申报

一是积极开展国家级两业融合试点申报工作。组织各市（地）开展国家两业融合试点申报工作，完善申报单位的试点方案，在国家公布的第二批两业融合试点名单中，哈尔滨经济技术开发区、哈尔滨博实自动化股份有限公司分别入选区域类试点和企业类试点。二是积极开展省级两业融合试点工作。参照国家两业融合试点申报标准，在各市（地）申报的基础上，确定了21个省级两业融合试点，其中区域类7个、企业类14个，并按照“优进劣出”的基本原则，开展省级两业融合试点动态更新，支持优秀区域和企业申报纳入省级试点“储备库”。

（三）实施两业融合行动

一是加强大数据、工业互联网等应用示范。以优秀案例的示范推广为切入点，促进制造业新一代信息技术应用，推进工业互联网标识解析体系建设，培育新一代信息技术与制造业融合发展的新模式新业态。二是持续实施全省万家企业上云行动。举办2020全省工业互联网高峰论坛，推动哈尔滨、齐齐哈尔等市地出台企业上云奖补政策、开展企业上云活动，引导平台服务商与工业企业加强供需对接，加速企业上云进程。三是积极推动制造业智能转型。启动智能工厂认定工作，并对符合条件的数字化示范车间所在企业给予一次性奖励200万元。截至2021年底，黑龙江省累计认定数字化示范车间128个，涉及医药、食品、装备、冶金、化工等多个行业领域，涵盖12个市（地）。四是推动新型研发机构健康有序发展。给予省级新型研发机构建设资助，推动科技创新基地平台建设，加速科技成果产出及转化，全面提升新型研发机构基础研究、应用基础研究、产业共性关键技术研发、人才培育等功能。2021年黑龙江省备案新型研发机构17家，拨付资金3 600万元，带动新增研发投入5亿元。

二、工作成效

（一）国家级试点引领示范作用增强

一是哈尔滨经济技术开发区聚焦互联网、物流、装备、汽车、金融等领域，积极推进智能工厂、工业互联网、柔性化定制、共享生产平台、供应链管理等新业态新模式建设，促进两业相融相长、耦合共生。其一，工业互联网快速发展。依托龙哈工业云平台，搭建企业画像云平台，在全省率先建成覆盖全域的5G基站网，上云企业达到1 973家。其二，现代物流和制造业高效融合。围绕高端装备制造，哈尔滨经济技术开发区现有规模以上物流业企业22家，2021年实现营业收入35.83亿元，同比增长41.91%。其三，企业智能化改造不断提升。通过全过程透明、可控的数字化工厂的打造，搭建WIS智能化车间管理系统，哈尔滨东安实业发展有限公司、哈尔滨哈飞工业有限责任公司等61家企业投资8.6亿元完成技术改造。其四，金融服务制造业水平得到新提升。现有沪深交易所上市企业16家，新三板上市企业19家，黑龙江海航创通机械传动设备制造有限公司、哈尔滨科能熔敷科技有限公司等200家企业获得融资近百亿元。二是哈尔滨博实自动化股份有限公司融合发展新模式不断生成。哈尔滨博实自动化股份有限公司创立了“智能装备＋产品服务”模式，形成了石化化工后处理领域服务新模式，已成为集研发、生产、销售和服务为一体的智能成套装备系统解决方案提供商。2018—2020年，公司营业收入年均增长32.4%，工业服务收入稳定增长。

（二）省级试点不断涌现发展新路径

一是试点区域积极进取，着力推进两业融合新路径涌现。哈尔滨利民医药生物产业园深入推进大学大所大企的产学研活动，成为科技研发服务与先进制造业融合发展的示范园区。2021年，生物医药产业实现主营业务收入382.3亿元，同比增长20.5%。齐齐哈尔高新技术产业开发区积极引进金融服务机构，对高新技术企业、具有市场优势和发展潜力的中小企业提供融资租赁、委托贷款、综合化的金融服务。九洲电气科技服务产业园利用静电喷涂生产线、数控加工中心等生产服务功能，打造共享智能制造云平台，为哈尔滨新区的中小企业提供相关配套服务。牡丹江经济技术开发区推动牡丹江万鼎乳业有限公司等一批企业车间数字化项目建设，培育融合发展新业态新模式。二是试点企业加强聚焦，不断探索两业融合新路径。哈尔滨东安汽车动力股份有限公司积极推进哈尔滨新能源混动系统新基地“一院两基地”建设，打造了新型智能化工厂。九三粮油工业集团有限公司建设油脂研发与检测中心以及大豆种植加工贸易服务一体化运行中心，为实现九三食品的跨越式发展奠定坚实基础。黑龙江鑫达企业集团有限公司先后建设10万吨技改项目和30万吨生物基复合材料项目，以新技术赋能产品绿色化发展。

江苏省：两业融合拓新局 转型升级添动力

江苏省将推动两业融合发展作为制造业转型升级、服务业内涵提升的重要抓手，加快建设具有国际竞争力的先进制造业基地和国际一流、国内领先的现代服务业高地。

一、主要做法

（一）率先启动试点

2019 年 12 月，江苏省在全国范围内率先启动省级两业深度融合试点工作，首批评定 159 家两业融合试点单位，其中龙头骨干企业 123 家、产业集群 21 家、集聚区域 15 个。在此基础上，积极创建国家级试点，张家港市、常州天宁经济开发区、徐工集团工程机械有限公司和江苏中天科技股份有限公司等 2 个区域和 6 家企业入选国家两业融合试点单位。2022 年初，启动第二批省级两业深度融合试点工作，评定 152 家单位为全省两业深度融合试点单位，其中区域 28 个、企业 124 家。

（二）强化规划引领

印发《江苏省“十四五”现代服务业发展规划》，提出了 9 大任务 26 个子任务，据此细化出 100 项重点任务及其主要牵头单位。研究制定《江苏省先进制造业和现代服务业融合发展标杆引领工程实施方案》，积极引导制造业企业、服务业企业双向深度融合发展，扬先进制造之长、显现代服务之优、创产业发展之特，着力打造一批两业深度融合的示范载体。联合 12 个省服务业发展领导小组成员单位印发实施《加快推动制造服务业高质量发展的实施方案》，明确全省制造服务业发展的重点领域和关键环节。

（三）聚焦发展重点

一是依托先进制造业集群推进融合发展。聚焦新型电力（新能源）装备、工程机械、物联网、高端纺织、前沿新材料、生物医药和新型医疗器械、集成电路、核心信息技术、汽车及零部件等 13 个江苏先进制造业集群，着力在技术、设计、品牌、供应链等方面锻长板补短板，提升融合发展能级。二是依托龙头骨干企业推进融合发展。放大“链主”企业的产业链生态主导能力，强化行业领军企业等骨干中坚力量示范引领能力。鼓励先进制造业企业向产业链“微笑曲线”两端延伸，将价值链由以产品制造为中心向以提供产品、服务和整体解决方案并重转变。鼓励现代服务业企业发挥其在数据驱动、网络运作、变革重组等方面优势，推动智能化、产品化、定制化发展。三是依托区域产业转型推进融合发展。统筹谋划两业融合与数字经济、生态经济、枢纽经济、总部经济发展，强化省内先进制造业基地与现代服务业集聚示范区的对接合作，支持建立一批两业深度融合公共服务平台，推动产业共生、资源共享。

（四）突出协同联动

建立国家及省级两业融合试点工作推进机制，将两业融合发展工作纳入省政府年度百项重点工作以及年度服务业发展工作考核范围。组织开展“走基层、送服务、促发展”系列活动，鼓励研究制定以融合促转型、提质效的务实举措。支持无锡、常州、南通、扬州、宿迁等设区市因地制宜开展试点，配套出台地方支持政策。

（五）加大项目支持

一方面，省服务业重点项目向两业融合方向倾斜，自 2020 年以来，江苏省将科技、信息、物流、节能环保等领域的 60 余个项目列入省服务业年度重点项目，动态跟踪、按季调度。另一方面，省级现代服务业专项资金向两业融合项目倾斜，2021 年遴选 50 余个两业融合项目，安排扶持资金逾 1.3 亿元。

（六）优化要素供给

在符合相关规划和政府批准的前提下，利用现有房屋和土地兴办科技研发、众创空间等现代服务业新业态的企业，可实行为期五年的过渡期政策，继续按原用途和土地权利类型使用土地，过渡期满后按新用途办理用地手续。推出“苏服贷”产品，省普惠金融发展风险补偿基金提供增信，引导金融机构加大对中小型现代服务业企业的信贷支持力度，降低企业融资门槛和融资成本。

（七）大力宣传推广

认真总结推广试点典型经验，汇编省级创新模式典型案例，采编提炼的张家港市和徐工集团工程机械有限公司两业融合试点经验，先后在国家发展改革委官网和2021年第6期《中国战略新兴产业》刊载推广。《两业融合拓新局 转型升级添动力——江苏省推动两业融合发展的经验做法》在国家发展改革委2021年第65期《发展改革情况通报》专题刊发。2021年第8期《新华日报》刊发了江苏省两业融合发展的新闻报道及江苏省发展改革委领导署名文章，进一步扩大了两业融合示范效应和社会影响力。

二、工作成效

（一）融合技术加速创新

强化工业互联网、大数据、人工智能等新一代信息技术在先进制造业和现代服务业融合中的应用，推动制造企业数字化转型，发展数据驱动型服务、大规模个性化定制服务、产品全生命周期管理服务。加大对融合发展的重大共享关键技术和产品研发的支持力度，重点突破一批服务型制造核心技术，徐工集团工程机械有限公司的“徐工工业云”服务平台、南京科远智慧科技集团股份有限公司面向智能工厂的智能制造系统、波司登自主研发的服装智能制造系统等在两业融合中充分发挥了科技创新的引领价值。

（二）新模式加快涌现

推动先进制造业生产模式、组织模式、商业模式、管理模式等转变，不断催生新产业、新业态和新模式。苏宁易购集团股份有限公司线上线下融合的智慧供应链网络、江苏双良集团有限公司的节能整体解决方案、江苏中天科技股份有限公司光纤通信智能制造标杆工厂和总集成总承包服务、江苏康缘集团有限公司中医药数字化智能制造和惠民供应链、江苏鱼跃医疗设备股份有限公司的医疗器械智能产品和生命健康服务生态圈等两业融合典型模式示范作用凸显。

（三）体制机制不断突破

全省各地坚持问题导向，优化营商环境，着力解决制约两业融合发展的体制机制障碍。张家港市作为全国唯一整体全县域开展国家级首批两业融合试点的城市，积极建立两业融合多部门联动机制，以部门服务融合带动促进产业发展融合，并进一步深化“放管服”改革，让更多制造业企业进入生产性服务领域拓展转型。常州天宁经济开发区推动土地集约利用，促进企业集聚融合，打造检验检测认证、智能驾驶、网络视听游戏等百亿元以上规模的“三新经济”产业集群。徐州经济技术开发区精准搭建高端工程机械等高层次创新平台，争创自贸区联动创新区，以两业融合提升自主可控、开放共享的产业核心竞争力。

浙江省：以“五个争先”为目标 着力打造全国样板

浙江省围绕“五个争先”建设目标，独创两业融合“创优制”，健全政策推进体系，高标准打造全国两业融合发展引领区，助力全省经济高质量发展。

一、主要做法

（一）聚焦系统谋划争先，形成统筹推进总体方针

2021 年 4 月，浙江省发展改革委等 13 个部门联合印发了《浙江省推动先进制造业和现代服务业深度融合发展的实施意见》，提出聚焦“10＋X”重点领域和“五化”融合路径，其涵盖了生产要素创新（数字化）、生产组织方式变革（柔性化）、企业形态变化（平台化）等新趋势新变化，既有效衔接了国家提法，又充分展现了浙江数字经济、共享经济等特色优势。同时，围绕“10＋X”重点领域提出了建设智能工厂、加快工业互联网创新应用、推动总集成总承包发展、柔性化制造、产品全生命周期管理等两业融合的重点模式。

（二）聚焦试点建设争先，构建试点培育创优机制

按照“系统谋划、创新方法、闭环管控”的思路，浙江省发展改革委提出了遴选试点、合力培育、评价评优“三位一体”的试点建设“创优制”。“创优制”打破了传统试点中拟定指标体系对试点主体的束缚，给予试点主体充分展现自身特色的空间，有利于浙江形成多样性与独特性兼而有之的两业融合发展样板。2021 年全省开展了首批省级、市级试点创优工作，遴选出 57 家省级试点单位和 83 家市级试点单位，形成了一批有潜力的储备试点企业，成为浙江推动两业融合发展的有力抓手。

（三）聚焦精准服务争先，借力开展定制咨询服务

按照“创优制”中“合力培育”的要求，浙江省发展改革委委托省级智库机构为通过初审的78个试点申报单位进行“一对一”服务指导，开展“四个一”精准服务，即“完成一次实地调研、提炼一个主导模式、形成一张问题诊断表、出具一份发展建议书”的“四个一”精准咨询服务。通过咨询服务，掌握了全省两业融合的开展情况，助力试点单位梳理了新模式新业态，挖掘了一批可复制、可推广的典型做法，如传化智联股份有限公司供应链管理等。

（四）聚焦宣传推广争先，展示两业融合成效进展

浙江省发展改革委通过召开工作新闻通气会、开展线上线下专刊专题宣传、组织“一地一站”巡回宣传、举办中国品牌日等活动，介绍工作进展、展示相关产品服务、加强典型模式交流学习，如加强对宁波北仑区、嘉兴海宁市、得力集团有限公司等20个优秀案例宣传展示以及发布北仑区两业融合综合评价报告等，有效推动了两业融合的广泛开展。

（五）聚焦要素保障争先，推动政策制度创新完善

一是通过聚焦用地、公共数据管理、资质管理等方面，梳理形成了12项重点改革事项，如推动杭州滨江区积极探索“工业综合体”供地新模式、加快工业项目由“供地”向“供楼”转变。二是提高专项支持政策的精准度，强化要素保障，如指导宁波、金华制定专项政策，推动地方政府支持方式由政策宣讲、辅导培训向资金资助、用地支持、人才培养等方面拓展。三是丰富、深化数字化应用及场景建设，加强要素保障。如浙江省发展改革委开发两业融合“e键通”数字化平台，对全省省级以上试点开展实时监测；宁波北仑区基本建成全省首个两业融合数字化场景，打造“跨部门”集成、“一体化”服务、“闭环式”管理的新路径。

二、工作成效

（一）试点数量持续增加

2020—2021 年，浙江（含宁波）入选国家试点数量高达 10 家。2021 年下半年组织开展第一批省、市级试点培育，共遴选 15 个区域和 42 家企业列入省级试点，11 个区域和 72 家企业列入市级试点。北仑区作为首批国家试点单位，遴选出 11 家企业列入区级试点。目前，国家、省、市、县四级试点结构初步形成。

（二）模式路径逐步丰富

以汽车、生物医药、高端装备制造等为代表的制造业企业依托自身研发制造能力，积极延伸研发检测服务输出、产品全生命周期管理、集成总承包等服务业务，重塑自身核心竞争力。以物流、互联网为代表的服务业企业，通过为制造业企业优化供应链管理、开展数字化改造、推广工业互联网应用，助力制造业转型升级。如嘉兴海宁市加快经编产业供应链运营，打造集采购、生产、物流、研发和销售展示于一体的服务平台；美康生物科技股份有限公司推动“诊断仪器 + 诊断试剂 + 诊断服务”全链式发展，促进企业由单一生产制造向提供“产品 + 服务”发展模式转型。

（三）参与热情不断高涨

在“创优制”模式下，浙江省以优秀案例和最佳案例评选代替了年度考核，减少了试点单位工作任务，减轻了基层考核压力，激发了各层级参与热情。“四个一”的精准政策咨询服务、优秀案例和典型做法的宣传展示，有力增强了企业和基层开展两业融合的积极性。在 2021 年省级试点申报中，22 个区域、78 家企业参与了申报，打破了历史纪录。

安徽省："四个聚力"
推动两业融合健康快速发展

安徽省通过聚力系统谋划、示范创新、宣传推介、政策保障四大举措，大力推动全省两业融合健康快速发展。

一、主要做法

（一）聚力系统谋划，加强融合发展顶层设计

贯彻落实制造业与服务业融合发展、制造型服务、物流与制造业融合等一系列国家政策文件，并与省内外智库持续开展两业融合专题研究，出台了《加快发展现代服务业若干政策》等政策文件，编制了全省"十四五"服务业发展规划、服务业锻长补短行动方案（2022—2025年），将推动两业融合作为重要抓手纳入规划政策文件，强化了系统谋划和引领带动。

（二）聚力示范创新，加快推进融合试点建设

合肥经济技术开发区、芜湖高新技术开发区和安徽合力股份有限公司、安徽丰原集团有限公司、安徽华米信息科技有限公司、阳光电源股份有限公司、奇瑞控股集团有限公司等2个区域和5家企业纳入国家两业融合试点名单。为与国家试点形成梯次发展格局，安徽省先后认定两批省级两业融合试点，包括28个区域和49家企业，基本实现了省辖市域全覆盖。根据省委、省政府工作部署，全省计划"十四五"期间建设100家（个）省级及以上两业融合试点区域和企业。

（三）聚力宣传推介，营造融合发展浓厚氛围

组织各市发展改革委、国家及省级试点区域企业等，在芜湖市召开首届两业

融合试点建设宣传推介会，邀请专家学者和企业代表交流经验，联系省内外各大主流媒体宣传推介试点建设典型。在门户网站开辟两业融合专栏，广泛宣传各地各企业融合发展试点经验。完成多篇政务信息报送，展示了安徽省两业融合发展成效。谋划开展“百名专家进百企（区）”，强化智库及专家对试点单位的智力支持。

（四）聚力政策保障，优化融合发展创新环境

优化省服务业资金安排方向，引导支持两业融合类企业和项目。2022 年重点支持 19 个两业融合示范、生产性服务业创新平台等项目，支持 29 个省级生产性服务业集聚示范区项目，占计划资金总额的 64%。加强新的支持政策谋划，对验收通过试点企业给予奖励。推动各市发布政策文件，加大两业融合的政策引导，特别是增加“推进先进制造业和现代服务业融合发展”条款，加强对工业互联网、智能工厂、工业设计等两业融合重点领域的支持力度。

二、工作成效

（一）融合产业加快发展

近年来，安徽省两业融合发展取得了明显成效，面向制造业的现代服务业规模不断扩大。2021 年全省服务业增加值达到 21 985.4 亿元，突破了 2 万亿元大关，同比增长 8.7%，高于 GDP 增速 0.4 个百分点，服务业增加值从 2015 年的全国第 15 位提高到 2021 年的第 12 位。

2021 年信息传输、软件和信息技术服务业增加值为 964 亿元，同比增长 10.6%；租赁和商务服务业增加值为 1 267.4 亿元，同比增长 9.8%，增速分别高于服务业增加值增速 1.9 个、1.1 个百分点。全年规模以上服务业企业营业收入同比增长 16.8%，其中以互联网信息技术、商务服务为代表的其他营利性服务业营业收入同比增长 18.4%。在 2022 年前三季度，高技术产业投资同比增长 34.3%，高于固定资产总投资 25.5 个百分点；信息传输、软件和信息技术服务业增加值同比增长 7.7%，增速高于 GDP 增速 4.4 个百分点。

（二）融合区域加快建设

合肥经济技术开发区聚焦汽车制造和服务、集成电路全产业链、智能家电产品定制化服务、制造业供应链管理、物流与制造业融合等主要方面，全力推行“智能 + 制造”、“平台 + 物流网”、服务型制造等行动，已成为国内家电产品种类和品牌集中度最高的园区，是全国最大的冰箱、叉车、挖掘机、轮胎、液压机床、笔记本电脑制造基地，综合发展水平已挺进国家级经济技术开发区“全国十强、长三角前五”。芜湖高新技术开发区聚焦智能网联及新能源汽车生产和服务全链条、微电子及第三代半导体产业研发设计、节能环保及高端装备制造和服务、大数据及信息技术服务等重要方面，加快搭建智能网联汽车小镇等产业发展和公共服务平台，加大综合政策措施保障，2021 年高新技术开发区 GDP 同比增长 11.5%，排名升至全国第 36 位。

（三）融合主体作用凸显

安徽合力股份有限公司以融合促转型升级，形成以智能工厂和省级综合营销服务中心为支柱，以工业互联网为全要素、全价值链连接纽带，以 AGV（自动导引）无人叉车为高端产品和服务输出载体，走出“四位一体，线上线下”的行业新模式新路径，2016 年至今位居全球七强，为破解我国工业车辆行业发展瓶颈积累了宝贵经验。安徽华米信息科技有限公司基于产品服务链条、信息链条、内容链条，通过可穿戴智能设备，开展运动健康等增值服务，完善“硬件 + 数据 + 服务”的全新商业模式，满足重点领域消费升级需求，推动智能设备产业创新发展；截至 2021 年底，智能设备全球累计出货量突破两亿台。阳光电源股份有限公司专注于新能源电源设备的研发、生产、销售和服务，以光储智能工厂制造为基础，打造提供全球一流的清洁能源全生命周期解决方案的工业互联网服务平台；截至 2021 年底，公司逆变设备累计发货 224 吉瓦，光伏逆变器全球市场占有率 31.3%。安徽丰原集团有限公司利用在聚乳酸领域形成的领先优势，整合资源搭建技术研发、绿色制造、交易体验公共服务平台，实现研发、生产、供需等业态融合发展，创建产业融合生态圈，现已成为国内生物基材料产业链最全、产业规模最大、技术领先的龙头企业。奇瑞控股集团有限公司围绕汽车制造产业链，在“微笑曲线”前段布局技术认证和咨询、智能互联等，在“微笑曲线”后端布局汽车金融、汽车后市场、汽车零部件再制造和再利用、整车物流、移动出行等，服务板块业务快速发展，服务赋能制造主业力度增加；2021 年实现营业收入 65.75 亿元、同比增幅达 76.5%，实现营业利润 1.24 亿元、同比增幅达 119%。

江西省：以两业融合为抓手
推动制造业高质量发展

江西省通过积极推进试点任务、加强政策引领保障、组织开展省级试点、建立工作联络机制等举措，推动了全省两业深度融合，发展环境优化，新业态新模式涌现，为全省制造业高质量发展夯实了基础。

一、主要做法

（一）积极推进国家级试点任务

景德镇昌南新区和江西赣锋锂业股份有限公司分别获批国家两业融合第一批试点区域和第二批试点企业。昌南新区成立了工作专班，探索形成了加快陶瓷原料标准化、建设陶瓷共享工厂、促进陶瓷制造与工业文旅融合发展等具体做法。江西赣锋锂业股份有限公司制定了两业融合工作方案，探索形成了建设锂电材料智能工厂、开展无线蓝牙耳机柔性化定制、共享锂电材料生产平台、优化锂产业供应链管理、开展锂原材料工业和服务业融合等典型做法。

（二）加强政策引领保障

印发《江西省大力推动制造业高质量发展实施方案》，提出发展高端、智能、绿色、服务型的“四个制造”，实现制造业质量和品牌建设、制造业集聚和协同发展水平的“两大提升”。发布《江西省关于推动先进制造业和现代服务业深度融合发展的政策措施》，在用地、金融、资金、人才、发展环境、统计监测等方面出台了10条支持措施。

（三）组织开展省级试点

研究制定《江西省先进制造业和现代服务业融合发展试点工作方案》，按照试点企业和试点区域两个类型组织，开展了两批省级两业融合试点。2020 年 8 月，推出第一批 10 家两业融合试点单位以及 9 个试点区域；2021 年 2 月，推出了第二批 15 家两业融合试点单位以及 8 个试点区域。两批省级两业融合发展主体依靠产业优势和政策支持，加快业态和模式创新，实现产业深度融合和高端跃升。

（四）建立工作联络机制

一是建立工作机制。试点企业和区域要明确一名试点工作联络员，试点企业和园区业务负责人成为总牵头人，并成立两业融合工作小组推进试点工作。二是推进信息报送机制。指定专人调度各试点单位两业融合试点工作情况，试点园区和企业明确了联络员职责，每季度末报送试点工作进展，总结工作堵点难点，汇总好的经验做法。三是建立调度机制。按季度调度试点单位工作推进落实情况、目标任务完成情况、工作亮点和经验做法、推进中遇到的困难和问题等，形成总结材料并上报相关部门。

二、工作成效

（一）发展成效明显

一是制造业和服务业实现稳步发展。2022 年一季度全省第二产业增加值 3 302.9 亿元，同比增长 8.0%；第三产业增加值 3 668.1 亿元，同比增长 6.1%。二是新产业新产品增长提速。高新技术产业增加值增长 16.3%，占规模以上工业增加值的比重为 38.7%，同比提高 2 个百分点。规模以上互联网和相关服务、软件和信息技术服务业营业收入同比增长 25%。制造业绿色转型稳步推进，新能源汽车、太阳能电池产量同比分别增长 40.5%、18.6%。三是新业态新模式加快发展。线上线下融合提速，新型消费加速崛起。全省网上零售额增长 31.1%，其中实物商品网上零售额增长 33.3%。

（二）发展环境优化

一是项目审批流程不断优化。制定了投资项目“容缺审批 + 承诺制”办理模式暂行办法，将项目审批 50 个事项中的 41 个事项、137 个申请材料设置为可容缺或用初审意见替代。截至 2021 年 10 月底，按此模式办理审批事项 1 546 件，节省了前期工作时间。二是评价与监测系统逐步健全。景德镇昌南新区与景德镇陶瓷大学开展深度合作，共同研究与开发两业融合发展评价与监测系统，内容涉及设立检测统计点和站点、定期发布监测结果、完善监测数据报送体系、加强信息共享等。

（三）新业态新模式不断涌现

景德镇昌南新区以安华片区为主线，打造电商产业集聚区，打造场景式销售，实现传统与现代、工业与文化、手工与文旅三融合的“大陶瓷”格局。南康经济开发区的家具产业抢抓疫情期间“宅经济”“线上经济”风口，构建了“线下体验、线上直播、网红带货”的家具电商销售新模式，推动南康家具由线下的 300 万平方米卖场销售向线上线下立体化销售转型。三川智慧科技股份有限公司以智能水表为依托，积极介入水务大数据及其增值服务，为供水企业乃至整个城市提供包括水资源监测、管网监控、水质检测、用水调度、产销差管理在内的整体解决方案。

山东省：多点突破
推进两业融合向纵深发展

山东省加快建设先进制造业强省，持续推动现代服务业创新发展，大力推进产业高端化提升、智能化改造、绿色化转型、服务化延伸、生态化聚集，两业融合发展向纵深推进，高质量发展迈出坚实步伐。

一、主要做法

（一）坚持高点定位，加强统筹谋划

将两业融合发展纳入全省“十四五”发展规划，发布山东省《智能制造“1＋N”带动提升行动实施方案（2018—2020 年）》《关于加快促进服务型制造发展的实施意见》《服务业数字化转型行动方案（2021—2023 年）》等政策措施，支持企业由生产型向生产服务型转变、服务企业向制造环节延伸。

（二）坚持创新引领，优化融合环境

一是培育壮大融合发展创新平台。推动创新平台共建共享，支持龙头企业、科研院所、高等院校、行业协会、中介机构、上下游配套企业，联合组建创新共同体，构建多层次、多方式自主创新平台服务体系。截至 2021 年底，全省（含青岛）共有 4 个区域、11 家企业入选国家级两业融合发展试点。截至 2022 年底，累计培育 68 个省级两业融合试点、62 个现代服务业集聚区、139 家省级服务业创新中心。二是全面推进产业生态创新。推行重点产业链“链长制”，聚焦 9 大产业领域，筛选 42 条重点产业链，绘制“1 张图谱＋N 张清单”，加快推进“链主”企业牵头主导、产业联盟合作、产学研协同推进、要素保障服务等工作，切实提升产业链供应链的稳定性和竞争力。三是深入推进数字赋能。深入开展“云行齐鲁”活动，2021

年带动上云用云企业超过 35 万家，工业企业关键业务环节全面数字化率为 67.8%。积极培育海尔卡奥斯、浪潮云洲、橙色云、蓝海四大“双跨”工业互联网平台，总数位居全国第三。服务业数字化转型全面推开，企业“上云用数赋智”进程加快，重点领域数字赋能加速升级。

（三）坚持要素保障，提升服务供给

一是落实落细“要素跟着项目走”机制，新增建设用地、能耗指标优先用于支持两业融合项目。二是统筹使用各类财政专项资金，主要支持核心技术研发及产业化、产业集群、创新平台、重大技改等项目，加快提升制造业核心竞争力。三是鼓励龙头企业、行业骨干企业联合科研院所，通过建立联合实验室、技术试验示范基地、科技示范园区，搭建产学研技术研发平台，推动关键技术攻关。2021 年全省高新技术企业突破 2 万家，年均实施省级以上企业技术创新项目近 4 000 项。四是支持企业创建制造业创新中心、工业设计中心、服务业创新中心等，加大研发投入，以创新端驱动融合端，蹚出先行先试新路径。五是支持高端人才引育，吸引和留住核心人才，建立领军人才持续稳定支持机制，加强高技能人才队伍建设，为两业深度融合提供了人才保障。六是深化“放管服”改革，推行“一网通办”“一窗受理”“一链办理”“一线连通”，营商环境整体水平明显提升。

二、工作成效

（一）融合发展新业态新模式加速涌现

一是推进建设智能工厂。天润工业技术股份有限公司以智能化生产线建设为契机，全面推动智慧工厂建设，实现柔性化按需定制生产，其中兼容 6 ~ 8 个品种混线生产，产品不良品率下降 83%，运营成本降低 63%，生产效率提高 20%。二是加快工业互联网创新应用。海尔集团公司从传统制造业向“制造 + 服务”型企业转变，衍生出海创汇、海纳云、卡奥斯等赋能服务平台。青岛特锐德电气股份有限公司聚焦打造世界领先的箱式电力设备智能工厂，开展新能源汽车智能充电、新能源微网业务，将先进算法应用于运营、智能充电调度等全生命周期管理，构建起亿辆电动汽车的储能

网，平台车辆注册用户超过 130 万个。三是发展共享生产平台。玲珑集团有限公司依托国家级技术中心，组建蒲公英橡胶产业技术创新战略联盟，建立低滚动阻力实验室等前沿科研创新平台，建成目前国内最大的轮胎试验场，可面向汽车及零部件行业提供各类研发、认证及法规类室外试验检测和场地使用技术服务。四是加强全生命周期管理。成山集团有限公司搭建创新技术研发平台、智能制造综合管理系统和车队服务专家管理系统，打通"研发 + 制造 + 服务"全产业链条，运营成本降低 30%，生产效率提升 23%。山东百龙创园生物科技股份有限公司在国内首次实现结晶阿洛酮糖产品产业化生产，并围绕玉米精深加工产业链，开展研发设计、营销、售后、品牌管理及提供一体化解决方案。山东海科控股有限公司借助工业互联网串接"智能生产 + 现代服务 + 终端体验"，推动炼化产业建链延链强链，并实现复制推广。

（二）重点行业重点领域融合发展新路径更加明晰

一是深化制造业服务业和互联网融合发展。浪潮集团有限公司以爱购（iGO）采购共享云平台为依托，推动企业上云、上平台，为企业提供"互联网 + 供应链"模式的综合性一体化服务。爱购云平台 2021 年入驻企业 4 万家，数量同比增长 120%，累计交易额 2 900 亿元。二是提升装备制造业和服务业融合水平。潍柴雷沃重工股份有限公司从制造、研发、销售、服务方面开展数字化改造，进行农业生产全链条的数字化赋能，实现由单一的农机装备生产制造商向智能整机定制提供商和全程数字化农业生产服务商的转型升级。三是促进现代物流和制造业高效融合。日照市岚山区以山东钢铁集团有限公司等产业链龙头企业为引领，以传统制造业与港口物流业深度融合为切入点，积极推动钢铁主业和配套产业的融合集聚发展。四是推动消费品工业和服务业深度融合。迪尚集团有限公司以智慧时尚生活方式集成创新平台为依托，以数字化设计制造为核心，以面辅料供应、个性化定制为窗口，重点建设七大中心探索从 ODM 到 DDM（分布式数据管理）的规模化发展模式，为服装行业全产业链提供平台服务。

（三）多元化融合发展主体作用充分发挥

强化产业链龙头企业引领作用，海尔集团公司等龙头企业从产品定制、设计生产到物流售后，全过程依托数据驱动和网络运作，逐步形成了两业融合发展的全产业链条。发挥行业骨干企业示范效应，用管理、技术、信用等优势赋能中小企业，通过跨业态、跨地区的网络化合作，加速稳定和提升产业链。激发专精特新中小企业融合发展活力，在细分领域重点培育了一批专精特新“小巨人”和“单项冠军”企业。截至2022年底，全省累计培育有效期内的专精特新中小企业5 777家，其中756家被工业和信息化部认定为专精特新“小巨人”企业，192家被确定为中央财政重点支持的“小巨人”企业，数量分别居全国第三位和第二位；拥有国家级制造业单项冠军186家，其中单项冠军示范企业达135家，数量分别居全国第二位和第一位。

河南省：试点示范培育和重点项目建设“两手抓”

河南省以试点示范培育和重点项目建设为主抓手，把推动两业融合作为增强制造业核心竞争力、培育现代产业体系的途径，大力推动了经济的高质量发展。

一、主要做法

（一）加强顶层设计

印发实施《河南省促进先进制造业和现代服务业深度融合实施方案》，明确了培育融合发展新业态、推动制造业服务化、发展生产性服务业和打造融合发展平台载体等重点任务和发展思路目标。编制《河南省“十四五”现代服务业发展规划》，提出开展两业融合新业态新模式培育工程，开展融合创新试点示范，壮大融合创新主体，着力提升河南省制造业重点行业和生产性服务业重点领域融合发展水平。充分发挥省服务业工作领导小组作用，指导协调解决两业融合发展中的重大问题，统筹推进各项任务落实到位。

（二）开展两业融合试点

先后组织开展两批省级两业融合试点培育工作，公布了郑州经济技术开发区等15个区域和郑州宇通客车股份有限公司、中国一拖集团有限公司等46家企业为省级试点单位，指导各地制订年度工作计划，分解落实试点任务。郑州经济技术开发区、好想你健康食品股份有限公司、长葛经济技术开发区、郑州宇通重工有限公司4家省级试点单位获批国家级两业融合试点，推动各试点单位及时总结典型经验做法，加大宣传推广力度。

（三）加大资金支持

累计安排 2020—2022 年度省级服务业发展专项资金 8 192 万元支持郑州经济技术开发区产业集聚区公共服务平台云计算中心、果蔬创新研发公共平台建设项目等 26 个两业融合重点项目建设，其中两业融合试点单位项目 11 个，共计安排资金 3 588 万元。

二、工作成效

（一）融合发展新业态新模式不断涌现

鼓励各试点单位充分发挥主导产业优势，培育融合发展业态模式，加快形成产业发展新增长点。郑州经济技术开发区重点围绕汽车及零部件、装备制造、现代物流 3 个千亿级产业，实施主导产业升级再造、数字经济赋能增效等工程，鼓励区域内龙头企业由制造环节向研发设计和营销服务两端延伸，分离外包物流业务，加快由设备生产商向系统集成和整体解决方案提供商转型，先后培育了郑州煤矿机械集团股份有限公司等 8 家省级两业融合试点企业，建成 27 个智能工厂（车间）和郑州嘉晨电器有限公司等一批工业互联网平台，高水平建设国家中欧班列集结中心，有望获批陆港型国家物流枢纽。宇通重工股份有限公司深耕新能源环卫市场，聚焦环卫成套装备制造和城市环卫运营服务两大核心业务板块，自主研发环卫设备领域关键技术、深度融合无人驾驶及智能化作业技术，累计投入 5 000 万元搭建智慧环卫互联管理平台，开展智能工厂、工业互联网、柔性化定制、总集成总承包、全生命周期管理等业态模式创新，加快向“绿色环卫装备 + 服务系统集成服务商”转型。2021 年，公司运营环卫服务项目年化额达 7.6 亿元，同比增长 20.4%；在新能源环卫装备市场的占有率达到 28.5%。

（二）融合发展生态趋于成熟

探索完善两业融合发展的政策体系和工作机制，有效整合各类资源要素，加快打造重点行业、重点领域融合发展生态圈。孟州市产业集聚区发挥河南德众保税物流中心国家级平台效应，集约整合供应链上下游资源，引聚一批金融中介、贸易代理、货运代理等中介服务机构，为园区制造企业提供“一站式”通关服务。宝丰县在产业链龙头企业中探索建立“链长制”及“产品＋整体解决方案＋平台＋服务”的融合创新服务模式，加大土地、财税、融资等资源要素保障，打造豫西南地区两业融合发展示范区。2021年，宝丰县完成地区生产总值376.16亿元，同比增长9.2%，县域经济综合实力由全国279位提升到225位。

（三）多元化融合发展主体作用日益凸显

充分发挥各类融合主体优势，带动产业链上企业、行业内企业、平台参与企业共同提升，持续释放融合发展潜力。长葛经济技术开发区依托装备制造产业优势，重点培育河南森源电气股份有限公司等一批“智能制造＋增值服务”功能为一体的标杆企业，推动关联产业、上下游配套企业和资源要素向园区集聚。共认定智能车间（工厂）10个、信息技术融合发展及应用示范项目10个、服务型制造企业8家，建成工业互联网平台4个。新乡高新技术产业开发区大力实施专精特新企业培育工程，引进黄河科技集团网信产业有限公司等生产性服务业企业，全面整合科研院所、行政机构、龙头企业等各类资源，推动产业优势再造。已建成生物医药产业科研平台4个、企业创新平台16个（国家级3个、省级13个），基本实现全区规模以上工业企业、高新技术企业的市级以上研发平台全覆盖。

（四）服务型制造和社会化服务供给能力不断增强

引导企业创新服务要素投入，促进高端要素密集进入生产制造过程。好想你健康食品股份有限公司建成河南省特色果蔬研发公共服务平台、新郑好普仓储分拣配送中心及年产10 300吨红枣咖啡/坚果系列产品生产线等，为食品企业提供健康食品研发、个性化共享制造等服务，加快从产品制造商向“产品＋服务”的提供商转型。河南心连心化学工业集团股份有限公司聚焦洁净煤化工升级发展方向，加大全国范围内营销服务中心、测土配肥中心布局建设，指导用户精准施肥。河南银金达新材料股份公司建立了再生聚酯高值化利用循环技术体系，实现了“绿色原料—绿色改性—绿色化应用”全流程定制化开发，获得了全球回收标准GRS认证，单位产品碳减排达到33.25%。

湖北省：打造两业融合新生态

湖北省着力打造两业融合新生态，推进两业融合试点工作，大力加强政策保障，有力推动了全省两业融合的健康发展。

一、主要做法

（一）高位谋划

湖北省委、省政府对两业融合试点统筹谋划，并把两业融合试点工作纳入2021年度、2022年度省政府年度工作报告，列入政府年度重点改革事项进行督办，建立改革工作台账，按季报送工作进展情况。省委主要领导及分管领导明确要求扎实推进试点工作，确保试点有成效、有推广价值。

（二）全力推进

一是全力支持开展国家两业融合试点。武汉经济技术开发区、十堰经济技术开发区、黄石东贝电器股份有限公司分别获批试点区域和试点企业，对试点单位积极给予政策支持，如黄石市政府对试点企业黄石东贝电器股份有限公司实施特殊人才政策，将该公司引进的10余名高端人才纳入“东楚英才”计划，给予每人30万～50万元补贴、享受就医入学等政策待遇。此外，还推动成立东贝学院，培养专业技能人才。二是全力打造本土两业融合样板。谋划开展省级两业融合试点工作，制定了《湖北省推进现代服务业与先进制造业深度融合试点工作方案》，力争通过3年试点，培养5个试点县（市、区）、10个试点园区、50个试点企业等两业融合载体，形成一批可复制可推广的新经验新做法，探究一些新路径，推出一批新模式新业态。

（三）全面保障

一是规划引领。将两业融合工作纳入湖北省“十四五”规划和服务业发展“十四五”规划，以两业融合推进产业转型升级，不断增强服务业驱动能力。二是项目支撑。建立了湖北省两业融合项目库，申报储备了206个两业融合项目、总投资高达1 293亿元，其中首批30家省级试点企业实施48个试点项目、投资170亿元。三是资金支持。利用湖北省服务业发展引导资金，对首批46个国家和省级试点单位给予4 150多万元的资金支持，并在2022年度省预算内投资中列支两业融合专项资金1 000万元，支持了7个项目。

二、工作成效

（一）打造了两业融合新生态

6个国家和省级试点县（市、区）、园区均结合自身产业特色，积极搭建产业融合创新升级平台，全方位构建产业生态系统。十堰经济技术开发区充分发挥东风商用车车辆工厂整车总装形成的集聚优势，打造“科学研究＋应用研发＋人才培养＋风险投资＋创业孵化”全产业链，共搭建5个国家级创新平台，3个省级企校联合创新中心，2个省级工程技术中心，4个汽车整车及零部件、工程机械等电商平台，71家高新技术企业，130家科技型中小企业，32家检测机构、检测中心或试验室，形成了汽车产业生态发展的新闭环。

（二）催生了两业融合新业态

潜江乐家木业有限公司联合酷家乐等公众网站和软件、抖音等直播平台，让客户在网上即可直观感受到全屋定制的具体方案，使客户在咨询、设计等成果转化前端有良好的服务体验，实现客户参与设计、协同生产制造的互动场景，有效提高了产品销量。2021年上半年营业额和产值分别同比增长30%、40%。咸宁黄鹤楼酒业以工业旅游为抓手，开发传统工艺或现代工业的研学旅行项目，为消费者提供白酒酿酒体验与白酒勾调与山景区观光游览等休闲消费体验，助推白酒酿造主业品牌、品质稳步发展，探索出了“智能制造+工业旅游”的新业态。

（三）开启了两业融合新模式

武汉经济技术开发区以国家试点为契机，积极推进汽车制造、电子电器等产业与现代服务业深度融合，通过智能化生产、柔性化定制、供应链协同等方式紧密对接生产消费两端，积极拓展“汽车+”产业向生产服务型转变，协同推进“互联网+智能家电”的智慧家居产业体系，着力打造世界级汽车产业集群和全国重要的智慧家居产业基地，实现区域产业由制造向智造转变。园区联合中国电子信息产业集团有限公司成立数字经济产业联盟，借助“5G+工业互联网”技术推动“企业上云”，鼓励引导企业将基础设施、业务系统、设备产品等向云端迁移，加快构建“设备—车间—工厂—产业生态数字化”新模式。

（四）探索了两业融合新路径

黄石东贝电器股份有限公司在试点过程中，投资了1.59亿元实施智能工厂建设、工业互联网应用、柔性化定制、在线供应链融资4个项目，先后建成了智能制造、全渠道物流、高柔性化定制、壳体焊接、粗精加工标杆制造五大场景，有力推动了先进制造与智能制造、工业互联网应用、柔性化定制和衍生服务的融合发展。华工科技产业股份有限公司积极开展智能工厂总体设计、数字孪生等服务，大力建设数字化设计、工艺、制造、交付一体化服务平台，为客户提供数字化车间、智能工厂建设工程“咨询规划—工程设计—建设实施—投融资能力”的总集成总承包服务，推动公司从装备制造企业向系统集成商和整体解决方案提供商转型，走出了一条两业融合的新路径。

湖南省：补短板锻长板　推动两业深度融合

湖南省通过突出科学精准谋划、强化政策制度支撑、推进试点示范建设、构建融合发展生态、完善评估督导机制等举措，推动两业融合向纵深发展。

一、主要做法

（一）突出科学精准谋划

科学规划为全省两业融合的健康发展指明了方向。湖南省“十四五”规划纲要提出支持有条件的制造企业向研发设计、设备制造、工程总承包和系统控制、维护管理等一体化服务总集成总承包商转变，支持服务企业利用信息、营销渠道等优势，向制造环节拓展。湖南省“十四五”服务业发展规划提出实施先进制造业和现代服务业融合工程，指出“十四五”期间培育100家左右两业融合试点企业、15个左右两业融合试点区域的目标。

（二）强化政策制度支撑

发布了《湖南省先进制造业和现代服务业融合发展试点管理办法（试行）》，明确了试点工作的相关要求，细化了试点单位的支持政策，鼓励各地市因地制宜贯彻落实用地、金融、人才等举措，并在统计、工作机制、管理方式和市场监管等方面积极创新。

（三）推进试点示范建设

国家试点方面，先后有2个区域、5家企业获批国家两业融合试点单位。第一批试点单位已完成阶段性总结，其中中车株洲电力机车研究所有限公司作为先进试点企业被国家发展改革委重点推介。省级试点方面，全省已先后于2020年、2021

年组织开展了省级两业融合试点工作，公布了 11 个试点园区、58 家试点企业，试点模式涵盖了国家发展改革委《实施意见》列明的所有新业态模式。

（四）构建融合发展生态

一是建立协同推进机制。发挥省服务业发展联席会议制度办公室的统筹协调作用，强化两业融合工作的整体部署和协同推进。二是强化补短板、锻长板。持续开展生产性服务业补短板工程，明确工作措施、进度安排及目标，生产性服务业占比稳定提升。持续运用全省现代服务业发展专项资金，支持两业融合试点区域和企业，其中 2021 年度安排 3 320 万元，支持 23 个省级试点企业项目；2022 年安排 6 600 余万元，支持 41 个省级试点区域和企业项目。三是夯实平台载体建设。持续推进省服务业“双百”工程，加强马栏山视频文创产业园、岳麓山国家大学科技城等服务业重点园区、重大创新基地建设，重点支持技术研发、检验检测、创新创业等关键领域和薄弱环节公共服务平台项目建设。

（五）完善评估督导机制

建立试点组织管理制度，对试点区域、企业的实施情况进行动态监管，开展试点中期、试点终期评估，按评估结果进行督导奖惩。发布湖南省两业融合发展试点评价指标体系，从融合发展环境、能力、效果、效率 4 个维度，构建两业融合发展综合评价指标体系，细化形成两业融合发展评价手册指导评估工作实践，推动两业融合发展向纵深推进。

二、工作成效

（一）体制机制较为完善

试点企业都成立了相关工作小组或专责管理部门，特别是制造业企业和服务业企业，其内部结构健全，管理体制顺畅，各类人才储备较为充足。大部分企业专门制定了促进两业融合发展的宣传教育、要素保障、政策激励等方面制度文件，为确保完成试点目标任务打下了坚实基础。

（二）融合能力不断增强

试点企业聚焦融合支撑要素，不断强化人才、数字基础设施等方面投入，人才支撑和科技创新保障能力有效增强。试点企业本科及以上学历员工人数占员工总人数比重平均值为38.62%、研发经费支出占营业总收入比重平均值为8.04%、人均专利与软件著作权拥有量平均值为111.67项/千人、省级以上研发或公共服务平台数量平均为3.24个、企业信息化投入占营业收入比重平均值为6.15%，各项指标在同行业企业中具有明显优势。

（三）融合效率稳步提升

从试点企业营业收入、净利润和劳动生产率看，企业发展势头较好，部分企业营业收入、净利润实现跨越式增长。2021年，省规模以上高技术制造业增加值同比增长21%，规模以上电子信息制造业增加值、软件和信息技术服务业营业收入同比分别增长23.2%、44%，规模以上工业、服务业利润总额同比分别增长10%、25%。

（四）融合效果逐渐显现

试点企业在发挥自身优势、找准突破方向、探索可行模式方面大胆探索，形成制造业服务化与服务业制造化相向发展的趋势，融合效果显著提升。25家制造业企业（含专精特新中小企业）投入服务化总比重平均值达到28.15%，产出服务化总比重平均值达到25.92%；6家服务业企业中制造业务投入占企业全部投入费用比重达到33.17%，制造业务收入占企业全部收入比重达到40.63%。长沙国家高新技术产业开发区推进中电云网、长沙工业云平台、中科云谷工业物联网平台建设，中电云网注册企业已超5万家，活跃用户超6 000家，连接和管理的设备数达110万多台，云化软件与工业App 411个，日接收数据450万条。

（五）品牌影响不断增强

2021年，三一重工股份有限公司挖掘机首夺全球销量冠军，拿下“世界金牌”，实现销售收入1 720亿元，同比增长25%；海外销售收入280亿元，同比增长70%，人均产值、收入增长率和利润率等经营指标，均处于全球工程机械行业领先水平；桩机工厂获评世界经济论坛全球重工行业首家“灯塔工厂”。山河智能装备股份有限公司凭借强大的先导式创新能力，以及地下装备制造的突出技术实力，创造了两款“世界之最”——世界最大旋挖钻机、世界最高全液压履带桩架，以及两款“世界首创”——引孔式静力压桩机、大直径植桩钻机。特变电工衡阳变压器有限公司实现由单机向系统集成总承包，由制造业向制造服务业、由“装备中国”向“装备世界”的升级转型，产品销往全球60多个国家和地区，2021年延伸服务增值总计超过25.84亿元，占年总收入的36.07%。

广西壮族自治区：
融合发展路径　打造关键增量

广西壮族自治区加强顶层设计，加大资金保障力度，优化要素供给，结合实际，积极探索两业融合发展试点工作。

一、主要做法

（一）加强顶层设计，强化政策支撑

将两业融合工作纳入广西“十四五”规划纲要、《广西现代服务业高质量发展“十四五”规划》、《广西现代服务业提升发展三年行动方案（2021—2023年）》等规划文件，将“推动先进制造业同现代服务业深度融合，促进生产性服务业专业化高端化发展”作为推动全区现代服务业高质量发展的基本思路。制定《广西先进制造业和现代服务业深度融合发展实施方案》，提出9个重点融合路径和8个融合发展模式，2020年先行培育5个试点区域、10个试点企业，2022年全面铺开，2025年培育出一批服务型制造和制造业服务化产业集群。2020—2021年，广西共有1个区域（柳州高新技术产业开发区）和3家企业入选国家发展改革委两业融合发展试点名单。编制两业融合年度重点工作任务清单，并在每个年度的全区服务业工作要点中，写入融合工作任务，协调各级各部门形成合力，逐年推动落实两业融合试点工作。

（二）加强资金保障，强化项目建设

广西财政厅《财政支持服务业振兴实施方案（2021—2023年）》明确2021—2023年每年投入5亿元促进服务业提质增效。2020—2022年自治区服务业发展专项资金共对18个两业融合重点项目给予支持，合计1.11亿元。

（三）优化要素供给，营造良好环境

在用地方面，柳州市探索功能适度混合的产业用地模式，在符合控制性详细规划、安全和环保要求的前提下，产业园区可通过提高工业用地容积率、调整用地结构的方式，增加服务型制造业设施和经营场所，增加的建筑面积比例不超过原总建筑面积 15% 的，可继续按原用途使用土地，不收取土地出让金，但不得分割。在融资方面，大力实施“桂惠贷”政策，2021 年支持服务业企业 1 300 亿元，财政贴息 260 亿元，支持 6 万家服务业企业。

二、工作成效

（一）国家级试点发展良好

柳州高新技术产业开发区 2021 年地区生产总值为 315.64 亿元，同比增长 5%；规模以上工业总产值完成 823 亿元，同比增长 14.69%。广西柳工机械股份有限公司 2021 年营业收入为 287 亿元，比试点前的 2019 年（197 亿元）增长 45.7%，在工业互联网平台、智能工厂建设及后市场等领域不断探索发展，推动产业向价值链中高端提升。广西玉柴机器股份有限公司 2021 年营业收入为 201 亿元，同比增长 7.25%，推动发动机智能制造及服务平台建设，带动行业智能化转型。广西梧州中恒集团股份有限公司 2021 年营业收入为 31.62 亿元，聚焦医药、食品、医疗、器械等领域开展新产品研发和技术、产品提升，加快建设广西应急医疗物资保障梧州基地等智能工厂项目。

（二）自治区试点产值提高

柳州市鱼峰区以汽车制造业、机械制造业、高端装备制造等为主导，发展服务型制造，持续发展柳州螺蛳粉产业，加强制造业与现代物流、电子商务、工业旅游的融合，2022 年上半年地区生产总值为 257.26 亿元。贺州市平桂区以“资源 + 产品 + 市场”业态融合模式，以供应链引领产业链，依托广西东融石材碳酸钙交易中心，建成线上供应链平台，打造区域性碳酸钙交易市场；持续加快广西黄金珠宝产

业园项目建设，打造“平桂黄金”城市名片，2022 年上半年地区生产总值为 116.27 亿元，同比增长 7.3%。

（三）推动服务业向专业化发展

上汽通用五菱汽车股份有限公司通过持续优化和迭代，实现服务体验升级，并同步探索租赁、融资租赁等服务模式，探索新能源汽车与现代服务业的融合。广西美斯达工程机械设备有限公司在区域性设计研发、教育培训、工艺技术示范、信息数据智能化机械制造产业生态链上，率先实现“新能源智能服务 + 规模化”要素集成、产业融合和业态创新。

（四）打造数字经济新模式

桂林鸿程矿山设备制造有限责任公司继续完善两业融合大数据平台建设，加快高端装备智能制造产业园建设及技术研发，2022 年新增发明专利 2 项，自主发明拥有实用新型 5 项。广西汽车集团有限公司以汽车产业领域建设小微科技企业孵化基地为载体，着力构建以工业互联网平台为核心的行业特色平台，推动广西汽车及零部件制造行业中小企业上云、设备上云、业务上云、数据上云，同时支撑产业结构转型升级，构建完整的“工业互联网”生态体系。广西南南铝加工有限公司以智慧制造为支撑，通过与柳州基地、来宾基地工序无缝协同，聚集研发、制造、销售各产业环节，形成集制造与服务功能的产业链集合的铝精深加工产业集群，促进产业链产能释放，2022 年上半年营业收入为 25.49 亿元，同比增长 53%。

青海省：积极培育新业态
构筑两业融合新优势

青海省着力制度设计及政策供给、自主开展试点、要素保障三大方面，推动全省两业融合健康发展。

一、主要做法

（一）制度设计及政策供给方面

一是强化制度设计。落实国家发展改革委相关文件要求，结合青海省实际，印发《青海省人民政府办公厅关于推动青海省服务业高质量发展的实施意见》，明确先进制造业和现代服务业深度融合发展方向、路径和保障措施，做好任务分解，明确责任分工，按季度督促落实。二是加大资金支持力度。将先进制造业和现代服务业示范融合项目纳入省级服务业发展引导资金支持范围，先后支持中国铝业股份有限公司青海分公司铝电解绿色制造研发与共享生产服务融合发展平台建设等 4 个项目，下达省级服务业发展引导资金 1 200 万元，拉动社会投资 1.1 亿元。

（二）自主开展试点方面

一是开展青海省第一批先进制造业和现代服务业融合发展试点工作，确定了青海圣诺光电科技有限公司等 3 家试点企业和青海国家高新技术产业开发区生物科技产业园等 3 个试点区域。二是推动试点园区重点行业深度融合发展。引导中国科学院西北高原生物研究所、青海省藏医药研究院等研发设计企业与园区中藏药、生物制造企业嵌入式合作，提供需求分析、创新试验、新品开发等服务。强化大数据、移动互联网等先进信息技术在物流领域的应用，建成智通三江物流信息平台、智能库房管理系统，提升物流配送信息的数据化、智能化水平。三是培育试点园区和企业新业态新模式。推进青海塞奇食品有限公司、青海小西牛乳业有限公司等企业建设观光工厂；鼓励青海西北骄天然营养食品有限公司、金诃藏药股份有限公司等企业建设工业博物馆。加快构建立体、多元的众创载体和空间，引进青海瀚启孵化器运营管理有限公司建设孵化器。

（三）要素保障方面

一是优化发展环境。全面推行市场准入负面清单，推动“非禁即入”普遍落实。制定出台服务业改革开放相关文件，消除行业壁垒，降低市场准入门槛，提高服务业市场化水平，构建公平透明的市场环境。加大对制造业和服务业企业流程创新、商业模式创新等软性创新支持力度。明确全省公平竞争审查工作制度和年度工作要点，营造公平竞争良好环境。二是搭建发展平台。国网青海省电力公司新能源大数据平台的建设，成为跨行业、跨领域综合性工业互联网平台。建成集热处理生产、检验服务为一体的青海热处理公共服务平台，为装备制造业提供配套协作服务。三是强化要素保障。鼓励盘活闲置土地、利用存量土地建设两业融合发展项目，支持以长期租赁、先租后让、租让结合、弹性年期等方式供应产业用地，探索符合发展实际的多用途多产业混合用地。鼓励金融机构向两业融合发展的企业和项目提供适应其生产和建设周期特点的融资服务。

二、工作成效

（一）试点推动现代服务业快速发展

2019 年，青海省服务业增加值为 1 504.3 亿元，占地区生产总值比重达到 50.7%，服务业已成为全省经济的主动力和稳定器，是全省新经济、新业态、新模式的重要载体。在两业融合试点的大力推动下，现代服务业得到进一步发展。2021 年，信息传输、软件和信息技术服务业增加值为 75.3 亿元，同比增长 17.9%，增速高于同期全省服务业增加值增速 12.5 个百分点；租赁和商务服务业营业收入同比增长 12.8%，科学研究和技术服务业营业收入同比增长 11.3%。

（二）试点园区融合成效突出

西宁经济技术开发区南川工业园区积极推动特色食品加工、现代服务业等项目建设，形成集藏毯绒纺、牦牛肉、乳制品生产、餐饮住宿、工业旅游为一体的两业融合产业链条。青海国家电子商务基地、青品汇电商扶贫平台均已投入运营，京东物流青海 TDC（货运物流中心）仓已入驻电商基地，日均处理 2.6 万单，高峰期可突破 10 万单。青海国家高新技术产业开发区生物科技产业园壮大发展生物医药、诊断试剂、医疗器械、医学美容等新型医药产业，积极发展医疗健康、康养服务、健康管理等生命健康产业新业态，大力发展高端装备、智能制造、工业设计与研发、物联网等产业，并组建氢能产业技术研发服务协同发展支撑平台推动氢能新材料、新技术、新装备的开发与应用，现已初步形成生命健康、智能制造、氢能装备三大产业体系。2021 年园区实现服务业营业收入 260 亿元、同比增长 9%，服务业从业人员占比为 53.7%，服务业税收占比约 72.1%。西宁经济技术开发区东川工业园区在重点发展硅材料光伏制造及新材料主导产业的基础上，积极培育和引进现代商贸、科技服务、工业旅游等服务业态，两业融合发展态势明显。永辉、一家亲等超市的入驻，使得园区商贸整体水平得到提升，消费环境明显改善。此外，园区积极探索“工业＋旅游”发展模式，由青海三江雪生物科技集团有限公司建成的“中华枸杞养生苑”，是青海首家融合工业文化旅游、青藏特产养生的新商业模式，被评为国家 3A 级工业旅游景区和西宁市文化产业示范基地，成为青海省的一张工业旅游名片。

宁夏回族自治区：加快建设两业融合大平台

宁夏回族自治区从规划引领、政策扶持、资金补助等方面着手，加快培育两业融合发展新业态新模式，推动先进制造业转型升级、现代服务业提档升级。

一、主要做法

（一）强化规划引领

宁夏“十四五”综合规划、专项规划均明确提出“推动先进制造业和现代服务业融合发展”。其中，宁夏“十四五”规划纲要提出“要推动先进制造业和现代服务业深度融合发展”;《现代服务业发展“十四五”规划》将推动先进制造业和现代服务业融合作为重点实施的七大工程之一;《制造业高质量发展“十四五”规划》将“加快发展生产性服务，推进两业深度融合”作为提升产业链现代化水平的重点工作任务;《工业十大行业数字化转型实施方案》聚焦解决宁夏工业数字化转型的瓶颈问题，从煤炭、电力、冶金等十大行业入手，针对性提出数字化转型的具体方向和提升路径。

（二）加大政策供给

出台《自治区先进制造业和现代服务业深度融合试点工作方案》，明确将推动两业融合发展作为近三年的重点工作任务。印发《加快制造服务业发展的若干政策措施》，聚焦研发设计服务、软件和信息技术服务、认证认可计量检测服务、节能降碳环保服务、仓储物流等重点发展方向，提出了20条具体支持措施。印发《关于促进大数据产业发展应用的实施意见》，从促进产业集聚发展、强化培育引进力度、推动创新引领、优化发展环境等方面，出台了18条具体措施。

（三）集合资金支持

集中优势资源、统筹自治区预算内资金，合力推动两业融合发展。自治区服务业发展引导资金积极支持体现产业内容创新、模式创新的两业融合项目建设和国家及自治区两业融合试点项目建设。工业和信息化资金支持开展服务型制造示范（企业、项目、平台），工业设计中心、智能工厂、数字化车间、机器人应用示范项目认定，加快发展大数据、云计算和软件企业，推广“5G＋工业互联网”应用场景试点示范等。科学技术资金加大对重点制造业企业获批国家重点实验室、国家技术创新中心、自治区级研发平台和自治区新型研发机构的支持。

二、工作成效

（一）试点园区产业发展后劲明显增强

一是试点示范项目明显增多。依托国家和自治区两业融合试点示范项目，银川经济技术开发区先后培育国家级服务型制造示范项目2项，国家制造业与互联网融合发展试点示范项目1项，国家工业互联网建设和应用试点示范项目1项，自治区“互联网＋制造业”试点示范项目6项，自治区工业互联网建设和应用试点示范项目4项，有力推动了先进制造业与现代服务业的高质量发展。其中，共享智能装备有限公司等企业分别上榜国家级试点示范项目名单；银川华信智信息技术有限公司等企业分别获得自治区级试点示范项目荣誉。二是公共服务平台建设加快。银川经济技术开发区作为自治区试点区域，积极探索推进两业深度融合发展的有效机制，利用物联网、云计算、大数据、城市信息模型、无人机、人工智能等IT技术，积极建设公共服务平台，推动园区及企业数据开放共享和社会数据资源整合。园区共拥有国家级科技孵化器2家、国家级众创空间5家、国家级公共服务平台7个、国家级创新中心1个、自治区级公共服务平台12个、自治区级设计中心3个，依托企业建设国家及自治区级中小企业公共服务平台19个，服务内容涉及检验检测、物流追溯、低碳排放、数据统计调研、信用担保、能源管理、安全技术等专业服务。三是龙头企业和专精特新企业发展突出。银川经济技术开发区以龙头企业、行业骨干企业、专精特新“小巨人”企业为重点，以智能工厂、数字化车间、两业融合试点示范项目为载体，推动先进制造业和现代服务业相融相长、耦合共生，促进园区经济实现高质量发展。

（二）试点企业提质增效成效明显

宁夏平罗县滨河碳化硅制品有限公司自2020年获评国家首批先进制造业和现代服务业融合发展试点单位以来，实施的两业融合发展试点项目建设总投资22 496万元，已完成投资21 142万元。一是节能环保技术研发示范成效初显。在保障碳化硅安全稳定生产运行的同时，碳化硅吨产品成本下降，项目实施后预计年节约成本1.1亿元。二是碳化硅原材料制备高性能功能陶瓷及耐火材料研制初见成效。通过优化关键部位结构设计，改变传统成型方式，大幅提高了电石炉等矿热炉材料的使用寿命和高温冶炼企业的安全生产系数。三是完成碳化硅产业链技术共享服务平台开发的搭建。通过产学研平台，将有利于技术共享和人才的持续培养，继而加快推动产业发展。四是智慧物流建设效益显著。创建“互联网+金融期货”、仓单质押、仓储、保税、货运为一体的智能物流公共服务平台，成为区域重要的物流中转中心，有效解决了区域工业产品积压和资金周转困难，2022年上半年实现服务性收入1.6亿元。

青岛市：
龙头企业牵引两业深度融合

青岛市发展改革委以城阳区、海尔集团公司等国家级两业融合试点区域和企业为典型带动，将两业融合作为产业突破发展的重要战略，采取了六大特色做法，取得了四点明显成效，激发了产业发展新动能，有效推动了全市经济的高质量发展。

一、主要做法

（一）用好政策“组合拳”

出台了市级两业融合发展专项政策，城阳区发布了全国首个县区级《先进制造业和现代服务业深度融合“十四五”规划》，建立了两业融合评价指数体系。利用政策“组合拳”，对国家级、省级两业融合试点区域和企业给予财政支持，并在全市创新型企业中开展市级两业融合试点（首批培育10家），构建起国家、省、市三级培育体系，形成了一批两业融合发展的企业、平台和示范区，重塑现代产业体系优势。

（二）创建融合“母链条”

出台《加快实体经济振兴发展三年行动方案》，通过实施建群强链、招大引强、育苗培苗、创新赋能、要素保障等专项行动，大力发展智能家电、轨道交通等具有比较优势的24条重点产业链。智能家电、轨道交通装备两个产业集群入选2020年国家先进制造业集群培育对象。

（三）搭建融合“主场景”

发布世界工业互联网之都规划方案、三年攻坚方案和高质量发展若干措施，举办世界工业互联网产业大会，聚焦强化要素支撑、拓展应用领域和构建产业生态等关键目标，推进5G电价优惠、柔性化定制推广、5G应用、新型汽车产业、应用数据开放等重点项目，推出了1 300个“制造业赋能”场景和200个“未来城市”场景，助力卡奥斯平台链接企业88万家，带动制造业产值新增110多亿元。

（四）构建融合“大平台”

深入实施“工赋青岛”行动，鼓励企业通过卡奥斯平台整合资源，以关键环节智能化为主线，推动数字经济蓄势崛起，每年数字化改造1 000家企业。以龙头企业为重点，深化新一代信息技术在制造业、服务业企业的创新应用，逐步实现深度优化和智能决策，高标准建设人工智能创新应用先导区，数字经济核心产业增加值占地区生产总值的比重提高到12%左右。

（五）锚定创新“新路径”

鼓励海尔集团公司等头部企业联合科研院所，通过建立联合实验室、技术试验示范基地、科技示范园区，搭建产学研技术研发平台，推动关键技术攻关，实现触网融合。支持青特集团有限公司、中车四方车辆有限公司等企业工业设计中心申报国家级工业设计中心，组织参加青岛工业设计促进月、“省长杯”工业设计大赛、国家工业设计奖等活动，以创新端驱动融合端，蹚出了先行先试新路径。培育出青岛啤酒集团有限公司、海尔集团公司等2家“灯塔工厂”，“灯塔工厂”数量占到全国总量的1/10。

（六）扩大企业“产业圈”

开展传统产业延链、补链、强链行动，提升装备制造业和服务业融合水平，推动双星集团有限责任公司等“链主”企业延伸上下游产业链，开展技术咨询、工程承包、系统集成、试验验证、设备租赁、增值培训等服务，建设产品全生命周期的服务体系和服务网络。以青岛易邦生物工程有限公司、海利尔药业集团股份有限公司等为代表的生物医药企业，在为用户提供用药指导、养殖种植服务业的基础上，自主开展配药制剂加工及研发原药生产，推动衍生药品生产及检验检测等智能装备制造升级，成为系统集成和整体解决方案的提供商。

二、工作成效

（一）积极谋划激发产业“新动力”

青岛市先后推动 2 个区域、5 家企业获批国家级两业融合试点。2021 年青岛市工业增加值占比首次扭转近 15 年持续下降态势，较 2020 年提升 1.1 个百分点；现代服务业占服务业比重达到 48.1%，同比增长 6.1%；生产性服务业增加值达到 4 826.7 亿元，同比增长 11.4%，占服务业增加值比重达到 56.1%。

（二）柔性定制释放发展“新空间”

海尔集团公司中央空调工厂通过柔性化定制，不断优化流程和丰富服务场景，积极推动企业由传统装备制造企业向系统集成和整体解决方案提供商转型。如海尔集团公司为一些项目提供从方案设计、安装调试以及后期运维的“一站式”服务解决方案，系统方案增值部分占项目总体造价的 30%。

（三）数字改造提升业务“新能效”

青特集团有限公司在以商用车车桥为主体的汽车零部件先进制造业基础上，积极构建研发、制造平台服务能力，推动全产业链体系的服务能力提升。通过建设生产线设备联网智能管理系统，实现了生产数据采集、统计和分析，提供了研发支撑基础制造数据，关键设备利用率提升 10%、产品质量提升 3%、产能提升 5%。自主研发 2 套数字化主减装配工艺管理系统，实现压装过程监控、拧紧过程曲线监控、测量数据全过程追溯，工作效率提升 15%。

（四）全生命周期管理赋能业务“新增量”

青岛特锐德电气股份有限公司聚焦打造世界领先的箱式电力设备智能工厂，加快工业互联网创新应用。在电力装备先进制造基础上，依托两业融合，开展新能源汽车智能充电、新能源微网业务，探索融合发展新业态、新路径、新模式。将全文搜索及实时分析集群等算法，应用于运营、智能充电调度等全生命周期管理，构建起亿辆电动汽车的储能网，通过人工智能（AI）计算实现能源的削峰填谷。平台车辆注册用户超过 130 万个，采集的数据量大约在 10 太字节 / 天。

宁波市：两业融合试点　“三层”梯队初现

宁波市全面搭建起以政策制度为统揽、以试点建设为载体、以数字化改革为牵引、以要素保障为支撑的两业融合工作体系，支持区域和企业探索新业态、新模式、新路径，加快构筑两业融合先行优势，为两业融合发展场景提供了“宁波经验”。

一、主要做法

（一）强化统筹，汇聚多方联动工作合力

一是构建两业融合推进体系。印发实施《关于推进宁波市先进制造业和现代服务业融合发展工作的通知》，整合智能化改造、服务型制造、研发创新、港航物流、品牌建设、总部经济等产业融合发展工作，不断完善“1 + X”两业融合发展工作推进体系，形成“月调度、季交流、年报告”的工作机制，加强跨部门工作同向发力、同频共振。二是建设两业融合数字化平台。利用浙江省数字化改革契机，依托数字政府平台打造“产业融合”模块，归集两业融合试点融合模式、典型案例、扶持政策等信息，实现跨部门信息共享，为宁波市两业融合系统分析、统筹推进提供支撑。

（二）全链引导，强劲试点建设探索动力

基于试点发展阶段，建立“排摸—储备—申报—遴选—培育—评价—动态优化”的国家、省、市三级试点工作闭环，密切跟进和指导服务。国家级试点重点提炼特色经验与模式，初步形成可复制、可推广的成果；省级试点侧重两业融合路径探索，稳步打造融合样板；市级试点聚焦两业融合萌芽业态培育，加快提升产业规模与成熟度。目前，宁波市两业融合 5 个国家级试点（占全国 4.2%）、18 个省级试点（占全省 17.8%）与 26 个市级试点涵盖汽车及零部件、高端装备、电子信息、工

业互联网、生物医药、纺织服装、智能家具等多个产业，两业融合试点“三层”梯队已初步呈现。

（三）靶向育企，激发两业融合主体活力

一是畅通多向信息渠道。邀请企业全程参与两业融合政策文件制定，搭建两业融合信息、经验交流平台，形成政企互动沟通机制，进行点对点“店小二”式服务。二是形成“1 + X”政策清单。印发实施《在新发展格局构建中宁波市推动先进制造业和现代服务业深度融合发展促进产业转型升级的实施意见》，对国家级、省级试点和“灯塔工厂”给予200万～500万元的奖励支持，提出能源和化工新材料产业服务端延伸等12条融合路径，加强政策、金融、土地、人才等要素保障。在此基础上，归集各部门两业融合相关政策文件，如《宁波市鼓励和引导总部经济发展实施细则》《宁波市加快推进服务型制造发展的实施意见》等，梳理形成“1 + X政策”清单，并上线两业融合数字化场景，供企业查阅。

（四）经验推广，扩大典型案例示范效力

一是深化两业融合区域合作。以宁波经验为着力点，开展跨区域两业融合经验交流。2021年6月18日，宁波市北仑区成功举办国家级两业融合试点（长三角片区）建设工作座谈会暨2021年浙江省两业融合“一地一站”巡回宣传宁波站活动，部分企业融合模式受到广泛认可。二是组织两业融合宣传推广。提炼35家两业融合企业典型案例，加强宁波经验输出。利用国家发展改革委网站专栏以及“中国品牌日”、全国“双创周”等活动，以及浙江电视台经济生活频道、宁波日报等省、市级媒体，加强对典型案例的宣传推广与报道，宁波经验的影响力逐步扩大。

（五）优化配置，提升要素保障支撑能力

一是创新土地保障模式。推进差别化供地政策实施，严格限制落后产能项目用地，对“246”万千亿级产业集群和前沿产业重点项目用地适当降低土地出让起始价，进一步推广实施先租后让、弹性年期出让等土地供给方式。积极开展新型产业用地（M0）政策落地，初步打通工业、科研、商办用地功能混合的复合型用地通

道。二是强化金融服务实效。组织“十大产业链”“百场银企”系列对接活动，达成意向融资超千亿元。实施疏堵通链促循环专项行动，组建24个联合服务体，提供全链条综合性金融服务。深入实施“凤凰行动”宁波计划，成立“凤凰行动”投资基金，引领战略性新兴产业进行布局。持续拓展制造业上市公司直接融资渠道，推动融资渠道多元化。

二、工作成效

（一）路径愈加清晰

北仑区聚焦优势主导产业，在智能工厂打造、工业互联网应用、总集成总承包服务、优化供应链管理等领域形成了多条两业融合新路径，其中装备制造业和服务业深化融合路径、两业和互联网互动融合路径、现代物流和制造业高效融合路径、原材料工业和服务业循环融合路径的示范引领作用得以强化。慈溪市以“产业大脑＋未来工厂”模式，推动传统制造向现代智造迭代，引领新“智造”高质量发展。慈溪市6家企业入选浙江省第一批制造业“云上企业”名单，与杭州临平县并列第一。

（二）业态更富活力

北仑区大力实施“点线面”智能制造计划和中小微企业“上云用数赋智”，加快推进传统制造业的数字化转型，涌现出了宁波东方电缆股份有限公司依托CSP客户共享平台的集成总承包等一系列新业态新模式。中国科学院宁波材料技术与工程研究所慈溪生物医学工程研究所入围首批省级新型研发机构，布局先进诊断技术、生物材料与器械、康复技术与系统三大领域，开展医学影像分析、磁共振造影剂、生物传感器、康复机器人等新业态研究，为慈溪生命健康融合发展注入创新活力。

（三）载体日益强大

依托互联网平台而组建的北仑区灵峰现代产业园开展了模具行业数字化改造“百企提升”行动，打造了模具产业链工业互联网创新发展示范基地。围绕集成电路研发设计、材料、芯片、封装测试等，北仑区集成电路“万亩千亿”新产业平台构建了完整的全产业链条。通过智能化改造、柔性化定制，慈溪魔蛋智能家电共享平台整合了 2 000 多家整机生产企业、上百万个代理商等资源，构建了智能家电“产品 + 内容 + 生态”全链条。慈溪众车联产业互联网平台更是整合了汽车产业链供应链上下游资源，提供了云集采、供应链金融、智能制造等创新服务新业态。截至 2021 年底，平台交易额突破 210 亿元，会员用户近千家，平均降低采购成本 10% 以上。

第三篇

搭平台、补要素，区域发力助融合

北京中关村科技园区大兴生物医药产业基地：探索融合路径　推动生物医药产业创新

北京中关村科技园区大兴生物医药产业基地（以下简称医药基地），规划面积22.5平方公里，现状区13.4平方公里，拓展区9.1平方公里，2006年纳入中关村科技园区。医药基地是中关村国家自主创新示范区生物医药产业专属发展空间，入区企业已达4 000余家，形成了以研发检验为主导板块，生物制药、现代中药、创新化学药物、医疗器械为主体板块，大健康、动物药为拓展板块的“1 + 4 + 2”产业格局。2021年，规模以上企业实现产值1 633亿元。2021年，该区域被国家发展改革委列入第二批先进制造业和现代服务业融合发展试点名单。

一、主要做法

（一）完善制度设计，提高服务效能

为确保两业融合发展试点的快速发展，医药基地管委会进一步深化工作职能，牢固树立创新服务意识，帮助试点企业解决实际问题，打通服务“最后一公里”。医药基地跟踪市、区各委办局、中关村科技园区政策，协助企业申报中小企业创新能力建设资金等各类政策资金，深化领导包企业责任制，建立健全走访、座谈等服务企业的长效机制，支持企业剥离制造业、设立生产性服务企业，助推传统产业改造升级，并开展国家高新技术企业认定、企业股改申报等专业指导培训，积极推进高新技术企业认定和企业上市培育。

（二）深化科研合作，促进成果转化

开放科研院所现有实验室资源，包括仪器设备和技术服务，尝试与科研院所和医院建立成果转化通道。同时，加快推进首都医科大学临床研究型医院和创新中心

建设，做好科研成果向园区输出与园区企业产品临床研究、医院应用的双向对接。此外，按照北京市生物医药“北部研发，南部生产”产业布局，医药基地积极优化区域协同机制，加强与北部创新团队的对接，解决研发孵化—成果转化的堵点，创新工作机制，与清华大学、北京大学等高校研发团队对接和举办创业辅导。医药基地还邀请科研机构开展产业研究、专家论坛、项目评审、政策培训、课题研究，从宏观政策到微观新产品开发注册等方面进行深入合作，真正成为推动产业发展的发动机和蓄水池。

（三）建设医药基地共享实验室，打造关键领域和共性技术共享实验室平台

一方面，加强现有平台之间的协同和关联，提升平台服务能力，整合基地现有合同研究组织（CRO）、合同研发生产组织（CDMO）、动物实验、检验检测平台、产业研究平台、供应链等资源，加强平台间协同和关联，实现资源互补，在运营模式上采用政府引导、市场化运作机制，引入考核机制，从平台开放程度、合同服务额、服务效果等方面给予评价考核和资金支持。另一方面，根据产业布局搭建细胞基因治疗药物 CDMO 平台、“医械工坊”医疗器械共享实验室等一批关键技术平台和共享实验室，聚焦院校不愿做、企业不敢做、资本不关注的共性关键技术领域，以技术为基础吸引产业相关方，形成“一站式”系统性服务。

（四）推动数字医疗健康技术研发和产品创新

积极推动医联网、药联网、健康信息服务、远程医疗服务、健康大数据发展，鼓励入驻企业向数字化、智能化、便捷化方向升级，与电子信息、云计算等领域先进技术集成创新。例如，医药基地通过积极配合园区企业开展基于 5G 应用为基础的生产及研发活动，鼓励企业开展区域内新技术新产品新模式的应用场景建设，术锐腹腔镜手术机器人、华科精准神经外科手术机器人、千乘镜像 3D 病理数据库、衡道病理医学实验室等项目落地，提升了基地在智慧医疗和 AI 制药方面的水平，实现了数字经济和医药健康产业的双赋能。

（五）初步搭建全方位金融服务体系

探索搭建“直投＋基金＋贷款＋担保＋融资租赁＋保险”的全方位金融服务体系，为生物医药产业提供金融服务保障。探索设立政府引导基金、种子基金、天使轮基金、早期基金、中期基金、并购基金等多层次、不同阶段的基金，对接不同发展阶段的项目，提供股权投资服务；与商业银行、中小金融机构探索信用贷款、抵押贷款、质押贷款、担保贷款、融资租赁等多渠道金融服务方式；引进一批证券服务机构，为企业提供主板、科创板等上市指导服务。

（六）积极建设智慧园区

打造“数据、资源、平台多位共享研发＋生产＋临床应用＋数字诊疗＋远程会诊”多平台合作的智慧园区，构建智慧园区可视化大数据平台，实现动态数据实时监测，支持区内企业信息交流、科研专利申报、医学信息数据库、检验数据库服务资源入园。

二、工作成效

医药基地立足生物医药产业全链条需求，根据产业布局搭建和整合一批关键技术平台和共享实验室，从研发、技术、工艺 3 个方面构建产业供应链，并集成产业基金嵌入、知识产权保护、股权投资等功能，产业生态不断完善，产业服务效能不断提升。2021 年 1—10 月，医药基地 66 家规模以上企业完成工业产值 1 466.5 亿元，同比增长 710%，提前实现千亿级产业园区目标。

【专家观点】

目前生物医药科技成果转移转化面临创新链的关键中间环节缺失、专业化技术转移转化机构发展不健全等诸多挑战。医药基地针对生物医药产业科技成果转化的堵点，创新科技成果转化机制、建设共享实验平台，并提升数字医疗健康技术研发和产品创新能力，有效推动产业转型升级、高端化发展；同时，通过智慧化园区建设推动生物医药在健康医疗中的场景化应用。基地以“科技＋医药＋金融”融合发展为特色，推动医药健康产业与人工智能、区块链、大数据、5G等数字经济领域融合发展，构建园区金融服务生态，为园区项目全面赋能。医药基地为国内同类园区解决科技成果转化难题、培育高科技生物医药企业、创新应用场景提供了有益借鉴。**（王福清　中国医药企业管理协会）**

天津西青区：
创新发展模式　打造两业融合集成样板

天津西青区位于天津市西南部，是天津市环城四区之一，总面积 565.36 平方公里，常住人口 118.88 万人。西青区致力于打造新能源汽车和智能网联车发展基地，加快中芯国际建成全球单体规模最大的 8 英寸[1]集成电路生产基地。50 家世界 500 强企业和 46 家国内 500 强企业在区内投资兴业。2021 年，西青区地区生产总值为 932.41 亿元，同比增长 5.7%。2021 年，该区域被国家发展改革委列入第二批先进制造业和现代服务业融合发展试点名单。

一、主要做法

（一）加强顶层设计

西青区 20 余个部门研究制定了《西青区先进制造业和现代服务业融合发展试点工作方案》，明确了两业融合工作的总体思路、目标任务，以及重点建设的五大平台、十六大项目，形成了两业融合西青方案。西青区推动优势产业高质量发展，做大做强集成电路、车联网、高端装备、生物医药 5 条重点产业链，围绕产业高端化、智能化、绿色化的目标，深化政策扶持，增强要素支撑，坚持串链、补链、强链，制定《西青区制造强区建设实施方案》、重点产业链实施方案等一系列文件，为实现全区高质量发展提供政策支撑。

（二）创新融合模式

推进科技研发、信息技术与制造业深度融合，加快突破新一代信息通信、网

[1] 1 英寸等于 2.54 厘米。

络、智能服务、大数据、云计算、现代医学等领域核心技术，促进制造业向高端、智能、绿色、服务方向发展。加大对制造和服务企业流程创新、商业模式创新的支持力度。推进制造服务融合平台建设，扶持打造两业融合发展示范点，以点带面，进一步推进全面发展。

（三）持续强化服务

深入持续开展“接链”“促需”“护苗”活动，积极落实加快新动能引育构建现代产业体系相关政策，引导传统服务企业改造升级为现代服务企业，推进现代服务业嵌入制造业发展，丰富完善制造服务产业链条，推动经济高质量发展。

二、工作成效

（一）建设新一代信息技术产业融合发展生态圈

西青区目前已形成从芯片设计、生产、封装到测试一体化的集成电路产业链，相关产业经济规模达到百亿元是国内重要的集成电路芯片制造基地，以晶圆制造为龙头的中芯国际、以封装测试为龙头的恩智浦（原飞思卡尔），集聚了灿芯半导体（天津）、科仪工业、叁技科技、威盛电子等20家集成电路企业，2021年3家规模以上工业企业实现产值149.5亿元，同比增长39.6%。西青集成电路产业主题园区是天津市首批制造业立市重点打造的10家主题园区之一，形成了以集成电路制造、封装测试、软件和信息技术服务为特色的产业体系，建成后将成为全球单体规模最大的8英寸集成电路生产基地，12英寸生产线项目已于2022年开工建设。

（二）壮大西青生物医药产业规模和融合发展新业态

围绕心脑血管、抗菌和抗癌三大类核心药品打造具有自身特色的产业集群和产业链，目前汇聚了包括以日本乐敦、大冢、武田为代表的外资药业企业，以力生制药、同仁堂等为代表的内资中药企业。稳步推进金西盟干细胞（天津）有限责任公司、天津市中升挑战生物科技有限公司等项目尽早竣工投产，累计完成投资近3亿元。紧抓天津康汇医疗科技股份有限公司三级综合医院项目，以促成医疗服务、食品健康及天津市康婷生物工程集团有限公司相关制造业融合发展，进一步衍射大健康产业链条，夯实试点区域内医疗资源储备，优化医疗资源配置。

（三）完善汽车制造业和服务全链条体系

以天津市捷威动力工业有限公司等企业为骨干，联合本地高校和本地产业上下游服务业龙头企业，建立西青两业融合汽车产业综合体。在车联网产业链方面，西青区获批北方地区首个国家级车联网先导区，三级测试体系逐步建立，虚拟测试场累计测试 280 万例，与上海汽车集团股份有限公司等 35 家企业建立了良好的合作关系；封闭测试场建成运营，已为德国大众汽车集团等优质企业提供测试服务，2021 年累计实现总产值 21 亿元。同时，鼓励整车企业和上下游服务企业在联合研发、产品设计、服务质量、技术合作、定制化生产等方面深度合作、联合攻关，实现汽车产业链深度融合和高端跃升。实施新能源汽车关键零部件研发提升工程和战略投资者引育工程。推动完善智能网联车测试场建设，天津天银汽车科技有限公司零部件智能生产研发平台等项目落地。建设西青区智能装备工业互联网应用交流中心，以天津中车四方所科技有限公司等骨干企业为核心，逐步实现智能化升级和应用示范推广，将“互联网＋”、物联网技术深度融入生产制造、销售推广、用户维护和企业管理全过程。

（四）优化发展环境，发挥多元化融合发展主体作用

西青区加快推进大学科技园建设，打造优质创新创业环境，推动完成 3 个大学科技园载体装修及科技成果展示大厅、路演共享空间、配套食堂、便利超市、无人书屋、路面升级改造、停车楼智能管理系统建设、楼体亮化等相关配套建设，为入孵企业提供便利化的服务，打造创业环境。建立新一代信息技术产业就业创业人才市场，采取高校推荐的形式招募信息技术等相关专业并掌握专业职业技能的在校或毕业两年内学生个人及团队，为报名人员免费提供办公场地，为有住宿需求的人员提供或协调住宿，在人员入驻期间为其免费组织就业、创业培训，以及专业职业技能、公司运营管理、营销、礼仪规范等全方位的从业技能培训。充分利用“海河英才・西引计划”线上招聘平台，以线上直播的方式开展招聘活动。

【专家观点】

西青区定位为“电子、汽车产业基地、科教研发基地、历史文化与生态宜居城”，通过持续开展两业融合试点，推动产业链纵向延伸和价值链横向拓展，两业融合新模式新业态加快涌现。西青区加强顶层设计，形成给力可行的两业融合西青方案。聚焦集成电路、车联网、高端装备、生物医药等重点优势产业，激励龙头、骨干企业的创新力和协作力，发挥现代服务业对先进制造业的提质赋能和引领带动作用，坚持串链、补链、强链、要素支撑和服务保障，推动智能工厂、工业互联网创新应用、柔性化定制、总承包总集成、工业旅游等两业融合新模式的广泛应用，有效促进了区域优势产业的高端化、智能化、绿色化、集聚化和服务化发展，凸显试点区域两业融合发展的成效。**（朱晓青　北京市高端服务业发展研究基地）**

山西转型综合改革示范区：在转型发展上率先蹚出一条新路来

山西转型综合改革示范区（以下简称综改区）于2017年2月25日正式挂牌，由太原市和晋中市的8个国家级、省级产学研园区整合而成，担负着为山西转型综改先行先试、探路领跑的重大任务，是山西深化转型综改的主战场、主引擎。综改区坚持“走在前、作示范、创一流”的发展理念，聚焦“理顺运行机制、开展先行先试、厚植创新生态、实现动能转换”四项任务，奋力当好龙头，发挥排头兵作用，积极推动两业融合发展，在改革、创新、发展等方面走在前列。2020年，该区域被国家发展改革委列入第一批先进制造业和现代服务业融合发展试点名单。

一、主要做法

（一）打造科技创新支撑体系

建设大数据智慧管理平台，其总体架构为“123N”，即建设1个智慧园区综合运营管理中心；构建信息基础设施体系和统一协同的数据支撑体系2大数字基础；推进政府治理、兴业发展、园区建设管理3大领域N个智慧项目工程建设。初步实现了以上领域重要监测点视频实时监控和关键基础数据的在线传输、在线统计、智能分析预警。建设院士技术创新平台。综改区管委会借鉴中国科学院深圳先进技术研究院模式，与太原理工大学合作共建院士技术创新平台新型研发机构。院士技术创新平台发挥院士在科研、人才培养等领域的优势，建设世界领先的特种机器人实验中心、对标国际水平的通航飞行器研发中心、全国领先的先进成形与智能装备研发中心。打造科技金融平台。建立“股权投资—项目上市—盈利退出”科技项目高效落地快速发展“股权投资模式”。整合示范区成果转化、产业发展、基础设施等各类政府引导母基金，设立产业发展投资基金，重点对前沿性技术领军企业类项目进行股权投资，确保好项目及时落地建设。建立园区公共服务平台，建立咨询中介园，为企业提供咨询评估、勘察设计、测量调查、检验检测、监理代理等服务；建设上线运行科技成果交易平台，为园区企业提供专利申办、商标申办、专利评估、技术评价、需求发布、项目合作、成果交易等科技成果交易和转化全链条技术服务。搭建了中介服务平台，采用“网络为主，实体为辅”运维模式，为入区企业搭建线上线下一体化中介服务平台，以管理办法作为保障，业务主管部门全程监管，第三方市场化运营，帮助企业更方便快捷地找到优秀的中介服务提供方。

（二）培育融合发展新业态

推进智能制造与智能运维。支持有条件的企业率先开展数字化车间、智能工厂试点建设，鼓励和引导企业以创新增效益，以智能创效能，实现生产制造的全过程智能管控。潞安化工机械（集团）有限公司结合数字化车间作业现场实际和应用需求，建设以晋华炉分厂、不锈钢分厂、重容分厂、换热器分厂及焊培中心为基础实施对象的“企业级数字化焊接车间”，实现了“四个车间＋一个中心”焊装设备数字化管控。加快工业互联网创新应用。大力发展工业互联网平台、物联网、“互联网＋”、大数据平台，深化互联网在制造领域的应用，推动重点行业数字化转型，逐步实现深度优化和智能决策。综改区已经建成 5 个工业互联网标识解析体系二级节点，占全省近半数。其中 2 个综合型、3 个专业型（覆盖智慧能源、生物基新材料、物流等行业）。

（三）推进现代物流和制造业高效融合

综改区大力发展冷链物流和临空服务，加快推进网络货运健康可持续发展，积极发展物流装备制造，引进大型综合物流平台及有外资投资的物流项目。依托山西快成物流科技有限公司建设大宗商品智慧物流供应链管理平台，以数据为驱动，以“网络货运”为抓手，以互联网、物联网、区块链等技术为手段，纵向产业贯通打造“大宗商品数字物流产业链”。目前已开发出快成物流 App、快成司机 App、快福宝 App、快乐购 App、企业智慧物流信息化管理系统（快慧通）、车载智能终端设备（快乐驾）、CRM 后台管理系统、客商管理系统等产品在内的 3 个系统、4 款 App、3 款硬件产品。

二、工作成效

（一）现代服务业高速发展

2021 年，综改区 130 家现代服务业企业完成营业收入 914.3 亿元，同比增长约 95.74%。其中，网络货运企业营业收入 535 亿元，同比增长 178.62%。山西网络货运运单量跃居全国第二，综改区占到全省 80% 左右。

（二）企业自主创新能力进一步增强

随着试点工作深入推进，综改区已建成 4 个国家重点实验室、42 个省级重点实验室、2 个国家级工程技术研究中心等重大创新平台，拥有省级以上各类科技创新平台 97 家，引进建设了清华大学山西清洁能源研究院等一批科研机构，粤港澳大湾区异地孵化中心等“飞地”创新平台，建成 40 个院士工作站，集聚全省 70% 的中央驻晋研发机构，荣获全省唯一的 2020 年度全国优秀科技工作者状况调查站点。智创城吸引各类企业 266 家入驻，入驻率达到 90%。高新技术企业占全省的 31.4%。国家级专精特新“小巨人”企业数量占到全省的 44%。科技型中小企业由 75 家增长到 1 170 家，成为国务院督查激励的双创示范基地典型。同时，成立了综改区知识产权服务中心，进一步优化各类科研创新平台的管理运营模式，全面激发创新活力。

（三）市场主体活力进一步迸发

综改区市场主体总量达到 50 826 户，其中企业 38 445 户，占比 75.64%（高于全省 48.8 个百分点）；涉税主体占比 87.98%（高于全省 43.8 个百分点）。“四上”企业总数 1 344 家，其中规模以上工业企业 248 家，规模以上服务业企业 353 家。累计培育国家级专精特新“小巨人”企业 35 家、省级“小巨人”企业 94 家、省级专精特新企业 447 家。高新技术企业由 414 家增长到 1 130 家。

【专家观点】

综改区以创新为动力，结合自身优势产业，全力推进产业数字化、高端化、服务化和融合化发展。一方面，大力发展科技服务、信息服务、现代物流、科技金融、商务服务等现代服务业，推进院士技术创新平台建设，强化企业自主创新能力培育；另一方面，数字赋能，广泛采用智能制造与智能运维、加快工业互联网创新应用等新模式，建设大数据智慧管理平台和园区公共服务平台，加快两业融合发展。创新驱动和数字赋能，成为该区两业融合发展的黏结剂和主动力。**（朱晓青　北京市高端服务业发展研究基地）**

辽宁沈阳铁西区：
培育融合发展业态　推进产业高质量发展

辽宁沈阳铁西区位于沈阳市西南部，由铁西主城区、沈阳经济技术开发区和中德（沈阳）高端装备制造产业园组成，面积487.4平方公里，常住人口130万人。现有高端装备制造业、汽车及零部件产业、生物医药化工产业、工业文创旅游产业四大主导产业。2021年三次产业结构比例为1∶61∶38，规模以上工业企业达到372家，总产值达2 005亿元，同比增长7.5%，占全市比重34%，工业经济规模位列全市第一；服务业增加值同比增长7.5%，社会消费品零售额达637.3亿元、同比增长8%。2021年，该区域被国家发展改革委列入第二批先进制造业和现代服务业融合发展试点名单。

一、主要做法

（一）改造升级“老字号”，推动制造业企业向服务环节延伸

从远程运维服务、集成总承包服务、智能化改造、数字化转型、企业各级研发机构建设等五大方面入手，推动区域制造业企业延伸拓展服务环节。围绕制造业共性需求，加快培育一批集战略咨询、管理优化、解决方案创新、数字能力建设于一体的综合性服务平台，鼓励“老字号”企业建设远程运维平台及专家系统，实现装备企业由主要提供产品向提供“产品＋服务”转变；支持企业由装备制造商向系统解决方案供应商转变，支持整机企业联合产业链上下游企业，为用户提供总集成和全生命周期总承包服务，承接“制造＋服务”的交钥匙总承包工程。

（二）融合发展服务四要素，推动服务业企业向制造领域拓展

依托沈阳生产服务型国家物流枢纽建设，搭建区域物流信息平台，将物流企业融入制造业采购、生产、仓储、分销、配送等环节，提供采购执行、销售执行、供

应商库存管理等供应链服务；全力推进沈阳中关村创新大厦、工业互联网大厦、亿达智慧科技城、中南高科智慧谷、工业互联网永久会址等一批科创平台建设；加快中国人力资源产业园人才基地建设，建立灵活用工平台、人才市场运作平台、人才测评服务平台、数字化综合人才培养服务平台等四个平台，打造制造业人才储备库；完善和加强辽宁股权交易中心铁西运营中心的服务能力，大力引进产业基金和优质股权投资机构入驻，推动现有基金实质化运营。

（三）瞄准经济发展新动能，培育壮大两业融合衍生产业发展

通过做强工业遗存文化园区，铁西区打造文化产业集聚平台和全域品牌 IP 形象工程，不断培育壮大工业文化创意产业；通过提升工业互联网基础设施，推进场景应用，全力构建“设备、网络、平台、软件、应用、安全”的产业发展链条，培育壮大工业互联网产业；通过加强与国家新一代人工智能开放创新平台合作，培育人工智能领军企业和品牌，推进机器人智慧化发展，大力发展人工智能产业，培育壮大新一代信息技术产业。

二、工作成效

（一）培育产业标地，促进产业头部企业的加速集聚

汽车及零部件制造业领域，以华晨宝马沈阳铁西工厂为核心集聚了本特勒汽车系统（沈阳）有限公司、采埃孚电驱动科技（沈阳）有限公司、沈阳李尔汽车系统有限公司、沈阳来金汽车零部件有限公司、延锋彼欧（沈阳）汽车外饰系统有限公司、米其林沈阳轮胎有限公司等 43 家涉及汽车整车、动力总成、汽车底盘、车身及附件、汽车电子电器等全产业龙头企业，产业链得以强化。先进装备制造业领域，依托铁西老工业基地发展基础，集聚了沈阳宏远电磁线股份有限公司、安川电机（沈阳）有限公司、特变电工沈阳变压器集团有限公司等近 15 家电气机械和器材制造业企业，沈阳远大压缩机有限公司、沈阳机床股份有限公司、沈阳鼓风机集团股份有限公司等近 20 家通用设备制造业企业，三一重型装备有限公司、北方重工集团有限公司等 4 家专用装备制造业企业。现代物流业领域，引进传化智联集团，组建沈阳生产服务型国

家物流枢纽运营联盟公司，已集聚了沈阳中外运物流有限公司、普洛斯沈阳沈西工业物流园、沈阳正广通物流产业园等8家物流行业50强企业，为区域制造业企业提供集团式供应链服务。人力资源服务业领域，成功建设中国沈阳人力资源服务产业园，以辽宁中盾稳发展有限公司、沈阳中智英才劳务派遣公司、沈阳德港柏劳务有限公司等27家人力资源行业领军企业为核心，集聚178家人力资源服务机构（企业）入驻。科技服务业领域，以沈阳·中关村智能创造创新中心、沈阳金谷科技园、中德（沈阳）高端装备制造产业园为核心，集聚了市级以上双创载体20个、科技创新平台110家。

（二）抢抓数字经济，加快了产业生态的数字化步伐

一是推进了一批5G智慧工厂、5G创新平台建设，谋划了一批5G技术在制造业的创新应用。依托紫光股份有限公司等实施了59个智能化改造项目，建成52家智能工厂（车间），上云企业突破200家，三一重工“灯塔工厂”加快建设，阿里工业云等5个数字产业项目落地，华晨宝马铁西工厂5G传输项目成为宝马集团全球首个5G应用场景，华晨宝马汽车有限公司、赛轮（沈阳）轮胎有限公司荣获国家工业互联网+精益生产大赛一等奖。二是工业互联网产业蓬勃发展。2020年，铁西区正式启动全球工业互联网大会会议中心建设，并于2021年正式投入使用。2019—2021年连续3年的中德高端论坛成为全球工业互联网大会重要组成部分。连续4次承接全省制造业数字化转型系列活动，铁西智能制造伙伴对话已经成为辽宁省制造业转型发展的新高地、新品牌。2022年工业互联网中德（沈阳）高端装备制造产业园成功入选第十批国家新型工业化产业示范基地名单，成为东北地区首个工业互联网领域示范基地。

（三）精准招商引资，实现两业融合项目的集中落地

围绕“扩链、强链、补链”，加快推进了157个优质前沿项目落户。其中，促进装备制造业和服务业深化融合项目74个，包括石化通用及重矿装备制造业、电力装备制造业项目；完善汽车智造和服务全链条体系项目28个，包括汽车零部件制造业、汽车轮胎制造业、新能源汽车制造业项目；推进制造业服务业和互联网互动融合项目11个，包括汽车工业互联网、特变电力装备工业互联网、工业互联网平台建设、新一代信息技术平台建设项目；强化研发设计服务和制造业有机融合项

目 42 个，包括汽车制造研发中心、电力装备制造研发中心、石化通用及重矿装备制造研发中心、数控机床制造研发中心、节能环保研发中心、产学研协同平台项目。

（四）构建创新平台，实现创新与制造业的深度融合

截至 2021 年底，铁西区建成省级以上创新平台 197 个（包括国家级研发平台 12 个），中德（沈阳）高端装备制造产业园获评科技部国际科技合作基地优秀案例。创新中心集聚创新型企业 86 家，对接创新技术 100 余项。沈阳鼓风机集团股份有限公司、特变电工沈阳变压器集团有限公司等企业 6 项重大技术创新成果获得国家科技进步奖。组建辽宁省首批 17 个实质性产学研联盟，实施“揭榜挂帅”项目 12 项，中科（沈阳）产业技术创新研究院投入使用，沈阳大工产业创新研究院采取“研究院 + 运营公司 + 市场化投资”模式推进带土移植、研发代工。国家高新技术企业突破 500 家，“雏鹰企业”85 家，“瞪羚企业”25 家，国家级专精特新“小巨人”企业 13 家，省级专精特新“小巨人”企业 12 家。大型丙烯制冷压缩机组、特高压换流变压器等领域关键零部件研制成功，世界级产品达到 121 个。

【专家观点】

沈阳市铁西区立足区域产业发展实际，着眼发展高端装备、汽车智造、工业互联网、现代物流、研发设计五大产业，改造升级“老字号”，推动制造业企业向服务环节延伸，搭建区域物流信息平台，全力推进一批科创平台建设，加快人才基地建设，推动服务业企业向制造业领域拓展。做强工业遗存文化园区，不断培育壮大工业文化创意产业；提升工业互联网基础设施，全力构建“设备、网络、平台、软件、应用、安全”的产业发展链条；加强与国家新一代人工智能开放创新平台合作，推进机器人智慧化发展，大力发展人工智能产业，培育壮大新一代信息技术产业。瞄准经济发展新动能，培育壮大两业融合衍生产业发展，走出了一条重点地区和关键产业的两业融合发展的新路径。**（陈晓东　中国社会科学院工业经济研究所）**

黑龙江哈尔滨经济技术开发区：聚焦关键环节　助力东北振兴发展

黑龙江哈尔滨经济技术开发区（以下简称哈尔滨经开区）成立于1991年，基本形成了高端装备制造、食品加工、新一代信息技术、大健康4个主导产业，加快构建航空、汽车、机器人及智能制造、新材料、新能源、生物技术、大数据、现代金融8个产业集群。2021年，该区域被国家发展改革委列入第二批先进制造业和现代服务业融合发展试点名单。

一、主要做法

（一）载体平台激活两业融合发展新动能

围绕大数据、工业互联网、智能制造、电子商务、物流、金融等重点领域，建设了中国云谷·数字经济产业园、哈尔滨机器人及智能制造产业园等重点载体；创建了重点实验室、院士工作站、工程技术研究中心、企业技术中心等各类省级以上研发机构128家，哈尔滨经开区博士后科研工作站通过国家评审，29家企业获得66项省部级科技奖项，其中中国航发哈尔滨东安发动机有限公司、哈尔滨维科生物技术有限公司、中国农业科学院哈尔滨兽医研究所获国家级科技奖励，为开展两业融合试点提供了有效抓手。

（二）数字经济赋能两业融合发展新模式

哈尔滨经开区把数字经济作为调整产业结构的重要抓手，实施数字经济高质量发展三年行动，打造了龙哈工业云平台、东北基因创新中心等重点平台，并成立"数字国企"哈尔滨数字经济发展有限公司，用数字经济推动先进制造业和现代服务业深度融合。支持企业智能化改造和数字化转型升级，带动制造业企业"上云用数赋智”。哈尔滨哈飞工业有限责任公司、哈尔滨东安汽车动力股份有限公司等23家企业的24个车间被认定为省级数字化（智能）示范车间，约占全市的35%。哈尔滨电气动力装备有限公司获评国家技术创新示范企业。

（三）新基建打造两业融合发展新亮点

哈尔滨经开区紧抓全国新基建发展契机，加快区内新基建布局，中国云谷·数字经济产业园、哈尔滨国家大数据中心（产业园区）等哈尔滨经开区新基建产业园区接续建设；抢先布局人工智能等新基建项目，投资3.58亿元，加速推进东北地区唯一一个人工智能先进计算中心建设，促进5G、工业互联网与人工智能产业融合发展，加快区域产业转型升级，为东北三省与北方地区提供先进计算科技和数据服务。移动、联通、电信等三大运营商数据中心齐聚，共建设机架26 812个、折合标准机架53 303个。

（四）上下联动助推两业融合迈上新台阶

积极推动省级两业融合试点建设，创新生产模式、商业模式和组织模式，促进上下联动。首批共有4家企业成功评选为黑龙江省两业融合省级试点企业。哈尔滨东安汽车动力股份有限公司聚焦“科技创新引领”推进哈尔滨新能源混动系统新基地“一院两基地”建设，打造新型智能化工厂，升级“蓝鲸2.0发动机平台”，开发8AT（自动液力变速器）产品提升变速器产品挡位和扭矩容量，打造世界一流AT产品技术。哈尔滨市博能汽车销售有限公司拓展服务行业范围规划建立博能大健康产业园，通过延伸和提升价值链，实现向服务型制造的转变。

二、工作成效

（一）制造业服务业和互联网融合发展取得新突破

企业数字化转型卓有成效。深化同航天云网合作，组建黑龙江航天云网科技发展有限公司。与哈尔滨工业大学等高校院所合作，打造东北地区工业互联网产业人才培养基地。依托龙哈工业云平台，搭建企业画像云平台，上云企业达到 1 973 家。协同制造平台有效培育。通过持续完善公共服务平台体系，哈尔滨经开区内公共检验检测、金融服务、第三方物流等平台、生产性服务机构和企业总计达到 230 家以上；哈尔滨航空汽车产业城等园区内行业龙头企业牵头构建领先的行业级、企业级制造平台，为行业、企业智能化转型提供整体解决方案。大力建设示范项目。建设中国移动国家大数据中心三期、中国联通哈尔滨云计算数据中心二期、哈南公共事业工业电力数字化改造等一批智能制造示范项目，先进信息技术在制造业领域得到充分应用，制造业企业实现智慧升级。

（二）现代物流和制造业高效融合开创新局面

生产性服务业发展模式得到创新。聚焦现代物流等重点领域，重点打造以中铝物流平台为代表的公铁多式联运，现有规模以上物流业企业 22 家，2021 年实现营业收入 35.83 亿元，同比增长 41.91%。其中黑龙江俄速通国际物流有限公司、黑龙江京邦达供应链科技有限公司等 9 家企业营业收入突破亿元。供应链服务平台体系进一步创新。打造东北地区首个网络货运平台型企业生态集聚区和数字物流孵化产业园区——黑龙江省网络货运数字产业园，推进物流降本提质增效，为东北三省传统货运行业向规范化、数字化、智能化、网络化转型升级提供孵化支撑。

（三）装备制造业和服务业融合水平达到新高度

制造业企业智能化建设提速。发挥装备制造优势，开展辅助设计、系统仿真、智能控制等智能化建设。哈尔滨轴承集团有限公司进行数字化、智能化管理提升改造，在现有车间自动化生产线基础上，打造全过程透明、可控的数字化工厂，并搭建智能化车间管理系统。制造业企业逐步实现全流程管理。推动创新设计在产品、系统、工艺流程和服务等领域的应用，强化创新设计对装备制造的服务支撑。哈工大机器人集团股份有限公司基于柔性制造执行系统（FMS）空间框架研制加工自动化生产线，通过智能调度控制系统（SCS）联通出库、入库、物料、加工、测试等各生产过程。

（四）汽车制造和服务业融合水平跃上新台阶

通过深化大数据、人工智能等在汽车产业的应用，加快构建产业生态体系。哈尔滨东安汽车动力股份有限公司聚焦两业融合建设智能工厂，推进新能源混动系统新基地、商用车汽油机研发制造基地、AT变速器研发制造基地、高端乘用车发动机精益生产制造基地等项目建设，实现公司由传统生产制造企业向研发服务型企业转变，引领并带动行业发展。

（五）金融服务制造业能力水平得到新提升

推动深圳证券交易所黑龙江基地正式落户，沪深交易所上市企业16家，占全省上市企业数量的42%；新三板上市企业19家，占全省新三板上市企业数量32%，新三板上市企业数量位居全省第一。打造龙哈智能产融综合服务平台，成立金融服务联盟，担保费率为0.8%，保持全省最低。以哈尔滨经开区金融服务联盟为基础，建立企业上市孵化服务平台、知识产权金融服务中心，上线金融服务管理系统，加强金融风险管控体系建设。发挥龙哈智能产融综合服务平台功能，为产业链企业提供融资贷款服务。组织召开“政银企保”对接会，200家企业获得融资近百亿元。

【专家观点】

哈尔滨经开区围绕大数据、工业互联网、智能制造、电子商务、物流、金融等重点领域建设了重点载体平台。创建了各类省级以上研发机构128家，为两业融合试点提供了创新支撑。把数字经济作为调整产业结构的重要抓手，实施数字经济高质量发展三年行动，打造了重点平台并成立“数字国企”，用数字经济推动先进制造业和现代服务业深度融合。支持企业智能化改造和数字化转型升级，带动制造业企业“上云用数赋智”。新基建打造两业融合发展新亮点，抢先布局人工智能项目，投资3.58亿元，加速推进东北地区唯一一个人工智能先进计算中心建设。促进5G、工业互联网与人工智能产业融合发展，加快区域产业转型升级，为东北三省与北方地区提供先进计算科技和数据服务。哈尔滨经开区通过延伸和提升价值链，实现向服务型制造的转变，为助力东北振兴做出示范。**（陈晓东　中国社会科学院工业经济研究所）**

上海金山区：
做强新型产业体系　加速推进新旧动能转化

上海金山区位于长江三角洲南翼，着力打造有新材料、智能装备、生命健康、信息技术 4 个产业集群，2021 年 4 个集群完成产值 1 250 亿元。金山区先进制造业领先增长，高新技术企业数量累计突破 1 050 家，战略性新兴产业完成工业总产值 692.5 亿元，占所在地规模以上企业工业产值的比重为 31.1%。2021 年，该区域被国家发展改革委列入第二批先进制造业和现代服务业融合发展试点名单。

一、主要做法

（一）持续做强新型产业体系

突出集群发展理念，重点打造具备产业比较优势、制造服务交互融合、未来发展潜力巨大的 4 个重点产业集群。做精做深新材料产业集群，重点发展高分子材料、高性能合金材料、高端复合材料、电子信息材料等领域，打造全国绿色高端涂料产业高地。做大做强智能装备产业集群，重点发展无人航空器及民用航空零部件、智能制造及控制装备、智能成套设备等领域。做新做活生命健康产业集群，重点发展生物医药、医疗器械、健康食品、医护美容等领域，打造上海化学药研发外包服务示范基地和上海生命健康产业重要承载区。做大做强生产性服务业。把握创新型、服务型、总部型、开放型、流量型“五型经济”的特点，以“数字服务、创新服务、集成服务、总部经济”为重点发展方向，推动生产性服务业持续向专业化和价值链高端延伸。数字服务重点发展数据服务、智能制造服务、信息服务、产业电商，提升数字经济的赋能渗透力。创新服务重点发展研发设计、检验检测、节能环保服务，提升创新转移转化的专业服务力。集成服务重点发展总集成总承包、供应链管理，提升产业链供应链的链式掌控力。总部经济重点发展区域型总部和功能型总部等，提升产业发展的头部引领力。

（二）加速推进新旧动能转化

加快招商积蓄新动能。加强招商统筹，聚焦新型工业化产业体系，持续完善政策、人才、金融等保障，加大对引领性强、投入产出高的产业链上下游重大项目的招引，进一步稳链、固链、强链、补链、延链，不断为产业发展注入新动力。推动经济小区特色化招商、专业化服务、实体化运作，促进注册型经济平稳健康发展。完善项目准入、推进机制，对重大产业项目实施全流程跟踪、全程化服务，力促项目早开工、早建设、早投产。加大招商人才引进和培养力度，建设复合型招商人才队伍。着力推动园区转型升级。深入实施工业园区和工业企业综合评价，形成低效产业用地清单，实施差别化的资源要素配置，对优质企业加大扶持力度。落实低效产业用地、闲置工业厂房综合治理，在生态环境、安全生产、合法经营、依法纳税、产业结构调整等领域开展综合执法。发挥市场资源配置作用，规范引导低效产业用地权利人自主退出低效产业项目，鼓励采取整体转型、零星转型、节余土地分割转让、工业用地提高容积率、减量化、土地收储等方式盘活退出。鼓励优质企业优先利用低效产业用地，对低效产业用地转接项目实行产业优先准入。

（三）不断提升科创、数智赋能水平

强化科技创新策源功能。坚持创新在发展全局中的核心地位，优化创新创业生态，让科技创新这个“关键变量”成为区域发展的“最大增量”。强化企业创新主体地位，引导和鼓励国内外知名企业在金山设立研发中心、实验室、企业技术研究院等新型研发机构。加快培育创新型龙头企业，大力培育高新技术企业、市科技“小巨人”企业，支持更多企业加快上市步伐。营造崇尚创新的社会氛围，加强知识产权保护和运用，大力弘扬科学家精神、企业家精神、工匠精神，让创新创业的活力进一步释放。大力发展数字经济。加快产业数字化转型，引导有基础、有条件的企业开展以设备换芯、生产换线、机器换人为核心的智能升级，实施设备、过程的数字化、网络化提升，打造数字车间、无人工厂。积极引入元宇宙经济企业，培育新赛道。深入实施“工赋金山”行动，加强工业互联网“赋能中心”建设，打造 8 个具有影响力的工业互联网平台。深化软件产业发展，加快工业软件、行业应用软件开发创新，加快创建成为市级软件和信息服务产业基地。大力发展在线新经济，鼓励传统商贸企业向全渠道运营商、供应链服务商、新零售企业转型，推动直播平台等数字创意产业发展。

二、工作成效

（一）成功打响“金山智造”品牌

实现化工产业服务化延伸。大力培育化工品交易、专业检验检测服务等高端服务业，提升化工产业全链条能级。依托中国石化上海石油化工股份有限公司、上海化学工业经济技术开发区，瞄准化工产业发展前沿，朝着精细、绿色、高技术、高效益、高附加值的方向发展，提升千亿级规模。加快化工产业高端化发展，推动石化产业链向下游延伸，扩大高端产品结构占比，重点突破高端表面活性剂、催化剂、中间体、电子化学品等精细化学品，加快发展高性能涂料、高端工程塑料、特种弹性体、高性能纤维、高端黏合剂等化工新材料。组建运营长三角碳纤维复合材料研发资源共享服务平台，推进化工新材料产业集群建设。装备产业智能化水平不断提高。加强新一代信息技术与智能装备的融合应用，加快产品智能化、生产智能化、服务智能化，建设智能产品、智能产线、智能车间、智能工厂，发展智能运维，培育形成方案解决商、系统集成商，促进智能制造产业体系化、智能制造应用多维化。注重智能增效，大力发展灌装机械、输送设备、储运设备、包装机械等食品成套设备、医药成套设备。

（二）服务业集聚度不断提高

数字服务发展迅速。形成一批针对细分领域创新引领的、具有国际国内领先水平的软件和信息服务业产业集群。加大产业电商扶持力度，加强培训和统计，持续推进产业规模不断扩大。支持“老字号”、母婴产品等生产企业通过第三方平台开设网络旗舰店、专卖店等网络销售终端，鼓励有条件的企业自建网上销售平台。供应链管理能级有效提升。促进新宜摩贝等供应链平台能级壮大，推动供应商、制造商、仓库、配送中心和渠道商等有效地组织集聚。重点围绕新材料、生物医药、食品冷链、危险化学品等领域，大力发展嵌入式物流、一体化物流、第三方和第四方物流等，引导供应链服务企业通过大数据、物联网、移动互联、云计算等信息技术的融合应用，提供专业化、一体化生产性服务。

（三）创新生态不断完善

创新主体培育不断强化。做好科技企业培育。2021 年共有 107 个项目获市创新资金、市高新技术成果转化等市级以上各类科技项目资助。做好科技人才服务。牵头制定产业人才队伍建设实施办法。指导推荐区内科技人才申报市级以上各类人才项目，3 人分别入选上海市“扬帆计划”“技术带头人计划”。加大产学研人才的引留，4 个企业项目获“2021 年上海产学研合作优秀项目奖”。修订金山区院士专家工作站建设实施办法，完成对 2019 年建站的 12 家区级专家工作站验收，新建区级专家工作站 10 家。截至 2021 年底，全区共有市级院士（专家）工作站 17 家，区级专家工作站 67 家。创新服务能力不断优化。落实科技履约贷审批权下放。完善市区联动科技信贷服务体系及评审规则，严格把控风险。推动科技创新奖励评选。4 个合作或参与完成的项目获国家科学技术奖，10 个项目获 2020 年度上海市科学技术奖，数量和质量均创下历史新高。首次开展科技创新奖励评选，10 个科技创新成果和 10 名科技创新人才在区科技创新暨高质量发展大会上予以表彰。办好创新创业大赛。

【专家观点】

上海金山区具有发展新材料、智能装备、化工、生命健康四大制造业的优势，也有发展以“数字服务、创新服务、集成服务、总部经济”为代表的生产性服务业的优势，两大优势产业相互融合、集群发展，是金山区两业融合发展的主要目标任务。实践中，金山区的做法是创新驱动，数字和服务赋能，加强招商统筹，推动园区转型升级，探索两业融合发展新模式，打造智能制造的完整产业链、供应链和价值链，实现优势产业的智能化、高端化、绿色化和服务化，使金山区成为打响“上海制造”和“上海服务”品牌的重要承载区。从实践结果看，金山区两业融合集聚发展成效显著，赢得“金山智造”品牌，预期目标任务完成较好。**（朱晓青　北京市高端服务业发展研究基地）**

江苏张家港市：加快改革创新　推进示范带动

江苏张家港市位于长江经济带和21世纪海上丝绸之路交汇处，市域总面积999平方公里，其中陆域面积777平方公里，下辖10个区镇，3个街道，总人口167万人。2021年全市实现地区生产总值3 030.21亿元，按可比价计算，同比增长8.0%。其中，第一产业增加值29.75亿元，同比增长2.1%；第二产业增加值1 550.88亿元，同比增长6.3%；第三产业增加值1 449.58亿元，同比增长9.8%，三次产业结构比例为1.0∶51.2∶47.8。2020年，该区域被国家发展改革委列入第一批先进制造业和现代服务业融合发展试点名单。

一、主要做法

（一）实施体制机制创新工程，培育融合发展新支撑

张家港市出台两业融合试点方案，成立市主要领导任组长的推进机构，确定试点任务清单，将4类、30项具体实施要点分解到责任单位，构建了两业融合规划平台、政策平台、机制平台、考核平台、统计平台、金融平台、人才平台、沟通平台“八大平台”，为两业融合试点提供制度保证。创新体制机制，设立5 000万元的服务业发展基金，以股权投资扶持两业融合企业做大做强；每年安排1 000万元两业融合专项补助资金，以项目补助、贷款贴息等形式，加快两业融合项目建设；设立生产性服务业领军企业专项政策，对新进入选、通过年度复核等进行多环节奖励，单家企业最高可获超2 000万元资金扶持，引导服务业企业做大做强，为两业融合提供坚实支撑。

（二）实施区域集群试点工程，培育融合发展新体系

重点开发区根据自身产业基础、资源禀赋和突破方向，开展区域集群两业融合

试点。张家港保税区开展临港产业先进制造和长江经济带流量经济融合发展集群试点，入选全国首批供应链创新与应用示范城市。张家港经济技术开发区开展高端装备制造服务融合发展集群试点，加快传统产业的智能化改造。张家港高新技术产业开发区围绕数字经济、智能装备、生命健康、新能源、高端纺织等重点产业，促进新经济与传统产业有机融合发展。张家港冶金园精品钢材产业基地融合发展集群试点，形成精品钢材高端产业基地。

（三）实施重点产业突破工程，培育融合发展新路径

以张家港市“8条产业链”为重点，建立产业链“链长制”推进体系，找准两业融合新路径。加快冶金工业原材料和服务业融合。推进那智不二越（江苏）精密机械有限公司、江苏金帆电器集团有限公司等企业和张家港智能电力研究院有限公司等平台建设，打造智能装备产业基地。发挥长城宝马光束汽车项目集成效应，完善汽车制造和服务全链条体系。建设氢能产业创新中心，构建氢能产业创新网络，加强新能源生产使用和制造业绿色融合。搭建“上海—张家港技术转移协作中心”“上海—张家港高校协同创新中心”等平台，建设新点软件中央研究院、材料科学姑苏实验室张家港创新中心、中国科学院苏州纳米技术张家港研究院等，强化研发设计服务和制造业有机融合。建设医疗器械高新产业园，以澳洋集团有限公司智能照护设施及辅助康复机器人柔性制造为试点，推进健康养老等服务领域和制造业融合。

（四）实施龙头企业带动工程，培育融合发展新业态

充分发挥两批共6家省级两业融合试点企业和20家市级试点企业（平台）的示范带动作用，明确试点任务和工作举措，加快由传统制造型企业向“智能制造+高端服务”转型。江苏沙钢集团有限公司开展基于智能制造、钢材电商平台及物流融合试点，创建国家级流程型智能制造示范工厂，构建钢材电子商务大平台，打造“智慧沙钢”。江苏永钢集团有限公司，开展基于绿色产品、现代供应链及智能制造“两业”深度融合试点，由钢铁产品供应商向高品质材料服务商转变。江苏澳洋健康产业股份有限公司，依托澳洋医院、康复医院、医药物流、优居养老等完整健康产业链，向智能照护、辅助康复机器人等制造端延伸。

二、工作成效

（一）数字经济蓬勃发展

张家港市两业融合工作把数字经济作为转型升级的新赛道，积极融入长三角数字经济生态圈，瞄准打造千亿级数字经济产业链目标，充分发挥“高新区＋高铁枢纽”叠加优势，精心布局、聚焦发力，强力推进数字经济发展。实施智能制造提升行动和企业上云上网行动，2021 年，累计推动企业上云数超 1 000 家，联合腾讯集团建设全国县级市首个工业云基地，成为腾讯集团的工业云标杆基地。获评省级工业互联网重点平台、标杆工厂 6 家，省级示范智能车间 78 家（2021 年获评 10 家，位列全省各区市第一），苏州市级示范智能车间 129 家（2021 年获评 43 家，位列苏州各区市第一），208 家企业获评省星级上云企业（四星级以上 103 家，占比位列苏州各区市第一）。保税区、经济技术开发区获评省“互联网＋先进制造业”基地（位列苏州各区市第一）。江苏永钢集团有限公司成功入选江苏省首席数据官制度试点企业。商务部等 8 个单位正式公布了第一批 10 个全国供应链创新与应用示范城市名单，张家港市作为全国唯一县级城市成功入选。

（二）创新动能持续迸发

张家港市立足创新赋能，深入推动实施“创新张家港”发展战略，通过政府主导建设公共服务平台，布局“十大新型研发机构”，有效激发企业创新动力，极大提升科技成果转化率，创新水平迈上新台阶。全国首发创新驱动发展（张家港）指数，联合科技部人才中心创办全国首个科技创新研修院，企业创新积分制在国家级高新技术产业开发区扩面推广，张家港留学人员创业园升格为省部共建留创园。全面启动科技招商，成立科技招商中心，2021 年，完成科技招商项目超 500 个，新认定有效高新技术企业 255 家，科技型中小企业 900 家，全社会研发经费支出占 GDP 比重为 3.45%。

（三）融合主体不断增加

张家港市充分发挥龙头骨干企业示范作用，培育了 6 家省级两业融合试点企业和20家市级试点企业（平台），加快企业由传统制造型向“智能制造＋高端服务”转型。聚焦8条重点产业链，深入推进“引增量、锻长板、补短板、强企业”4项工程，新引投超10亿元重要节点项目28个。工业战略性新兴产业产值占规模以上工业比重达到39%，提高3.5个百分点。“智改数转”高效推进，获评省级智能工厂1个、省级示范智能车间10个、苏州市级智能工厂1个、苏州示范智能车间43个。县域工业互联网发展指数位列全国第二。龙头企业持续做大做强，江苏沙钢集团有限公司连续13年入围世界500强，荣获“省长质量奖”。4家企业入围中国企业500强，9家企业入围中国民营企业500强，14家企业入围中国服务业企业500强、位列全国县（市）第一。中小企业不断做精做优，新增国家级专精特新“小巨人”企业2家、省级“瞪羚企业”13家、省级潜在“独角兽企业”2家。

【专家观点】

张家港市加快体制机制创新，出台两业融合试点方案，为两业融合试点提供了制度保证。构建推进两业融合的“八大平台”，实施区域集群试点工程，加快推进重点开发区开展区域集群两业融合试点，培育融合发展新体系。实施重点产业突破工程，以张家港市“8条产业链”为重点，建立产业链“链长制”推进体系，找准并着重培育了融合发展新路径。实施龙头企业带动工程，充分发挥两批共6家省级两业融合试点企业和20家市级试点企业（平台）的示范带动作用，明确试点任务和工作举措，加快由传统制造型企业向“智能制造＋高端服务”转型，培育了融合发展新业态。张家港市不断加快产业转型升级，在打造新的增长极、特色融合产业集群、提升产业核心竞争力等方面效果突出，有效助力产业高质量发展，为全国两业融合发展提供县域样板。**（陈晓东　中国社会科学院工业经济研究所）**

江苏常州天宁经济开发区：坚持先试先行　深入推进两业融合

江苏常州天宁经济开发区（以下简称天宁经济开发区）位于常州天宁区东部，总面积35平方公里，区位优越，交通便捷，已初步形成以装备制造、新材料、新能源、生物医药（医疗器械）等特色科技园区。天宁经济开发区通过进一步开展延伸产业链、强化供给链、打造创新链，强化、健全管理服务网络工作，以“三链一网”建设为抓手，深入推进先进制造业与生产性服务业双向融合。2021年，该区域被国家发展改革委列入第二批先进制造业和现代服务业融合发展试点名单。

一、主要做法

（一）强化研发设计助力

推动研发设计与制造业嵌入式合作，通过引入信息软件开发企业，建设了以常州艾贝服饰有限公司等研发机构为主导的服务设计公共服务平台，支持设计领域共性关键技术研发。完善知识产权交易和中介服务体系，依靠“互联网＋重点产业企业＋知识产权＋科技服务”运营模式，依托知识产权公共服务与社会服务机构，开展专利资源管理。加强产学研合作创新，围绕现代纺织服装、生物医药等重点行业与高等院校精准对接，全方位深化合作，紧扣企业研发需求。

（二）强化创新平台建设

全面提升创新平台能级。围绕检验检测、工业互联网、电子信息、智能驾驶及智能交通等主导产业的创新需求，建设一批重大科技创新平台。围绕开发区重点产业领域，加快推动产业公共技术服务平台建设，推动平台资源开放共享，为中小企业发展提供技术支持。推进创新孵化平台建设。依托常州新动力创业中心等国家级创新载体发挥“领头雁”作用，支持中欧（常州）检验检测认证国际合作产业园升级为国家级创业平台。通过引进专业化众创空间管理运营团队，构建“众创空间＋孵化器＋加速器＋科技园区”的创新创业孵化链条，推进孵化载体专业化运营，打造多层次、高质量、全方位的孵化载体，做实做强省级新能源材料众创社区。聚焦打造特色产业双创载体。天宁经济开发区进一步拓展产业园区创新服务功能，打造了江苏常州网络视听游戏产业园、汽车智能零部件产业园、云制造先导中心、新一代信息技术产业园等特色产业双创载体。

（三）完善人才支撑体系

支持高层次引才聚才。落实“十大人才”工程，深入推进“龙城英才计划”“才富天宁”英才计划，积极引进海内外精英人才、高技能领军人才等高层次人才，营造创新人才集聚的“强磁场”，加强青年科技人才的引进。优化人力资源平台。依托天宁人才交流大厦、天宁科技促进中心、天宁区人力资源市场“一园多区”建设，打造面向常州、辐射长三角，在全国有较高知名度的一流人力资源产业园。完善人才政策环境。落实“青春留常”“人才优居”“生活居住双资助”等优惠政策，完善高层次、紧缺人才绿色通道，深化实施“一事一议”。

二、工作成效

（一）提升工业互联网产业对智能制造的智慧引领

2017 年航天云网数据研究院（江苏）有限公司落户天宁经济开发区。主平台围绕企业上云、数据采集、企业智能化改造、工业品云端营销、供应链金融、工业互联网体验培训、产教融合等业务开展工作，引入了中机寰宇（江苏）智能制造认证检测有限公司、常州市翔云智能控制系统股份有限公司等一批智能化改造专业公司，成立并招引了赋能供应链管理的云端销售公司国佳云为（常州）信息科技有限公司、青岛檬豆网络科技有限公司，已完成企业上云 4 000 多家、设备上云 3 万多台，为 1 000 多家企业提供诊断咨询，为 200 多家企业进行智能化改造；依托主平台的影响力，“多纵”已经集聚了纺织领域的找纱网、常州巨细信息科技有限公司、常州市步云工控自动化有限公司，物流领域的车联天下物流集团有限公司，机械制造领域的常州天正信息科技有限公司、常州辉途智能科技有限公司、常州慧杰电气技术有限公司等一批细分行业的特色平台。工业互联网产业园已建成云制造先导中心、工业互联网培训体验中心、工业互联网大厦等载体 18 万平方米，集聚生态链企业 117 家。

（二）推动检验检测认证产业全领域全链条服务制造业

天宁经济开发区与原常州出入境检验检疫局合作，以黑牡丹科技园为载体，打造中欧（常州）检验检测认证国际合作产业园，现已建成载体 31.4 万平方米，集聚了全球排名前列的瑞士 SGS（瑞士通用公证行）、英国天祥集团、德国莱茵集团，以及全国最大电子产品回收平台、首家“互联网 + 环保”类型的新零售品牌爱回收等国内外检验检测认证上下游产业链机构 120 家。先后被认定为国家检验检测高技术服务业集聚区、江苏省生产性服务业集聚区和江苏省国际合作园区。

（三）构建智能驾驶融合创新产业生态圈

交通运输部首家自动驾驶技术交通运输行业研发中心，交通运输部唯一的交通运输行业密钥认证中心均坐落于天宁经济开发区；国家智能商用车质量监督检验中心通过国家认监委资质认定，成为我国智能商用车领域首个国家级检测机构，国家智能商用车质量监督检验中心项目被列入 2020 年江苏省重大项目。2020 年，天宁经济开发区获批江苏省智能网联汽车创新平台等资质，创成交通部国家工程研究中心和国家交通运输科普基地。

（四）推进网络视听游戏产业与硬件装备制造融合发展

天宁经济开发区引进江苏网博视界网络科技股份有限公司，打造网博视频进出口溯源数字化产业基地（现称江苏·常州 e 谷），并被列入 2020 年江苏省重大项目。视频进出口平台建成后将成为全球最大的数字内容交易服务平台，围绕八大中心生态，组成集文化创意、影视制作、人工智能辅助、数字发行、海外输出、交易结算、大数据应用的完整产业链格局。江苏网博视界网络科技股份有限公司已与国家广播电视总局广播电视科学研究院合作推动制定国家视频安全标准体系，与国广东方合作搭建海外宣播总平台。2020 年，天宁经济开发区与江苏省委宣传部、现代快报合作，推动江苏网络游戏管理服务平台受理中心落地天宁，将游戏板块融入基地生态。基地现已落户江苏网博视界网络科技股份有限公司、江苏视博云信息技术有限公司、江苏达米拉网络科技有限公司等优质企业。

【专家观点】

天宁经济开发区以创新为动力，完善人才支撑体系，强化创新平台建设和产学研合作创新机制，完善知识产权交易和中介服务体系，推动研发设计与制造业嵌入式合作。针对优势产业，开展延伸产业链、强化供给链、打造创新链和健全管理服务网络工作，突出数字赋能和服务增值，提升工业互联网对智能制造的引领作用，推动检验检测和认证行业全方位服务于制造业，加快智能驾驶产业、网络视听游戏产业的软件开发与其硬件装备制造的融合发展。这些做法，有效推进了先进制造业与现代服务业的双向深度融合发展，提升了天宁经济开发区产业升级和产业集群融合发展的水平。**（朱晓青　北京市高端服务业发展研究基地）**

浙江杭州高新区（滨江）：以数字经济赋能制造业　推进制造业服务化

杭州高新区（滨江）（以下简称杭州高新区）由杭州国家高新技术产业开发区、杭州市滨江区两区管理体制整合而成，实行“两块牌子、一套班子”，既按开发区模式运作，又行使地方党委、政府职能，行政区划面积72.2平方公里。杭州高新区积极探索先进制造业和现代服务业相融相长路径，以企业为主体，以数字化为主线，瞄准重点领域关键环节，推动业务关联、链条延伸，从“机器换人”“工厂物联网”到“工业大脑”“企业上云”，探索形成一批具有杭州特色的两业融合路径，助力经济高质量发展保持强劲韧性。2020年，该区域被国家发展改革委列入第一批先进制造业和现代服务业融合发展试点名单。

一、主要做法

（一）加快人才技术要素集聚，推动科技创新现代化助力融合发展

一是引育高层次创新人才。杭州高新区坚持“人才是第一资源”，着力建设高水平人才高地。持续深化“5050计划”，加大战略科学家、科技领军人才和创新团队、青年科技人才、卓越工程师、急需紧缺特殊人才招引力度。深入推进“人才创业协同计划”，提升人才链创新链产业链匹配度、融合度。深化人才创业、就业、生活“一件事”改革，持续构建国际化科创环境和生活环境，让人才愿意来、留得住、干得好、能出彩。二是提升高能级创新平台。强化国家战略科技力量，加快超高灵敏极弱磁场和惯性测量装置、北航量子实验室等建设，进一步提升北京航空航天大学杭州创新研究院、浙江大学滨江研究院等平台能级。积极引入国内外一流高等学校、科研院所等创新资源，推动企业和其他社会力量参与基础研究，支持建设新型研发机构、交叉学科研究平台、国家级制造业创新中心。

（二）加快政务服务精准化，推动营商环境现代化助力融合发展

一是政务改革向更宽领域拓展。对标国际先进规则和最佳实践，纵深推进“放管服”改革和国家营商环境创新试点，加快形成“即时感知、科学决策、主动服务、高效运行、智能管理”的新型政务服务机制，实现企业办事更省心、群众办事更方便、政府监管更高效。二是基层治理向更高水平迈进。推进“一网统管”，高标准建设一体化智能化公共数据平台，完善社会治理数字底座，加快实现“一屏观全城”“一网管全域”“一体联动指挥”。推动“152”体系与“141”平台衔接贯通，加快“基层治理四平台”向全域整体智治平台迭代。三是政策服务向更深层次推进。结合目前正在修订完善的“1 + X”政策，完善企业全生命周期扶持体系，加强政策的引导性，强化政策体系对两业融合的支持力度，营造良好的政策环境。充分发挥杭州高新区在新制造、新电商、新健康等方面的重点优势产业，优先引进和鼓励发展具有融合发展潜力的项目，积极培育一批新业态、新模式和新的示范企业。

（三）加快数字自由贸易示范区建设，推动对外开放现代化助力融合发展

一是全面推进重大项目建设助力两业融合发展。借自贸区建设之力，谋划出台年度重点项目清单。联合区内各相关部门、街道、产业园区，借助自贸区的建设赋能新服务、新制造，有效推行杭州高新区两业融合快速发展。二是力争先行先试激发两业融合活力。发挥数字产业、数字金融先发优势，加快数字贸易、数字物流等关键领域发展，突出制度集成创新，探索建立数字贸易的新模式新规则，开展服务贸易创新发展试点，探索服贸便利化创新举措，培育以高端服务为先导的“数字 + 服务”新业态新模式，不断提升数字产业国际竞争力。

（四）打造数字产业新生态，推动产业体系现代化助力融合发展

一是智能物联产业新生态。打造智能物联新生态，发挥数字安防全球领先优势，整合集成电路、数字通信、智能计算等产业力量，鼓励软件企业向嵌入式硬件

产品制造、硬件企业向系统集成服务融合延伸，推动产业链资源整合、产业圈生态合作。二是数字健康产业新生态。打造智能健康新生态，依托国家级生命健康产业创新示范区创建，围绕“CRO + 医院 + 研发 + 基金 + 生产企业”链条，积极链接杭州泰格医药科技股份有限公司、杭州启明医疗器械股份有限公司等头部企业及高校院所、公共技术平台等要素资源，推动生物技术与数字技术融合发展，增强智慧健康、高端医疗器械、创新药、检测试剂、数字疗法等细分产业国际竞争力。三是数字制造产业新生态。打造智能制造新生态，实施制造业高质量发展行动计划，紧盯链主型、平台型企业，加强应用牵引、整机带动和共性技术供给，加大智造供给系统解决问题供应商培育力度，加快制造业集群化、智能化、品质化、服务化发展。

二、工作成效

（一）夯实基础为两业融合发展增添新动力

杭州高新区依托数字经济优势践行两业融合发展，增强制造业核心竞争力、培育现代产业体系、实现高质量快速发展。在主要经济指标继续保持高速增长的同时，创新平台建设取得重大进展，北京航空航天大学杭州研究生院建成，国家安防质检中心滨江实验室、杭州电子科技大学滨江创新中心正式揭牌。新增北航—德诺弱磁医学应用实验室等优质创新联合体 11 个，省级重点实验室 2 家、重点企业研究院 4 家、研发中心 56 家，省级以上研发载体累计达 501 家。

（二）数字基因根植先进制造激发两业融合新活力

作为以数字经济领跑的城区，杭州高新区聚焦安防视频、工业云制造（工业互联网）、新能源及智能网联汽车等领域，利用信息技术和互联网平台，在传统产业中积极突破创新，为先进制造业和现代服务业深度融合发展提供了优势基础。杭州海康威视数字技术股份有限公司、浙江大华技术股份有限公司等代表性企业在物联网产业领域具有制造优势与技术优势。例如，杭州海康威视数字技术股份有限公司视频感知人工智能开放创新试点平台，以关键共性技术创新为基础，构建数据服务、计算服务、应用服务和生态服务，推动技术创新，赋能行业应用，支撑民生服务、助力数字经济发展；杭州鸿雁电器有限公司“1+X+N”融合平台通过物联网、云计算、应用聚合等技术赋能行业转型升级。

（三）龙头企业引领优势助推产业链深度融合

杭州高新区培育出阿里巴巴集团控股有限公司、杭州海康威视数字技术股份有限公司等行业龙头企业，带动了电子商务、智慧安防、网络金融服务、网络安全等产业集群崛起，形成了一条从关键芯片到大数据的相对完整的网络信息产业链。在近三年30个杭州市工厂物联网和工业互联网示范项目中，有13个项目由杭州高新区智能制造服务商提供技术支持。其中，杭州网易严选贸易有限公司以互联网为主，以制造为基础，形成突出商品质价比的制造服务模式；阿里淘工厂依托消费端大数据，进一步打造服务于源头工厂的供应链服务模式。

【专家观点】

杭州高新区以信息技术企业集群发展为主导，具有科技研发、信息服务和数据产业化的竞争力优势，是推动企业探索“数据+制造”“数据+服务”等两业融合发展新路径的典型区域。杭州高新区结合自身两业融合特点，建设高水平人才高地，提升创新平台能级，强化政策支持力度，聚焦新制造、新电商、新健康等重点优势产业及其关键环节，以数字产业化和“数据+”为主线，利用数据技术和数据平台等手段，充分发挥企业主体作用，推动数据赋能和产业链延伸，与关联制造和服务有效衔接，形成了数字制造、数据健康、智能物联、“工厂物联网”、“工业大脑”、“企业上云”等两业融合发展的新路径，展示了两业融合区域集群发展的特色和示范效应。**（朱晓青　北京市高端服务业发展研究基地）**

浙江嘉兴海宁市：“数字 + 创新”推动两业深度融合发展

浙江嘉兴海宁市着力发展时尚产业、半导体、光伏等优势主导产业，深入推进服务型制造，以数字赋能和创新驱动培育融合发展新业态新模式，探索标志性产业链两业融合发展新路径，积极发挥多元化融合主体作用，全面加速两业融合支撑平台建设，强力推进经济高质量发展。2021 年，该区域被国家发展改革委列入第二批先进制造业和现代服务业融合发展试点名单。

一、主要做法

（一）以数字为依托，打造融合发展新模式

一是数字引领推动工业互联网平台打造。积极推进行业龙头企业建立企业级平台，推动制造业与互联网的深度融合。推进以“四朵云”（云设计、云制造、云管理、云运维）为基础的海宁“时尚大脑”建设，深度参与以“产业大脑 + 未来工厂”为核心的数字经济系统建设，构建以时尚码为核心的多场景应用体系。二是因产制宜推进智能工厂建设。以智能化改造为突破口，打造强劲“智造”引擎，分行业、分区域、分重点精准推进智能化改造。建立完善海宁新智造企业库，发布《海宁市时尚产业“智能制造”重点鼓励设备目录》。成立海宁市智造企业服务中心，组织行业、区域和特定环节智能化改造沙龙。围绕特色产业领域，瞄准重点产业关键工艺环节，着力打造一批智能化改造典型样板。三是创新思维搭建“技改产品技术超市”。针对各企业面临的个性问题，深化智能化技术改造咨询诊断服务，联合第三方专业机构，探索成立“技改产品技术超市”，为有意向企业免费提供智能化改造咨询诊断服务，提供精细型改造指导。建立分行业智能制造诊断服务技术支撑体系，聘请第三方专业机构和权威专家学者，深入剖析行业现状、改造难点、改造目

标和改造路径。

（二）以服务为导向，培育融合发展新业态

一是打造时尚产业新标杆。加快产业链向上下游延伸，保持海宁时尚产业在全国领先地位。设计端，通过“本地培育＋优质引进”，为中小企业提供点对点的设计服务，加强设计版权保护，增强企业核心竞争力；制造端，不断推进产业数字化、网络化和智能化发展，建立产业新智造体系；销售端，强化与阿里巴巴、抖音、快手等电商平台的合作，进行摄影、直播等专业化培训，培育电商人才；服务端，推广采购、测量、安装、维护等“一站式”服务。二是实现方案供应商新突破。鼓励制造业龙头企业在提升业务的同时，不断向上下游服务领域延伸。以向综合型企业战略转型为契机，按照打造全球一体化方案供应商的要求，从业务流程智能化和车间生产智能化两方面打造高效智能制造体系，实现智能制造、多地协同、大规模精益化生产制造。积极探索产品服务新模式，为客户提供更全面的解决方案。三是构建供应链服务新生态。以产业园区为平台，依托“商流、物流、信息流、资金流”的供应链思维，支持和鼓励企业参与制造业产业链和供应链的服务管理，串联起产业上下游及各相关方，构筑产业新生态。以采购、物流和金融为抓手，以帮助企业解决产供销各种需求为核心，落实好各种服务功能的搭建，切实帮助企业降低成本、提高效率和解决融资问题。

（三）以创新为引领，探索融合发展新路径

一是创新驱动为两业融合注入活力。全面实施创新驱动发展战略，强化创新投入，加快创新主体培育，推动创新创业平台建设，深化省级皮革、经编、家纺产业创新服务综合体建设，加快构建公共检验检测认证平台，为打造两业融合新发展格局提供创新动力。二是产教融合为两业融合激发潜力。依托辖区内浙江大学国际联合学院等高校优势，大力推进产教融合工作，积极开展产学合作协同育人项目，完善产业人才培养方案，探索“订单班”“工学交替”等技能型人才培养新模式，为两业融合发展提供专业技术人才支撑。三是低碳发展为两业融合提供助力。在碳达峰碳中和背景下，挂牌成立源网荷储一体化示范区和绿色低碳工业园建设示范区，

启动“光伏＋储能”项目建设，将分布式电源等15类资源纳入源网荷储协调控制系统统一调控，为两业融合绿色发展提供有力支撑。

二、工作成效

（一）企业数字化转型升级步伐不断加快

一是打造行业级工业互联网平台。列入省级工业互联网平台创建名单5个，成功培育省级工业互联网平台1个。成功培育省级以上制造业与互联网融合发展试点示范企业10家。二是精准推进企业智能制造能力提升。2021年累计完成190家亿元以上制造企业数字化评价，建立制造企业数字化档案库，启动实施智能化改造项目96个，完成投资额39.43亿元，新增工业机器人370台。海宁红狮宝盛科技有限公司等4个项目入选省级“四个百项”智能化改造示范项目，晶科能源科技（海宁）有限公司等5家企业获评省级智能工厂（数字化车间）。三是智能制造诊断服务技术支撑体系。成立海宁市“技改产品技术超市”，在全省率先启动智能化咨询诊断工作，为企业免费提供智能化改造咨询诊断服务，累计诊断企业120余家，同时，从点到面，已编制并发布服装（皮革）行业智能化技术改造报告，为行业提供解决方案。

（二）综合服务体系进一步构建完善

一是树立“时尚产业＋电商直播”新标杆。2021年海宁中国皮革城设计基地累计实现设计服务收入2.61亿元，设计成果转化值29.8亿元，被工业和信息化部评为纺织服装创意设计试点园区。2020年直播商品网络零售总额超过35亿元，零售量突破2 000万件。二是卓越服务加速战略转型。天通控股股份有限公司等企业通过切换业务模式，从单纯研发、销售产品，升级为为客户提供整套基础通信与智慧系统方案，智慧网络产品和方案已经广泛部署于全球各地区的运营商和垂直市场行业客户。三是产业供应链新生态服务模式亮点凸显。经编智慧供应链集成服务平台已覆盖海宁经编产业园内多数经编产业上游主流供应商，联合金融、物流、仓储、工业互联网等专业服务提供商15家，累计服务经编企业超1 100家，覆盖海宁经编产业园区 90% 以上企业。完成了关键技术的攻坚突破和量产推广，授权上云关键设备突破 1 000 台，打造了“上云”先行示范样板。

（三）创新驱动发展进一步加强

一是创新能力不断攀升。截至 2022 年底，拥有国家级科技孵化器 1 家、国家级众创空间 1 家、国家级星创空间 1 家、国家高新技术企业 590 家；鹃湖国际科技城、杭海数字新城成功创建省级双创示范基地。二是产教融合海宁模式日渐成熟。集成电路技术学校已与海宁市泛半导体产业园签订了订单培养协议，将在 3 年内订单式培养集成电路相关专业学生 120 名。集成电路、时尚产业等 8 个产教融合联盟已全部成立，成功培育产教融合示范型企业 11 家，校企合作共建产教融合实践基地 11 个。三是绿色能源提速发展。海宁市黄湾镇共有企业光伏 133 座，新能源装机容量 375.4 兆瓦，其中光伏装机容量 290.4 兆瓦，人均光伏装机容量 9.8 千瓦，超过浙江省人均水平 46 倍；绿色能源发电量 6.03 亿千瓦·时，超过全社会用电量的 30%，初步实现能源供应结构低碳化先行。

【专家观点】

海宁市立足当地集群的时尚、半导体、光伏等优势产业，以数字赋能、创新驱动、产业链衔接、供应链配套、价值链提升为主攻方向，充分发挥多元市场主体作用，加快两业融合支撑平台建设和项目建设，大力培育和推广两业融合发展的新模式和新路径，打造了“时尚产业＋电商直播”的新标杆。在全省率先启动了为企业免费提供智能化改造咨询诊断服务，实施 150 家制造企业的数字化升级，构建了经编智慧供应链集成服务平台，建立了服务于当地优势产业的产教融合联盟和实践基地，有力促进了制造业的智能升级、服务嵌入、高端开拓以及全产业链的增强补短，形成了服务型制造集群发展的新格局。**（朱晓青　北京市高端服务业发展研究基地）**

安徽合肥经济技术开发区：抢抓两业融合发展机遇　建设世界级智造业集群

安徽合肥经济技术开发区（以下简称合肥经开区）成立于 1993 年 4 月，辖区面积 268.97 平方公里。合肥经开区全面加快创新转型升级，2021 年，合肥经开区实现 GDP 同比增长 11.2%；规模以上工业增加值同比增长 22.5%，增速为近 10 年来新高；战略性新兴产业产值同比增长 30.9%；第三产业增加值同比增长 8.8%。2020 年，该区域被国家发展改革委列入第一批先进制造业和现代服务业融合发展试点名单。

一、主要做法

（一）强化要素保障、筑牢基础支撑

加快 5G 基站建设，推动南区 5G 信号连续覆盖，重点区域深度覆盖，改造优化全区重点工业区域的企业内外网络基础设施，基本形成地址、标识管理能力，建设 1 个工业互联网行业标识解析二级节点。高水平建设中国工业互联网研究院安徽分院分中心、“工赋合肥”工业互联网综合服务平台。支持安徽合力股份有限公司、长虹美菱股份有限公司等重点企业开展两业融合发展先行先试、经验推广，积极营造两业融合发展氛围。鼓励制造业重点企业根据市场形势、用户需求，加强与广大高校院所、科创平台、科技服务企业合作。

（二）拓展应用领域，打造示范标杆

全面开放特定行业、特定领域工业场景，深入推进企业“触网、上云、用数、赋能”，支持企业开展服务型制造示范、“灯塔工厂”、智能工厂、数字化车间、总集成总承包试点示范等申创，打造一批“灯塔工厂”、智能工厂、数字化车间、总集成总承包试点示范等项目、应用场景，形成一批特色鲜明、亮点突出、可复制可

推广的行业应用标杆。

（三）构建产业生态，赋能融合主体

立足新能源汽车及智能网联汽车、新一代信息技术、智能家电等主导产业，构建多层次工业互联网平台体系；发挥“管家式”精准政策服务，加大培育国家级“双跨”工业互联网平台，打造若干具有行业影响力和区域竞争力的特色工业互联网平台，引进或培育具有行业影响力的解决方案供应商。初步形成涵盖工业互联网平台、系统解决方案、新一代网络设备、工业软件、工控系统与传感器、安全设备与产品等领域的完整产业链，完善两业融合发展产业生态。

二、工作成效

（一）聚焦重点产业，开拓发展新路径

新能源汽车及智能网联汽车产业，安徽江淮汽车集团股份有限公司、大众汽车（安徽）有限公司、蔚来汽车（安徽）有限公司等企业加大人机交互等关键技术研发，加码智慧出行业务；安徽江淮汽车集团股份有限公司入选国家工业互联网试点示范项目，构建车联网数字化营销服务体系，综合服务效率提升 20%；依托安徽省首个智能网联汽车开放道路测试区，大众汽车（安徽）有限公司加快实施国内领先的车路协同车联网项目，建设全国新能源汽车标杆智慧物流园区。新一代信息技术产业，长鑫存储技术有限公司打造世界级先进智能全自动化工厂，成为国内首家可支持亿级数据计算的大数据工业互联网平台，实现“关灯无人”生产模式；联宝工业互联网平台实现关键设备数控化率 100%、生产数据自动采集率 95%、零库存管理，2021 年完成营业收入 1 227 亿元、进出口总额 102 亿美元，成为安徽省首家百亿美元进出口额企业。智能家电产业，长虹美菱工业互联网大数据中心打造“最强大脑”，提升生产效率 35%、检测质量 32%；合肥海尔工业园以海尔卡奥斯赋能五大智能互联工厂，不入库率达到 75%。

（二）聚焦“智能 + 制造”，培育发展新业态

构建“新网络”，全区 2020 年以来智能化技改资金超 82 亿元，落户全省首个 5G

基站，建成 5G 基站 970 多个；建成智能工厂 23 家、数字化车间 140 个（含省级 9 家、27 个）；南艳湖机器人小镇集聚 130 多家机器人企业，就近服务智能化改造。布局“新设施”，形成工业互联网平台行业级 11 个、企业级 9 个；联合利华合肥工业园成为全球 54 家“灯塔工厂”之一，安徽合力股份有限公司、联宝（合肥）电子科技有限公司入选 2020 年中国标杆智能工厂百强榜，实现从“制造”到“可持续智造”；合肥合锻智能智造股份有限公司等省级服务型制造示范企业提升数字化管理水平，实现交钥匙工程。培育“新场景”，安徽合力股份有限公司研发全国首例“5G + 无人驾驶”叉车，加快工业 App“十八宝”智慧化应用，获批国家 2021 年新一代信息技术与制造业融合试点示范项目，荣获长三角十二大工业互联网平台；长虹美菱股份有限公司提供“1 + 5 + N”智慧居住（1 个 5G 生态系统、5 大智慧生活方案、N 个智慧场景）服务，通过智汇家物联网（IOT）平台联通 5G 生态成套家电；海尔衣联网（合肥）智慧生态研究院加快研发家电语音识别控制新技术，打造全屋互联生态场景。

（三）聚焦协同创新，探索发展新模式

优化创新生态，设立合肥市经合智能制造工业互联网创新中心和安徽工赋云为科技有限公司，建成合肥市工业互联网展示中心，建设“工赋合肥”工业互联网综合服务平台；拥有市级及以上工业设计中心 91 家（省级及以上 25 家），汇聚中用科技有限公司等服务商 10 余家，建立长虹美菱股份有限公司等 3 个工业互联网创新共享服务联合体，开展工业互联网服务。搭建服务平台，清华大学合肥公共安全研究院打造全国消防安全云总 IP，在全国 300 多个地市推广实施并辐射海外，形成城市生命线安全工程合肥模式；哈尔滨工业大学机器人（合肥）国际创新研究院打破国外垄断，自主研发智能实时一体化机器人专属操作系统哈工轩辕；中德合作创新园加快成果转化、产业孵化和人才聚集。

【专家观点】

合肥经开区抢抓两业融合试点发展机遇，积极探索两业融合新业态、新模式、新路径。实现 5G 信号连续覆盖，重点区域深度覆盖，改造优化

全区重点工业区域的企业内外网络基础设施，高水平建设“工赋合肥”等工业互联网综合服务平台。支持重点企业开展两业融合发展，积极营造两业融合氛围。深入推进企业“触网、上云、用数、赋能”，构建产业生态，赋能融合主体，立足新能源汽车及智能网联汽车、新一代信息技术、智能家电等主导产业，构建多层次工业互联网平台体系；发挥“管家式”精准政策服务，加大培育国家级“双跨”工业互联网平台，初步形成涵盖工业互联网平台、系统解决方案、新一代网络设备、工业软件、工控系统与传感器、安全设备与产品等领域的完整产业链，完善两业融合发展产业生态，实现综合发展水平挺进国家级经济技术开发区“全国十强、长三角前五”。**（陈晓东　中国社会科学院工业经济研究所）**

福建宁德东侨经济技术开发区：依托“链主”融合驱动 打造世界锂电之都

福建宁德东侨经济技术开发区（以下简称东侨经开区）创立于1997年，管辖面积40.7平方公里，常住人口约16.08万人。东侨经开区逐步形成以锂电新能源为核心，智能装备制造、大健康为两翼，总部经济、现代物流、数字文创等多元协同发展的“一核两翼多元”的现代产业体系。2021年东侨经开区共有企业近9 000家，其中规模以上工业企业60家，实现地区生产总值658亿元，同比增长49.1%；规模以上工业产值1 500多亿元，同比增长89%；规模以上工业增加值560亿元，同比增长79.9%；固定资产投资181亿元，同比增长26.57%。2021年，该区域被国家发展改革委列入第二批先进制造业和现代服务业融合发展试点名单。

一、主要做法

（一）努力构建现代产业体系

积极推动数字化发展，激发两业融合内生动力，以产业链为枢纽，利用工业大数据技术推动制造业企业向价值链两端延伸，强化数字引领构建现代产业体系。一是引导企业关注两业融合关键环节与技术短板；二是支持优势产业向上下游制造业、服务业企业开放数据，加强合作，共建安全可信的工业数据空间；三是推动智慧园区创建，搭建第三方数据服务平台，对利用工业大数据赋能两业融合的企业给予数据资源支持。

（二）营造良好创新创业氛围

扎实推进国家级双创示范基地建设，整合提升供应商服务中心、大学生创业园、人力资源服务产业园等楼宇资源，引入高等院校、职业学校以及科研、咨询、金融、投资、知识产权等机构，发挥人才、资本、技术、数据等优势，积极创业创新，发展新产业新业态。积极承接国家双创周东侨会场、“创响中国”东侨分站、海外留学人员创新创业大赛宁德分站赛等活动，构建全链条创新创业服务体系，加速优质项目在开发区孵化生长。

（三）进一步优化融资环境

东侨经开区修订完善关于推进开发区经济高质量发展的若干措施，扩大扶持资金享受范围，针对不同企业给予政策指导，为企业量身定制相关政策措施，推动两业融合发展。畅通优质项目对接创投、银行等金融机构渠道，结合金融机构职能定位，按照商业化原则，向两业融合发展企业和项目提供适应其生产和建设周期特点的中长期融资，降低企业融资财务压力和成本；引导地方政策性担保机构作用，推广园区企业资产按揭贷模式，支持企业融资；鼓励发展风险投资，设立新兴产业基金，创新与社会资本合作模式，推动新兴产业发展。

二、工作成效

（一）强化龙头带动作用，推动产业链融合发展

坚持“服务金娃娃，壮大产业链”工作理念，着力培育宁德时代新能源科技股份有限公司等龙头企业，发挥其产业链推动者作用，在技术、产品、服务等领域持续创新突破，深化与配套服务企业协同，引领产业链深度融合，成功对接锂电产业链项目 80 个，落地投产 45 个，规模以上企业 33 家，产业总投资 800 多亿元，累计完成投资 480 多亿元，涵盖了新能源锂电池隔膜涂层和铝塑材料、正负极材料、电芯壳盖、模具等上下游产品，产业链不断延伸，推动产业链融合发展。

（二）开展产业数字化，推动多元化融合发展

坚持以打造世界锂电之都核心区为目标，构建“一核两翼多元”的现代产业体系，抢抓新一轮产业变革的重大机遇，不断优化产业布局，加快推进锂电新能源产业、智能装备制造、大健康产业建设数字化、网络化、智能化制造和服务体系，加

快推进宁德时代新能源科技股份有限公司基于5G专网的智能制造工程，推动5G技术在动力电池系统、储能系统的研发和智能制造的应用，打造高效智能工厂；宁德新能源科技有限公司、宁德卓高新材料科技有限公司、宁德厦钨新能源材料有限公司等完成数字化工厂建设；安发（福建）生物科技有限公司等7家企业被认定为福建省两化融合试点企业。

（三）构建全生命周期服务，推动制造业向服务化发展

优先鼓励在锂电新能源、智能装备制造、大健康产业等优势主导产业开展生命周期评价，减少能源消耗，加强碳排放管理，推动产业绿色低碳发展，助力碳达峰碳中和工作。引导宁德时代新能源科技股份有限公司、宁德新能源科技有限公司、福建亚南电机有限公司等重点企业通过建立咨询设计、监测系统、应答中心、施工安装、系统集成、追溯体系等方式，提供远程运维、状态预警、故障诊断等在线服务，发展产品再制造、再利用，发展面向制造业的研发、制造、交付、维护等产品全生命周期管理实现经济、社会生态价值最大化。

（四）完善产业体系，推动生产性服务业高质发展

加快两业融合步伐，完善产业体系，大力发展先进制造业亟须的现代物流、金融服务、商务服务等重点生产性服务业，鼓励龙头企业主辅分离及面向社会开放产品开发、制造、物流配送等资源，培育形成一批创新活跃、效益显著、质量卓越、带动效应突出的深度融合发展企业。宁德时代润智软件科技有限公司从宁德时代新能源科技股份有限公司剥离，宁德星云检测技术有限公司、宁德新能先锋检测科技有限公司与宁德时代新能源科技股份有限公司等深度合作，福建四赢物流有限公司、福建康海物流有限公司与制造业企业配送体系逐步完善，锂电产业供应商服务中心成功引入19家产业链供应企业，产业服务链条进一步夯实，推动生产性服务业高质量发展。

（五）加大平台建设，助力两业融合新业态新路径

加大平台建设，利用国家级双创中心、国家工程研究中心、21C创新实验室、

福建工程学院宁德新能源技术研究院、人力资源产业园、锂电新能源产业供应商服务中心等载体，探索产业融合的新业态、新模式、新路径，深化研发、生产、流通、消费等环节关联，加快业态模式创新升级，实现制造先进精准、服务丰富优质、流程灵活高效、模式互惠多元，提升全产业链价值，打造福建省创新创业新高地。东侨开发区共有国家级工程技术研究中心 2 个，省级以上各类研发机构 29 个，国家高新技术企业 28 家，国家级博士后科研工作站 3 个，省级院士专家工作站 3 个，拥有中国科学院院士等国家级人才 10 人，省引才“百人计划”等省级人才 163 人。宁德时代新能源科技股份有限公司的汽车专项和储能电池专项同时入选国家重点研发计划，获评全国第一批智能制造标杆企业、省政府质量奖、省科技进步一等奖，福建能源器件科学与技术创新实验室获批创建；宁德新能源科技有限公司的超高电压锂离子电池及其关键材料技术获评省科技进步一等奖。

【专家观点】

东侨开发区具有发展锂电新能源产业的研发和制造实力。以此为基础，通过优化营商融资环境，营造良好创新创业氛围，加大科创平台建设，完善产业服务体系，发挥龙头企业带动作用，激发企业两业融合内生动力，以产业链为枢纽，推动产业数字化、绿色化、高端化、服务化发展，积极探索两业融合的新模式新路径，显著提升了区域优势产业的自主可控全产业链的智能化水平和两业融合集群发展水平，实现了区域 GDP 高速增长。区域试点成效显著，经验值得推广。**（朱晓青　北京市高端服务业发展研究基地）**

江西景德镇昌南新区：多维融合 推动优势产业再上台阶

江西景德镇昌南新区（以下简称昌南新区）区域面积约 160 平方公里，总人口 3.55 万人。截至 2021 年 11 月，辖区内入园企业 2 563 家，其中陶瓷企业 386 家（先进陶瓷 24 家），规模以上企业 136 家（其中工业 101 家、贸易业 25 家、服务业 10 家）。昌南新区紧紧围绕传承陶瓷文化，从陶瓷原材料标准化制备与专业化供给、陶瓷制品专业定制与精准销售、陶瓷智能柔性制造与产业链协同、研发设计服务和制造业有机融合、文化与工业旅游业和制造业深度融合、现代物流和制造业高效融合、现代金融服务与制造业融合发展，两业融合发展取得新成就。2020 年，该区域被国家发展改革委列入第一批先进制造业和现代服务业融合发展试点名单。

一、主要做法

（一）打造陶瓷原材料标准化制备供给基地

昌南新区打造原料基地。景德镇陶源矿业有限公司全面建成并投产，推动陶瓷原材料标准化、集约化、自动化、柔性化生产，引进了意大利、德国进口设备及软件系统，可以根据用户需求灵活调整泥料配比，优化工艺流程确保泥料的稳定性，同时减轻了工人劳动强度，改善生产环境，完善了定制、配送体系，陶瓷原材料标准化制备与专业化供给年产能达 20 万吨，有效地保障了全市陶瓷生产原料供给，从前端保障了陶瓷产品的一致性和稳定性。

（二）建设陶瓷共享工厂，服务中小企业发展

打造集电气化、自动化、信息化于一体的工业 4.0 智能工厂，设置包括等静压设备、自动杯子成型线、高压注浆机、空心注浆线、自动施釉机、自动磨底机及辊

压生产线等20余套世界顶尖的自动化设备，集成企业资源计划（ERP）、MES、仓储管理系统（WMS）等工业软件，创新先进陶瓷装备技术与本土传统技术相结合模式，并向全区全开放。实现了入驻企业共享服务，提供包括设计打样、仓储物流、电商直播、融资、工商、税务、食宿通勤等一系列配套服务。

（三）建设融合发展新平台

建设科创小镇、唐英创意设计园、南苑文创园等载体，完成景德镇记忆、开元名庭酒店、中国文联创作中心、“八大美院”创作基地等配套项目建设。以名坊园为核心，以国际陶瓷文创小镇为依托，打造手工制瓷基地，并将其与非物质文化传承技艺展示体验及工业文化旅游观光融为一体。

（四）全面推进陶瓷生产与工业文化旅游融合

为发掘国瓷历史价值、展现国瓷精品之美、弘扬瓷都工匠精神、拓展陶瓷经营领域，打造了新型高端多业态融合平台——国瓷馆，推动现代展贸、文化艺术体验与交流、技术展示发布、旅游观光、电子商务等多业态整合发展。让游客能全方位地了解最现代的制瓷技术，选购更精美的国瓷产品。

二、工作成效

（一）陶瓷制品专业定制能力与水平大幅提升

景德镇陶瓷集团有限责任公司、景德镇邑山瓷业有限公司等龙头企业发挥品牌作为核心资源的集聚效应，专业定制产品的档次和附加值大幅提高，2021年，两家企业主营业务收入分别达到1.6亿元和1.8亿元，比上年增加30%。景德镇市三雄陶瓷有限公司等企业搭建了个性化定制平台，构建了陶瓷私人定制体系，2021年个性化定制收入达到总收入的50%以上。针对企业、个人的需求形成完善的定制服务体系。“人工智能+5G城市会客厅”“猪八戒网”“京东”等平台已与企业开展深度合作，2021年，电商企业已达20家，年营业收入达到12亿元。

（二）陶瓷智能柔性制造与产业链协同有一定突破

景德镇陶瓷集团有限责任公司联合景德镇制云科技有限公司推进新一代信息技术与陶瓷制造的融合，生产装备智能化、生产过程自动化、生产管控一体化、产业链协同水平大幅提高。自动滚压成型、自动注浆成型、自动喷釉、直接印花、数控雕刻等代替人工的先进技术在小微企业被广泛应用，大幅提升小微企业规模化水平。2021 年，吸纳陶瓷规模以上企业 89 家。

（三）研发设计服务和制造业有机融合扎实推进

打造集研究开发、创意设计、检验检测、标准信息、成果推广、创业孵化、国际合作、展览展示、体验旅游、教育培训等功能于一体的景德镇陶瓷研究院。2021 年，景德镇特种工业陶瓷技术研究院有限公司入选江西省工业技术研究培育名单，并正式投入运营，将与景德镇先进陶瓷企业开展嵌入式合作，提供需求分析、创新试验、原型开发等服务。名坊园艺术家聚集的优势进一步发挥，源源不断的陶瓷艺术衍生品投放市场。

（四）陶瓷文化旅游和制造业深度融合步伐加快

名坊园、古坊群、国瓷馆、“八大美院”创作基地等陶瓷文化旅游基地已成为陶瓷文化旅游的网红打卡地；景德镇中国陶瓷博物馆成为全国中小学生研学实践教育基地；景德镇博大精工艺术陶瓷有限公司等一批企业成为陶瓷旅游商品生产基地；景德镇记忆景区占地 2.2 万平方米的“china 剧场”已建成并正式运营；依托宏大的世界文化交流背景，以“瓷”说意、说韵、说人、说史的大型实景演出《china》实现了每天一场与公众见面。

（五）现代金融服务与制造业融合步伐加快

创设“景瓷通”“景航通”“景微通”“景绿通”四类票据融资通道，设立 10 亿元专项再贴现额度。交通银行景德镇支行运用“燃气贷”“景瓷贷”等产品，设立陶瓷金融服务中心，累计为 62 家陶瓷企业提供 1.87 亿元担保贷款；中国银行景德镇支行通过“陶瓷电商通宝”向 12 家陶瓷电商小微企业主累计发放贷款 2 675 万元；景德镇农商银行通过“科贷通”“财园信贷通”等产品解决中小微陶瓷企业缺少抵质押物的难题，向企业发放融资贷款 1.9 亿余元。

（六）两业融合发展评价与监测系统初步建立

与景德镇陶瓷大学开展深度合作，共同研究与开发两业融合发展评价与监测系统。逐步建立健全两业融合发展情况监测统计发布制度，在主要发展领域设立检测统计点（站），完善监测数据报送体系和制度，覆盖 7 个重点试点领域，定期发布监测结果，形成重点领域统计信息在部门间的共享机制，引导社会各方提高两业融合发展水平。通过监测和评价体系成果运用，分析查找不足，推动企业更加健康快速发展。

【专家观点】

昌南新区实现了陶瓷原材料标准化制备与专业化供给，减轻了工人劳动强度，改善生产环境，建设陶瓷共享工厂服务中小企业发展，打造一座集电气化、自动化、信息化于一体的工业 4.0 智能工厂，拥有 20 余套世界顶尖的自动化设备，同时集成了 ERP、MES、WMS 等先进的软件系统，采用先进陶瓷装备技术与本土传统技术相结合的模式，实现了先进装备共享服务，并提供一系列配套服务。建设融合发展新平台，着力打造手工制瓷基地，并将其与非物质文化传承技艺展示体验及工业文化旅游观光融为一体，全面推进陶瓷生产与工业文化旅游融合，形成多业态融合发展，加快了现代物流和制造业高效融合、现代金融服务与制造业融合发展，两业融合发展出现新局面、取得新成就。**（陈晓东　中国社会科学院工业经济研究所）**

山东日照岚山区：
围绕两业深度融合　将优势产业做深做强

山东日照岚山区地处鲁东南沿海、鲁苏两省交界处，东临黄海，与日本、韩国隔海相望，2004 年 9 月设区，总面积 786 平方公里，43.6 万人。岚山区已发展成为全国最大的木材进口加工集散地、江北最大的液化品集散地、山东省重要的钢铁生产基地、油气储运加工基地和区域性临港物流中心。2021 年实现地区生产总值 560 亿元、同比增长 3.2%；工业总产值 2 224 亿元，位居全市第一。2020 年，该区域被国家发展改革委列入第一批先进制造业和现代服务业融合发展试点名单。

一、主要做法

（一）探索服务型制造，打造上游配套服务链

探索发展制造业服务化。日照利尔高温新材料有限公司注重产业链条的延伸，已经形成矿山开采→原料生产→产品研发与制造→整体承包技术服务→废旧耐火材料回收利用完整产业链条，为高温行业耐火材料提供全生命周期管理。提出由产品制造商向整体承包服务商转变，采用全程在线整体承包技术服务模式，通过对上游原材料资源的掌控，打通了原材料—耐材产品—整体承包服务一体化产业链，提升了公司的总集成总承包服务水平。目前该公司已和日照钢铁控股集团有限公司、山东钢铁集团有限公司等大型钢铁冶炼企业签订整体承包服务合同，开展全程在线整体承包技术服务合作。

（二）推进信息交互，打通下游配套产业链

岚山区整合了现代化的电子商务、仓储、加工、物流、管理平台，实现数据

共享和数据交换，实现生产厂家、贸易商、终端客户、仓储、银行之间的信息无缝对接，建立全新的生态供应链钢铁服务。阳森供应链管理（日照）有限公司是一个以“整合钢材资源、集中物流优势、创新贸易平台、促进制造业和基建产业发展”为宗旨的强强联合体，在做大做强规模的同时，重点做特做优，打造集贸易、仓储、加工、物流、信息和金融服务于一体的现代化生态供应链国际钢铁服务中心基地。

（三）提升平台综合服务效能，整合配套物流链

岚山区加快优化节点布局，完善配套设施，加强物流资源配置共享。推动物流企业和制造企业协同“走出去”。岚山港城智慧物流枢纽通过互联网大数据、云计算等技术手段，对进出岚山区的大型货车实现全程管控。搭建 3 个智慧信息平台（智慧交通管理平台、“互联网 + 物流”信息平台、支付结算和供应链金融服务平台），提升交通物流信息化、智慧化管理水平。有效提高了相关制造企业物流效率，减低了物流成本。岚山国际航贸综合服务区目前已达成意向入驻单位 17 家。运行后将实现“一站式”快捷通关服务，能够进一步增强港口综合服务能力，简化进出口企业、货主通关手续，提高物流运输和通关效率；带动岚山区涉港业务经济发展。

（四）聚焦产业需求，完善产业人才链

山东钢铁集团日照有限公司与澳大利亚技术科学与工程院院士安吉特·缔厄·福斯特合作共建院士工作站，提升引才聚才承载力，2020 年与吴开明院士合作获批山东省泰山产业领军人才蓝色人才专项。日照钢铁控股集团有限公司获批山东省博士后创新实践基地、省级专家服务基地。探索产学研深度融合模式，构建“产业 + 项目 + 人才”引才体系。加强人力资源保障，改革完善人才管理评价制度。

二、工作成效

（一）强化产业链龙头企业引领作用

一是加快建链和强链项目建设。以深入开展“项目建设年”活动为抓手，全力

推动日照钢铁控股集团有限公司产能承接项目建成投产，日照市昱岚新材料有限公司等重点项目开工建设。上海通用重工日照岚山焊接产业园项目3号厂房设备已安装到位，2022年上半年已正式投产；日照兴业金属新材料有限公司EPS金属表面处理及剪切中心项目已实现部分投产。二是积极开展延链和补链工作。围绕山东钢铁集团有限公司、日照钢铁控股集团有限公司等“链主”企业，绘制完成了钢铁产业链“招商图谱”，共涉及原燃料采购、设备供应商、耐材、维修、贸易、深加工、装备制造等上、下游企业151家，并根据前期钢铁产业链“招商图谱”及目标企业招引库，逐一分析研判，分地域、分产业、分重点制定招商方案敲门招商，逐一对接沟通，已摸排意向企业10余家。

（二）促进现代物流业和制造业高效融合

港口型国家物流枢纽建设加速推进，依托山东钢铁集团有限公司、日照钢铁控股集团有限公司两大龙头企业优势，以钢铁配套产业园为载体推动钢铁主业和配套产业融合集聚发展，结合港口局部用地与城市用地的功能调整，科学优化集疏港通道和城市道路线位选择，使港城运输资源整合，以多式联运和物流大通道建设为载体，以内陆重要枢纽节点和园区为支点，形成日照陆海统筹、双向开放、多边延伸的物流通道网络和节点服务体系。2021年，岚山区地方铁路货运量2 278.45万吨，公路货运量4 030万吨；货物周转量25.85亿吨公里。

（三）深化制造服务业和互联网融合发展

2021年岚山区实施信息化和工业化的高层次深度结合项目11项，总投资19 836万元，山东钢铁集团有限公司炼钢产线自动系统升级改造项目和热轧、冷轧产线自动化改造项目，计划总投资6 100万元，将新上改造聚渣与捞渣等机器人和系统，目前喷号系统等机器设备已上线。日照钢铁控股集团有限公司智能仓储项目和无人化料场项目，计划总投资1.19亿元；智能仓储项目将通过建设日照钢铁控股集团有限公司无线定位系统，提高库区行车作业效率，加快物流的速度，降低差错率，增加仓储效益，减轻人员劳动强度，降低人力资源成本；无人化料场项目将建设堆取料机无人化系统、皮带流程决策系统，实现料场及皮带无人值守。

（四）强化研发设计服务和制造业有机融合

鼓励企业进行研究开发新产品，生产附加值高的高端产品，依靠新科技新技术新装备，抢占高端产品市场，将传统产业转变为新的高技术产业。山东钢铁集团日照有限公司的超高强韧汽车用钢的关键制造技术及产业化应用项目、高品质大单重特厚钢板绿色生产与高效制造技术开发项目已列入省重点研发项目，项目计划总投资 1.28 亿元；日照钢铁控股集团有限公司 ESP 高强度汽车大梁用钢产品研发和应用和山东钢铁集团有限公司真空电子束复合增材制造高品质模具钢开发及应用等 5 个钢铁产业项目被列入日照市创新专项，项目计划总投资 1.5 亿元。积极组建各类科技创新平台，省级工程技术研究中心 2 个（山东省先进钢焊接工程技术研究中心、山东省特厚板工程技术研究中心），市级工程技术研究中心 1 个（日照市热连轧工艺工程技术研究中心）；市级技术创新中心 1 个（薄板坯无头轧制技术创新中心）；院士工作站 1 家（山钢日照公司院士工作站）。

【专家观点】

岚山区注重发挥行业骨干企业示范效应，加快工业互联网创新应用，依托区位优势和产业形态，发展共享生产平台，探索发展制造业服务化，提出由产品制造商向整体承包服务商转变，打造上游配套服务链。推进信息交互，打通下游配套产业链，整合现代化的电子商务、仓储、加工、物流、管理平台，实现数据共享和数据交换，实现生产厂家、贸易商、终端客户、仓储、银行之间的信息无缝对接，建立全新的生态供应链钢铁服务。提升平台综合服务效能，整合配套物流链，加快优化节点布局，完善配套设施，加强物流资源配置共享。聚焦产业需求，完善产业人才链，探索产学研深度融合模式，构建“产业＋项目＋人才”引才体系，积极推动服务先进制造业的全产业生态链建设。**（陈晓东　中国社会科学院工业经济研究所）**

河南郑州经济技术开发区：以高端化、智能化、服务化、绿色化推动两业深度融合发展

河南郑州经济技术开发区（以下简称郑州经开区）成立于1993年，规划面积158.7平方公里，常住和从业人口40余万人。经过多年发展，已形成汽车及零部件、装备制造、现代物流3个千亿级主导产业集群，初步建立了共生互补的现代产业生态体系。2021年，地区生产总值达到1 234.5亿元，同比增长5.7%。2020年，该区域被国家发展改革委列入第一批先进制造业和现代服务业融合发展试点名单。

一、主要做法

（一）实施主导产业升级再造工程

郑州经开区推动汽车产业向新能源和智能网联方向转型发展。以电动化、智能化、网联化为发展方向，依托宇通客车股份有限公司巩固智能网联客车整车生产，持续提升面向快速公交系统（BRT）公交的L3级纯电动客车和面向园区景区等封闭区域的L4级微循环车的产品性能，满足复杂环境下的应用需求，逐步在全市应用无人扫地车、自动驾驶渣土车等一批成熟的智能网联汽车产品。推动装备制造业全产业链向高端化、智能化迈进。鼓励以中铁工程装备集团盾构制造有限公司、郑州煤矿机械集团股份有限公司、宇通重工股份有限公司等为代表的制造业企业由制造环节向研发设计和营销服务两端延伸，由生产型向生产服务型转变，由提供设备向提供系统集成总承包服务转变，由提供产品向提供整体解决方案转变。

（二）实施战新产业培育提升工程

郑州经开区持续聚焦生物医药和生命健康产业、新一代信息技术、新材料三大战略性新兴产业发展，同时积极培育人工智能、大数据等新产业、新技术、新业

态，力争在相关领域形成新突破。在生物医药和生命健康产业方面，依托全区医药产业基础，特别是国药控股郑州有限公司等现有龙头企业，深挖供应链上下游，凭借自贸区的政策优势，积极引进医疗器械、生物医药、精准医疗、健康服务企业和机构，抢先布局干细胞工程领域项目、“一站式”基因产业项目，重点培育基因测序、体外诊断、细胞治疗、液体活检等产业，力争将生物医药和生命健康产业打造成为郑州经开区新时期的主导产业和突破点。

（三）实施现代服务业转型提质工程

以两业融合发展构筑融合互补、创新高效的产业发展新生态。推动生产性服务业向专业化和价值链高端延伸，推动制造业全产业链服务化、去制造化，重塑产业链，打造完整价值链，鼓励制造业企业开展或剥离研发设计、运行维护、营销、售后服务、品牌管理及提供一体化解决方案等价值链增值环节的服务活动。以标准化、品牌化、数字化为引领，推动生活性服务业提质发展。以跨境电商、进口保税、特色口岸为引领，加快集聚国际品牌、进出口业务、海外高端产业，着力打造内陆地区国际消费中心和全球网购商品分拨集散中心。

（四）科技创新与人才集聚工程

郑州经开区积极对接引入国家大科学装置和国家科技创新项目，有序开放更多创新应用场景，重点在人工智能、生物医药、5G 应用等领域，推动新能源汽车、自动驾驶集成系统、智能传感器设备（智能终端、仪器仪表等）、医学诊断设备与试剂、氢燃料、超硬材料、石墨烯、碳纤维等关键技术研发和重点领域关键共性技术突破。加强创新型、应用型、技能型人才引进和培养。鼓励引导区内企业加强与大学和高职院校人才培养合作；制定开放包容的人才政策，实行重点项目攻关“揭榜挂帅”“悬赏”“赛马”等制度。

二、工作成效

（一）建立汽车制造和服务生态体系

一是推动汽车产业扩量提质。着力推动上海汽车集团股份有限公司整车二期、东风日产乘用车公司新增52万台发动机、海马汽车有限公司混合动力乘用车研发等汽车产业项目建设。二是紧抓智能网联汽车快速发展机遇。发展“汽车+”跨界融合的生态体系，上海汽车集团股份有限公司数据中心项目已基本竣工；宇通客车股份有限公司推出智慧出行全新L4级自动驾驶巴士；郑州嘉晨电器有限公司正在研制开发基于5G的无人驾驶工程车辆控制技术，实现工程车辆无人驾驶。三是推动新能源汽车产业发展。大力发展以新能源整车、储能装置（氢能电池）、电机电控、汽车电子等为代表的新能源及智能网联汽车产业。四是围绕产业链布局汽车产业生态链。重点完善汽车全产业链发展链条，加快形成集汽车生产、研发、销售、物流、休闲于一体的全产业配套体系。

（二）推动装备制造业向高端化、智能化迈进

一是推动两化融合、智能制造。鼓励企业开展智能化升级改造，积极申报省级、国家级两化融合、智能制造试点示范、智能工厂、车间等项目，其中，智能工厂、智能车间24个。二是打造企业级、行业级、园区级工业互联网平台。包括嘉晨电器电动工程车工业互联网平台、大信定制家居工业互联网平台、宝冶钢构BIM（建筑信息模型）+钢构工业互联网平台、郑煤机煤矿智能开采工业互联网平台等。三是支持重点企业开展两业融合。推动装备制造企业向系统集成和整体解决方案提供商转型，郑州煤矿机械集团股份有限公司等企业已通过非核心业务剥离和制造业服务化完成转型。

（三）加快谋划数字产业

一是谋划打造“5G+数字经济转型示范区”。抢抓数字经济风口，以建设“5G+数字经济转型示范区”为目标、以5G基础网络建设为根基、谋划数字化应用场景项目为引领、产业协同发展为核心，深度挖掘垂直领域对5G应用的需求，将“5G+大数据、云计算、智能制造、人工智能、物联网”等技术融入垂直行业数字化转型中，加快“5G+”生态圈建设。二是加快推进5G网络建设和拓展5G应用场景。深度挖掘垂直领域对5G应用的需求，推动郑州煤矿机械集团股份有限公司等20余家龙头企业，联合三大运营商率先完成厂区5G网络搭建工作，深化5G技术在智能全链接车间/工厂、产线远程集中操控、无人驾驶、设备在线监测、

质量检测、远程技术服务等方面应用。

（四）打造内陆创新发展开放高地

一是积极谋划国家陆港型物流枢纽。围绕国际陆港、E贸易核心功能集聚区、国际物流园区基础优势，谋划建设功能联动互补、设施布局集中的郑州陆港型物流枢纽。二是高水平建设国家中欧班列集结中心。围绕中欧班列集结中心规划建设，制定了郑州中欧班列集结中心示范工程建设工作方案，中欧班列高频次、高质量开行，已实现欧洲线路、中亚线路、东盟线路和俄罗斯线路等四条线路的常态化运行。2022年1月1日至2022年3月15日，郑州国际货运班列累计开行316班（152去，164回），同比增长10.88%，累计货值13.73亿美元，同比增长37.64%，货重20.91万吨，同比增18.45%。

【专家观点】

郑州经开区以建设国家先进制造业和现代服务业深度融合发展试点为契机，实施主导产业升级再造工程，推动装备制造业全产业链向高端化、智能化迈进。实施战新产业培育提升工程，持续聚焦生物医药和生命健康产业、新一代信息技术、新材料三大战略性新兴产业发展，同时积极培育人工智能、大数据等新产业新技术新业态，将生物医药和生命健康产业打造成为郑州经开区新时期的主导产业和突破点。实施现代服务业转型提质工程，以两业融合发展构筑融合互补、创新高效的产业发展新生态。推动生产性服务业向专业化和价值链高端延伸，重塑产业链，打造完整价值链。实施科技创新与人才集聚工程，在关键技术研发和重点领域关键共性技术实现突破。加快实行重点项目攻关“揭榜挂帅”“悬赏”“赛马”等体制机制创新。郑州经开区采取示范引领、点面结合、系统推进、狠抓落实的工作思路，两业深度融合成效十分明显。**（陈晓东　中国社会科学院工业经济研究所）**

湖北武汉经济技术开发区：积极谋划新路径　做强做优产业链

湖北武汉经济技术开发区（以下简称武汉经开区）成立于1991年，规划控制面积达489.7平方公里，常住人口超过60万人，形成了以汽车及零部件、电子电器、食品饮料、生物医药为核心，以新能源、新材料、智能装备、通用航空为支撑，以现代服务业为补充的产业体系，2021年完成地区生产总值1 728.34亿元，按可比价计算，比上年增长10.0%。其中，第一产业增加值15.90亿元，同比增长4.9%；第二产业增加值1 110.63亿元，同比增长9.8%；第三产业增加值601.81亿元，同比增长10.4%。2020年，该区域被国家发展改革委列入第一批先进制造业和现代服务业融合发展试点名单。

一、主要做法

（一）不断完善汽车智造和服务全链条体系

武汉经开区顺应汽车低碳化、智能化、电动化、服务化发展趋势，持续做强汽车优势产业，以新能源汽车和智能网联汽车为主线，加快布局下一代汽车，延伸培育以智能制造为主导的“汽车＋”产业，构建链条完整、配套完善的先进汽车产业体系，打造具有世界竞争力的汽车制造和服务产业集群。

（二）推动消费品工业和服务业深度融合

武汉经开区按照智能化、网络化的发展方向，以武汉海尔电器股份有限公司等企业为依托、以智能家电产品为基础拓展智慧家居产业体系，推动传统家电产品创新，促进家电与3C的加速融合，推动设计、研发、制造和服务等业态协同发展，提升零部件本地化配套率，建设全国重要的智慧家居产业基地。

（三）大力发展数字经济

武汉经开区依托中国电子华中数字经济产业园、浪潮集团有限公司华中总部、武汉京东云计算有限公司等项目，打造数字经济产业集群。加快基于互联网的产业组织、商业模式创新，推动科技与文化、商贸、旅游、金融等深度融合，培育发展云服务、数字消费、物联网等服务业新业态，提升服务业现代化水平，推动传统制造业从低成本竞争向差别化竞争转变。

（四）强力推进国家级创新平台建设

武汉经开区加快国家检验检测高技术服务业集聚区核心区建设，集聚一批国际先进、国内领先的技术研发、实验、认证平台。进一步加快国家智能网联汽车示范区建设，集聚创新研发机构。联合东风汽车集团有限公司等重点企业，拓展物流配送、定制公交等自动驾驶示范应用，大力推进企业为主体的创新体系。

二、工作成效

（一）汽车智造和服务全链条体系不断完善

一是推进智能工厂和数字化车间建设。引进小鹏武汉智造基地项目、路特斯武汉智能工厂、东风本田新能源工厂项目等项目。路特斯武汉智能工厂是全球首家采用全工序 3D 数字孪生技术的工厂，将数字化、智能化等生产理念贯穿设计、建设全过程，可以“为一人造一车”。在智能化方面，车辆完成质检后，可实现无人驾驶入库；在仓储物流环节，可实现全流程无人化、自动化。路特斯武汉智能工厂致力于打造全球顶尖的超高端智能汽车研发生产基地。武汉智能网联示范区车联网身份认证和安全信任试点项目入选工业和信息化部车联网身份认证和安全信任首批试点，是我国第六个、中部地区首个国家级智能网联汽车测试示范区。二是不断提升汽车自主创新能力。以智能化工厂和数字化车间为重点，推动传统汽车向新能源、电动化、智能化、网联化转型，积极拓展“汽车＋”产业向生产服务型转变。国家新能源与智能网联汽车基地累计建成 106 公里 5G 全覆盖的车路协同自动驾驶开放测试道路；加快建成智能网联汽车封闭测试场。主要用于智能网联汽车研发、检测、认证等服务，同步建设一条国际 F2 级赛道，建成后将成为世界唯一的 T5 级测试场与 F2 级赛道相结合的封闭测试场。

（二）消费品工业和服务业深度融合持续加力

一是智能家居产业高质量发展有序推进。依托区内家电龙头企业、广阔的市场空间、开发区配套能力，加快开发有技术含量的高附加值产品，构建智能家居产业链。围绕 2022 年度“借东风、定军山”经济发展十大行动计划方案大力推进智能家居产业发展各项工作。格力电器（武汉）有限公司等 4 家企业获得省级智能制造试点示范项目称号，格力电器（武汉）有限公司基于工业物联网（IIOT）智能工厂的研究与应用项目获批省预算内服务业专项资金；东风股份有限公司获评制造业双创平台试点示范，8 家企业获评两化融合贯标试点企业。二是打造电子电器产业生态链。支持行业领军企业扩大投资，加快绿色环保型、高效节能型、信息智能型等家电产品的研发和升级，抢占智能家电中高端市场。围绕武汉市产业转型提升专项行动方案大力推进智能家居产业发展各项工作，已制定产业发展图谱，出台促进产业发展的重大政策。目前美的武汉工厂已建成全球智能化率最高的空调外机柔性生产线、全球首条连接管自动化生产线，管路加工及钣金车间、注塑车间实现区域无人化，加速了机器人产业与电子电器产业融合发展。

（三）推动两业融合新业态新模式创新升级

一是全面集聚两业融合创新生态要素。华中国家数字出版基地（华中智谷）获批湖北省首批现代服务业与先进制造业深度融合试点园区，同时也是武汉唯一一家以文化产业为特色的试点园区基地，基地以数字出版为特色，以“文化＋科技”为依托，国家级人力资源服务产业园落户基地，为企业提供完善的人力资源服务。建立产业育成服务平台，打造全链条双创服务体系，累计孵化培育企业 80 余家，为大量企业提供“一站式”科技成果转化服务。国家新能源汽车质检中心、国家知识产权示范园区成功获批。二是大力提升建设一批创新载体。将企业“上云”作为推动企业转型升级和智能制造的重要抓手，鼓励引导企业将基础设施、业务系统、设备产品等向云端迁移。联合中国电子信息产业集团有限公司，成立数字经济产业联盟，推进企业上云。建成5G基站近600个，借助“5G＋工业互联网”技术，引导区内工业企业进行数字化转型，加快构建“设备—车间—工厂—产业生态数字化”模式；经开智造科技企业获批国家级专业型科技企业孵化器，还建设了华中智谷、英伟达孵化中心、联想星云、海创云等一批创新平台；引进了东风汽车集团有限公司技术中心等一批研发机构，为企业数字化转型和数字经济新业态提供了强力支撑。

【专家观点】

武汉经开区既有研发机构、总部企业、骨干企业集聚的优势，也有汽车制造、家电制造集群的优势。依托优势，武汉经开区以创新为动力，鼓励企业搭建创新平台、设立研究院，强力推进国家级创新平台建设。突出数字赋能和产业数据化，将企业“上云”作为推动企业转型升级和智能制造的重要抓手，鼓励和引导企业将基础设施、业务系统、设备产品等向云端迁移，打造数字经济产业集群和数字出版基地。按照“智能制造＋生产性服务”的新模式，完善汽车、家电的智造各环节及其全产业链的服务体系建设。这些做法，有力促进了开发区产业结构的优化升级和提质增效，也充分展示了两业融合集群发展的示范效应。**（朱晓青　北京市高端服务业发展研究基地）**

广东佛山南海区：探索融合模式　提升制造业核心竞争力

广东佛山南海区地处粤港澳大湾区腹地，面积 1 071.55 平方公里，常住人口 366.7 万人，海外侨胞 40 多万人。南海区正在打造“两高四新”产业体系，加快推动产业转型升级；坚持制造业立区不动摇，全面打造品质彰显、幸福宜居的现代化活力新南海。2021 年，南海区地区生产总值 3 560.89 亿元，同比增长 8.8%，区内有 13 个产值超 200 亿元行业。2020 年，该区域被国家发展改革委列入第一批先进制造业和现代服务业融合发展试点名单。

一、主要做法

（一）政策覆盖，构建全过程保障

为促进两业融合发展，南海区出台相关政策措施，按“1 + 2 + N”政策思路，构建“1 份试点方案 + 2 份实施方案 + N 个部门政策”的政策体系，从整体普惠、重点突破、优化环境的角度出发，出台加强两业融合发展的土地、资本、人才、数据、技术等要素保障政策，提升两业融合发展动力，真正发挥政府在两业融合发展中的引导作用，积极主动开创南海区两业融合新局面。涵盖标准规范、调查统计、财政扶持、人才培养、信贷政策等多个方面，通过体制创新、财政激励、优化服务等方式，构成两业融合政策体系。

（二）龙头先行，打造全行业示范

紧抓制造业数字化智能化转型。南海区实施“千企智造”工程，形成了“分行业、阶梯式、纵横成网”的转型新范式。引导各类服务商选取行业转型试验田，推出具有行业推广意义平台或产品。企业通过转型产品复制迭代应用，完成从标杆项目到示范车间，再到示范工厂的阶梯式路径，最终形成产业集群数智化转型升级路径；同时，横向统筹各行业同步推进数智化转型。62家制造业数智化转型服务商在南海区落地，其中20家入选广东省数智化转型资源池，27家企业入选佛山市数智化转型供给资源池并通过综合评价，占佛山市资源池总数近四成，进一步夯实南海区制造业数字化智能化转型力量。同时，利用佛山市支持制造业数智化转型发展的“数字贷”工程助力企业转型，据统计，南海区参与佛山“数字贷”工程备案项目223个，超过全市项目数量的一半，表现出南海区制造业企业对数智化转型的高涨需求。南海区“数字贷”工程累计备案金额占全市近40%，已发放贷款额在佛山市五区中最高。

（三）服务集聚，构筑全平台支撑

搭建一系列产业化服务平台，涵盖互联网技术、综合服务、产融服务、国际交流等重点领域，服务覆盖多领域，构建两业融合平台支撑体系。一是互联网技术平台，南海区引进培育工业互联网标杆项目，促进互联网与实体经济深度融合，一批国内互联网和数字经济龙头企业进驻南海区。目前已引入腾讯工业互联网平台、工业富联互联网平台、京东工业互联网平台等工业互联网头部平台企业。二是各类综合服务平台，促进服务业向专业化看齐。广东有色金属交易平台交易额稳步增长，极大地推动了有色金属现货产品线上高效流转，成为产业气候“风向标”。抢抓农产品加工产业转型升级发展机遇，培育预制菜产业，打造农业“产加销”全链条发展模式，用现代化标准集中生产，经过预加工，再采用现代先进技术保存，促进大农业、大食品、大健康产业融合发展。三是产融服务平台，推动广东省中小企业融资平台运营中心永久落户广东金融高新技术服务区，依托该平台提升企业融资效率，提升企业融资便利性、可得性。并通过建立中小企业信用评价体系，为中小企业融资提供增信、贴息和风险补偿等配套服务。千灯湖创投小镇利用完善的金融产业基础、城市中心的区位优势、全面的专属政策奖励和星级配套的服务资源，助推南海乃至整个珠江西岸先进装备制造业可持续健康发展。四是国际交流平台，佛山制造业、大西南制造业与服务业、“一带一路”沿线国家地区的交流平台方面主要以会展中心为抓手，佛山西站枢纽新城会展中心项目导入深圳国际会展中心运营团队及资源，高标准推进佛山西站枢纽新城会展中心规划设计工作，扩展南海区会展产业的服务影响力，树立“佛山＋深圳”合作新品牌。

（四）聚力科创，助推全链条贯通

南海区注重从研发投入、成果转化、智能制造等环节出发，将现代服务业延伸上下游链条的各阶段都包含其中。建立线上科技成果对接平台，加速科技成果转化步伐。目前，已有季华实验室、仙湖实验室等在内的多家科技创新平台登记注册并提供科技创新服务。出台《佛山市南海区人民政府办公室关于印发佛山市南海区推进质量品牌、标准化和知识产权高质量发展扶持办法的通知》，鼓励企业和行业积极参与国际国内标准制定，并加强知识产权保护，激发社会创新创造活力。

二、工作成效

（一）工业经济快速发展

两业融合试点工作推进以来，2021 年南海区制造业增加值为 1 736.52 亿元，占南海区 GDP 比重 48.9%，规模以上工业增加值和工业投资实现大幅增长，17 个行业增加值同比增长超 10%。引进瑞浦能源有限公司、信扬科技（佛山）有限公司 2 个超百亿元工业项目，深圳科技园佛山科创园、佛山国际陆港等一批优质项目开工建设。市场活力不断释放，2021 年新增市场主体 11.7 万户、总量达 46.5 万户，新增高新技术企业 645 家、总量超 2 900 家，新增规模以上工业企业超 700 家、总量达 3 700 家，营业收入超百亿元企业、上市企业、专精特新企业分别增至 11 家、20 家和 431 家。“十百千”工业企业培育扎实有力，256 家企业营业收入同比增长 30% 以上，先进制造业发展持续增强。

（二）新兴产业成效初显

“两高四新”产业化成果逐步显现。累计引进氢能产业项目近百个，投资总额超 300 亿元，已建、在建 12 座加氢站，氢能全产业链布局走在全国前列。成功搭建以南海南新无纺布有限公司、东丽膜科技（佛山）有限公司、佛山市南海必得福无纺布有限公司为代表的医卫用新材料企业三级梯队。腾龙湾区数据中心等龙头项目落地建设，新一代电子信息产业发展实现新突破。医药制造业 2021 年产值超 200 亿元，广东一方制药有限公司、佛山市南海百合医疗科技有限公司等行业龙头增势强劲。广东金融高新区核心区 2021 年新引进项目 258 个，累计投资规模 500 亿元，新增金融持牌机构 2 家、累计达 5 家，中科沃土基金管理有限公司、佛山金控期货有限公司成功进驻，填补了全市本领域空白。虎牙全球研发总部项目、欢聚集团产业互联总部项目落户三龙湾南海片区，现代服务业发展势头迅猛。

【专家观点】

南海区按“1＋2＋N”政策思路，构建“1 份试点方案＋2 份实施方案＋N 个部门政策”的政策体系，从整体普惠、重点突破、优化环境的角度出发，出台加强两业融合发展的要素保障政策，涵盖标准规范、调查统计、财政扶持、人才培养、信贷政策等多个方面，通过体制创新、财政激励、优化服务等方式，发挥政府在两业融合发展中的引导作用。实施“千企智造”工程，紧抓制造业数字化智能化转型。搭建一系列产业化服务平台，涵盖多个重点领域，服务覆盖多个领域，构建快速有效的两业融合全平台支撑体系。注重从研发投入、成果转化、智能制造等环节出发，将现代服务业延伸上下游链条的各阶段全链条贯通。建立线上科技成果对接平台，加速科技成果转化步伐。鼓励企业和行业积极参与国际国内标准制定，并加强知识产权保护，激发社会创新创造活力，实现产业链高攀，展现了南海雄师的速度与力量，为推动两业融合发展起到了重要的作用。

（陈晓东　中国社会科学院工业经济研究所）

广西柳州高新技术产业开发区：构建汽车制造和服务全链条体系　打造“柳州模式”

广西柳州高新技术产业开发区（以下简称柳州高新区）位于柳州市区东部，核心开发区域为柳东新区，规划面积 203 平方公里，建设面积 138 平方公里，常住人口约 22.6 万人，是广西重点打造的汽车城和产业新区。柳州高新区是汽车工业发展高地，以“汽车产业衍生带动，智慧科技驱动转型”为导向推进“1 + 3 + 5”产业布局，有效构建现代产业体系。柳州高新区有效高新技术企业有 495 家，2021 年柳州高新区完成工业总产值 2 093.13 亿元。2021 年，该区域被国家发展改革委列入第二批先进制造业和现代服务业融合发展试点名单。

一、主要做法

（一）以转型升级为主题，着力建设广西现代制造城核心区

一是千方百计推进工业高质量发展。坚定不移做强做优汽车产业。以汽车“新四化”发展为契机，加快上汽通用五菱 730 产品、东风柳汽研发试验场新基建等项目建设，大力推进一批汽车零部件项目，建立完善关键零部件配套体系，加快提升乘用车产业链现代化、商用车产业链本地化水平。重点打造新能源汽车产业。力促广西汽车集团有限公司新能源整车基地项目、国轩高科动力电池生产基地第二个 5 亿瓦·时项目达产达效，持续增强整车和“三电”研发制造能力，推动企业协同创新，打造国家级产业集群。二是千方百计推进新产业集聚发展。打造高端装备制造业集群，抓好智能交通产业园建设，建立健全智能轨道交通产业链。打造新材料产业集群，建设桂柳化工搬迁升级转型项目和温州瑞明二、三期项目等。打造电子光电产业集群，推动国家智能网联化示范基地、国家汽车质量检验中心（广西）柳州智能网联测试场建设，争创国家车联网先导区，加快培育和构建光电产业链。创建

国家工业互联网试点示范园区，引导企业积极申报绿色制造工厂（车间）、智能制造工厂（数字化车间）。

（二）以创新创业为根本，着力建设创新驱动发展示范区和高质量发展先行区

一是集聚资源，提升双创能力。深入开展国家知识产权示范园区建设，推动创建知识产权企业和区域试点示范，鼓励企业研发投入，支持引导创新主体建立重点实验室、工程技术研究中心、企业技术中心等研发平台和新型研发机构，完善广西汽车研究院、柳州职业技术学院机器人实训基地等创新平台建设。创建自治区科技成果转化引领示范区，打通产学研相结合的创新链、产业链和价值链，推动完成重大科技成果转化 83 项。二是多措并举，抓好招才引智。全面落实人才新政，制定人才飞地建设等方面政策，推行“人才 + 课题”“人才 + 项目”“人才 + 产业”的引进模式，努力引进一批科技型企业、高水平创新服务团队、高层次创新创业人才。探索人才培养模式创新，支持重点企业开展校企联合教学，结合产业链需求定制专题培训班，组织培育紧缺人才。发挥海创基地引才效应，打造高端人才服务品牌。竣工专家公寓二期，完善人才服务保障。

（三）以改革开放为要点，着力建设区域开放合作先行区

一是持续推进改革攻坚。深化柳州高新区管理体制机制改革，推进人事制度和考核体系改革，完善政策体系，提升服务发展效能。深化“放管服”改革，以市民服务中心入驻为契机，优化精简实施许可事项，持续推进“一网通办”，探索推行“免证办”，全面推行政务服务事项告知承诺制，试点推行施工许可、环评报告等承诺审批，开展“五减”提升行动，打造“柳东代办”，构建集成式、高效化政务服务机制，切实优化营商环境。二是持续推进对外开放。积极融入“一带一路”、珠江 – 西江经济带建设，积极对接粤港澳大湾区，加快粤桂黔高铁经济带合作试验区（柳州）广西园建设，加快承接东部产业转移。积极推进中欧区域政策合作示范区、中德（柳州）产业园建设，拓展柳州保税物流中心（B 型）功能，发挥柳州东盟汽车贸易中心、中国 – 东盟（柳州）汽车工业博览会作用，支持重点企业“走出去”，

引导内贸企业开展外贸业务，培育出口新增长点。抓紧谋划对外开放通道建设，协同争取加快南衡高铁前期工作，推进柳州高铁东站规划和高铁片区布局，促进开放型经济发展。

二、工作成效

（一）坚持抓产业强动能，加快建设升级版广西柳州汽车城

一是工业高质量发展提质增效。企业培育推动有力，全年新增 28 家规模以上工业企业，在库总量达 167 家。有 5 家获评国家级专精特新“小巨人”企业，有 9 家获批 2021 年度自治区专精特新中小企业。汽车产业持续做大做强。一汽解放柳州项目、广西汽车集团新能源整车项目建成投产，与上汽通用五菱、东风柳汽共同构成柳州高新区四大整车基地的宏伟布局。新能源汽车产业发展迅猛，全年产量达 23.6 万辆，同比增长 276%，国轩高科动力电池生产基地等“三电”项目顺利投产，柳州高新区荣列新能源汽车特色产业园。二是现代服务业发展提速扩容。新增规模以上（限额以上）服务业企业 28 家，总量超过 100 家，柳州保税物流中心（B 型）出口贸易总额突破 2 亿元，加工贸易业务实现零的突破；国家汽车质量检验中心一期投入运营、二期安装调试，苏宁易购广西桂北智慧电商产业园投入运营；柳州 772 数字文化创意产业园正式落地。

（二）坚持创新驱动战略，不断提升创新创业能力

一是着力建设双创载体。全力推进十大重点科技创新项目，实现广西汽车研究院落地运营，宏德激光、机器人产业集群等项目顺利实施，广西智能汽车科技企业孵化器成为知识产权维权援助服务工作站并揭牌运行，“打造大中小企业融通型特色载体推动中小企业创新创业升级”工作获国家优秀评级。二是着力提升双创能力。成功举办国家双创示范基地融通创新主题日活动，柳州高新区成为第二批广西可持续发展实验区，成立高新区科学技术协会。高新技术企业认定突破 120 家，三年有效高新技术企业保有量达 250 家，位列全市第一。新增国家级众创空间 1 家、自治区级工程技术研究中心 1 家、自治区级众创空间 3 家，10 家企业进入自治区

“瞪羚企业”培育库，313 家企业通过科技型中小企业认定。

（三）坚持深化改革开放，持续优化营商环境

一是改革开放向纵深推进。全面推广“不见面审批”，持续深化“互联网＋政务服务”，全程电子化率达到 99.8%，电子证照发放率达到 100%；创新推出“预勘验”服务，全面推行“拿地即开工”，一批重大项目实现早开工、早建设；创新推行“政银合作”模式，在全市率先实现新设企业“开办即开户”；2021 年柳州高新区营商环境在柳州市城区排名居于前列。深化中欧交流合作，成功推动柳州成为第三批中欧区域政策合作案例城市。二是金融服务迈上新台阶。落实产业引导基金 8.5 亿元推动项目落地，柳州高新区财政局获评广西财税金融改革创新奖先进集体。深化“政银企”对接活动，推动“桂惠贷”投放资金 29.19 亿元，直接为企业降低融资成本 5 418.27 万元。加强债券直融，探索新型非标产品，全年融资到位 341 亿元，成功争取政府专项债 17.41 亿元。

【专家观点】

柳州高新区打造高端装备制造业集群、新材料产业集群、电子光电产业集群，着力构建汽车制造和服务全链条体系，推动制造业与互联网融合发展，培育一批服务能力强、行业影响大的两业融合企业，形成一批创新活跃、效益显著、带动效应突出的示范企业和平台，涌现一批融合发展新业态新模式，推动园区产业迈向全球价值链中高端，基本形成自主可控的现代产业体系。柳州高新区深化新区管理体制机制改革，构建集成式、高效化政务服务机制，切实优化营商环境。持续推进对外开放，积极融入“一带一路”，积极对接粤港澳大湾区，加快承接东部产业转移。积极支持重点企业“走出去”，引导内贸企业开展外贸业务，培育出口新增长点。抓紧谋划对外开放通道建设，促进开放型经济发展。**（陈晓东　中国社会科学院工业经济研究所）**

四川成都经济技术开发区：多要素支撑实现产业建圈强链

四川成都经济技术开发区（以下简称成都经开区）规划面积 557 平方公里，建成区面积 102.96 平方公里，常住人口 134.6 万人，建有中德智能网联汽车四川试验基地、中法成都生态园、成都龙泉国际汽车城等产业平台，已聚集一汽—大众汽车有限公司成都分公司等 10 家整车制造企业和博世汽车部件（成都）有限公司等 300 余家零部件企业。2021 年实现地区生产总值 1 504.4 亿元、同比增长 7.2%，规模以上工业增加值同比增长 9.7%。2020 年，该区域被国家发展改革委列入第一批先进制造业和现代服务业融合发展试点名单。

一、主要做法

（一）深入实施产业建圈强链

按照“一圈七链 N 平台”思路框架，围绕构建成都经开区制造业生态圈，大力实施产业建圈强链行动，补短板、锻长板，推动价值链向“微笑曲线”两端延伸、产业链上中下游两业融合发展。把握产业发展趋势，科学绘制产业图谱，推动汽车制造向智能网联、新能源方向升级，传统制造业加快向智能制造转型。依托东安新城中央活力区，加快引入集聚研发设计等专业化服务企业，鼓励企业加大研发投入，加快建设一批创新研发平台载体。加快发展“汽车 + 工业设计”“汽车 + 智慧出行”“汽车 + 金融服务”“汽车 + 文化旅游”等业态，鼓励物流企业向供应链一体化服务商转型升级，延伸后端服务链条。

（二）大力发展新经济培育新业态

坚持以研发新技术、培育新组织、探索新模式、构建新场景为路径，大力发展新经济优势领域，培育两业融合新业态。植入发展数字服务、数字文创等数字经济业态，培育绿色物流、绿色创新、绿色循环等绿色低碳服务业，发展文化创意、体育创意等创意经济。聚焦智能网联、新能源、氢能等未来产业细分领域，加快引育一批优质企业和项目。探索发展"直播＋汽车""直播＋民宿"等新业态，加快打造一批细分领域示范应用场景，分季度组织发布城市机会清单，提升应用场景建设实效及服务建圈强链功能。

（三）着力引育高端功能平台

加快建设东安新城中央活力区，打造先进生产性服务业集聚区和高品质生活商圈。鼓励龙头企业加大研发投入力度，支持龙头企业积极申建并逐步开放企业技术中心等创新平台。加快建设高品质科创空间，鼓励社会资本和区内创新载体发展众创、众包等空间，支持综合性孵化器提升专业孵化水平。高质量建设中法成都生态园、国家外贸转型升级基地、四川自由贸易试验区协同改革先行区等平台，积极申创成都经开综合保税区。

（四）强化"两业"融合要素保障

深入摸底两业融合要素需求，精准匹配要素资源，为两业融合发展提供有力的要素保障。探索先进制造业和现代服务业的功能混合产业用地，用好科研设计用地（A36）、新型产业用地（M0）等新型用地供给政策，保障两业融合发展的产业用地需求。鼓励金融机构加大对两业融合型企业和项目的融资支持，引导社会资本参与两业融合。深入实施"龙泉驿英才计划"，加快引育集聚促进两业融合的专业人才。健全知识产权保护制度和社会信用体系，落实成都市营商环境4.0版政策，提升"一网通办"能力，打造"空气型"政务服务。

二、工作成效

（一）全生命周期产业链构建

一是完善前端研发检测环节。强化研发创新服务和制造业有机融合，重点布局科技创新研发、检验检测认证、成果孵化转化等业态，形成以成都大学大学生创业苗圃和同济大学·成都龙泉国际青年创业谷为代表的众多创新创业载体。累计聚集创新服务机构16家，其中国家级众创空间、孵化器3家，全社会研发投入年均增长13%。二是提升中端智能制造水平。强化数字赋能，引导成都金之川电子有限公司、成都美奢锐新材料有限公司等23家企业开展智能化改造，四川领吉汽车制造有限公司成功入选2022年国家新一代信息技术与制造业融合发展试点示范“数字领航”企业方向，成都秦川物联网科技股份有限公司入选2021年国家级服务型制造业示范企业（全市仅2家）、智能制造试点示范企业（全市仅1家），一汽铸造有限公司成都有色铸造分公司等2家企业入选2021年国家工业互联网平台引领创新应用案例，7家企业入选成都市首批智能工厂和数字化车间。累计培育国家级专精特新“小巨人”企业11家、“两化融合贯标”企业45家，本土服务型制造业企业35家，24家企业入选国家、省、市数字化转型试点示范项目，第六代互联网协议（IPv6）覆盖率达85%，企业上云上平台率达54.5%。三是延伸后端汽车服务链条。汽车贸易项目加快聚集，已聚集品牌4S店25家，支持汽车销售平台探索互联网新零售模式，加快打造集多品牌汽车展示、汽车交易、汽车美容、汽车体验于一体的汽车消费体验中心。

（二）高端优势价值链培育

一是塑造新能源汽车发展新优势。聚集10家整车企业，其中9家具备新能源汽车生产能力，2022年新能源汽车整车产量4万辆、同比增长36.2%。成功招引中创新航科技（成都）有限公司、成都亿纬锂能有限公司等动力电池项目，总产能达73吉瓦·时，带动构建千亿级动力电池产业链。聚集新能源汽车关键零部件配套企业15家，其中6家被认定为高新技术企业，3家建立了省级以上企业技术中心。引进成都特来电新能源有限公司、成都雅骏新能源汽车科技股份有限公司等充换电设施服务企业，引领推进电动汽车充换电基础设施建设，累计建成充电桩6 400余个，充换电站186座。二是突破抢占智能网联新赛道。聚焦四大平台搭建，加快建设中德智能网联汽车四川试验基地，成功引进信通院车联网（成都）创新中心有限公司、国家智能网联汽车创新中心，搭建智能网联汽车技术引领平台（标准制定）；引入国家汽车零部件产品质量监督检验中心（四川）、国家环境保护机动车污染控制与模拟重点实验室（成都基地）项目，搭建公共服务平台（检验检测）；引入大华西南智慧基地、腾讯智能网联创新中心、华为（成都）5G 车联网创新中心、东华智联西南创新中心，搭建产业融合平台（示范应用）；引入西门子全球汽车仿真测试及技术研发中心等项目，搭建开放合作平台（国际合作）。三是探索发展氢能产业新领域。推动西部氢能产业园等重大项目加快建设，建成投用国氢华通加氢站，日加氢能力 1 000 公斤，聚集成都汉尊能源有限公司、四川虹加气体有限公司 2 家天然气重整制氢厂，日供氢能力 3 100 公斤。大力发展氢燃料电池汽车，已聚集一汽丰田汽车（成都）有限公司等 5 家氢燃料电池整车企业，成功承办成渝“氢走廊”启动仪式，西部首条氢燃料电池重卡示范线正式开通。

（三）技术领先创新链激活

一是强化高新技术企业培育。形成“龙头企业—高成长科技企业—高新技术企业—科技型中小企业”多层次创新企业集群，引导全区服务资源为入库企业提供产品研发、检验检测认证、科技金融等精准服务，提升企业自主创新能力，提高企业存活率。累计培育科技型中小企业 261 家，高新技术企业 355 家、数量较 2020 年新增 74%。二是大力布局科技创新平台。累计聚集研发机构 160 家（省级以上创新平台 87 家、国家级 10 家），包括企业技术中心 90 家、工程技术研究中心 26 家、重点实验室 6 家、工程实验室（工程研究中心）8 家、市级产学研联合实验室 11 家、市级院士（专家）创新工作站 14 家、科技资源共享服务平台 5 家。三是加快推动创新孵化转化。智能网联创新中心、汽车智创活力港入选市级高品质科创空间，总建筑面积 110 万平方米，已建成投用 39.5 万平方米，成功落户信通院车联网创新中心（成都）有限公司等 10 余家企业机构，加快打造科技创新孵化器、企业成长加速器，构建成都经开区汽车产业生态闭环。成都经开科技产业孵化园成功升级为国家级孵化器。

【专家观点】

成都经开区聚焦汽车主导产业，深入实施产业建圈强链，补短板、锻长板，推动价值链向“微笑曲线”两端延伸、产业链上中下游两业融合发展。把握产业发展趋势，科学绘制产业图谱，推动汽车制造向智能网联、新能源方向升级，传统制造业加快向智能制造转型。大力发展新经济培育新业态，大力发展新经济优势领域，培育两业融合新业态。植入发展数字经济业态，培育绿色低碳服务业，切入发展创意经济。鼓励龙头企业加大研发投入力度，加快建设高品质科创空间，支持综合性孵化器提升专业孵化水平。摸清两业融合要素需求，精准匹配要素资源，为两业融合发展提供有力的要素保障。探索先进制造业和现代服务业的功能混合产业用地，鼓励金融机构加大对两业融合型企业和项目的融资支持，引导社会资本参与两业融合，有效提升两业融合发展质量。**（陈晓东　中国社会科学院工业经济研究所）**

贵州贵阳经济技术开发区：以两业融合助推现代产业体系建设

贵州贵阳经济技术开发区（以下简称贵阳经开区）成立于1993年，实际管辖面积为101.3平方公里。贵阳经开区立足产业基础和发展优势，以先进装备制造业、电子信息产业及新能源汽车为重点的“两主导一特色”产业体系为重点试点领域，推动价值链、产业链与创新链、供应链、信息链、资金链、人才链等紧密结合，以产业链龙头骨干企业为引领，构建两业深度融合的优势产业集群、融合发展载体和产业生态圈。2021年，该区域被国家发展改革委列入第二批先进制造业和现代服务业融合发展试点名单。

一、主要做法

（一）以产业基础为重点，明确“两业”融合方向

立足产业基础和发展优势，贵阳经开区明确了“两主导一特色”产业体系，依托中国航天科工集团有限公司、中国航空工业集团有限公司、中国航空发动机集团有限公司三大军工集团，以及中国中煤能源集团有限公司、中国普天信息产业集团有限公司、奇瑞控股集团有限公司、枫叶控股集团公司、贵阳海信电子有限公司、国药集团同济堂（贵州）制药有限公司、贵阳险峰机床有限责任公司等一批央企和国内知名企业，以推动价值链、产业链与创新链、供应链、信息链、资金链、人才链等紧密结合，以产业链龙头骨干企业为引领，构建两业深度融合的优势产业集群、融合发展载体和产业生态圈。率先启动建设全国首个以大数据安全为主导的大数据安全产业示范区，集聚了100余家大数据安全、工业互联网、智能传感器等企业及机构，力争打造成为全省先进制造业和现代服务业融合发展示范区、新业态新模式发展引领区。

（二）以发展目标为牵引，谋划重点任务和重大项目

贵阳经开区生产总值目标增速不低于贵阳市目标增速（8%），规模以上工业增加值力争达到300亿元。主导产业优势突出，先进装备制造业和大数据电子信息产业生产总值占全区比重超过40%。2021年以来，新增国家高新技术企业、科技型企业10家，全区研发费用占GDP比重达到1.7%以上，科研人员占区域从业人数比例达到10%。培育形成10～15家服务能力强、行业影响力大的服务型制造示范企业，大力发展生产性服务业，研发设计、科技金融、软件开发、现代物流等生产性服务业水平显著提升，生产性服务业增加值占GDP比重达到20%。

（三）以要素保障为依托，充分释放市场主体发展潜能

在政策保障上，先后出台《贵阳经济技术开发区推动中高端制造业高质量发展行动计划》《贵阳经济技术开发区支持工业互联网发展若干政策》《贵阳经济技术开发区工业互联网发展三年行动计划（2020—2022）》等政策文件23份。在资金保障上，在全省率先构建“1＋2＋3＋N”产业金融服务体系，通过政策性贷款、基金、供应链、融资担保等金融要素叠加发力，持续增强金融服务实体经济的能力，累计帮助企业解决资金6亿元，经验做法被纳入贵州省全面深化改革重点案例。在人才保障上，贵阳经开区各类人才资源总量约6.2万人，硕士及以上学历5 100余人，具有副高及以上职称1 800余人，高技能人才4 200余人。有院士、国家“千人计划”专家、省市领军人才30余人。

二、工作成效

（一）制造更智能

一是工业互联网发展有序推进。贵阳经开区以打造国家级工业互联网产业示范基地为目标，围绕“离散型智能制造、流程型智能制造、网络协同制造、大规模个性化定制、远程运维服务”等智能制造要素条件，结合“5G＋工业互联网”，加速工业互联网的规划布局。发挥龙头企业工业互联网应用示范带动作用，贵州航天电

器股份有限公司等 3 家企业入选贵州省工业互联网服务商，工业互联产业生态体系进一步完善。贵阳经开区入选贵州省工业互联网示范园区。二是产业转型升级加速推进。围绕重点产业向服务型制造转型，推进智能工厂建设、加快工业互联网创新应用、推广柔性化定制、发展共享生产平台、提升总集成总承包水平、加强全生命周期管理、优化供应链管理等，加快业态模式创新，释放融合发展潜力。贵州航天电器股份有限公司精密电子元器件智能制造试点示范、国药集团同济堂（贵州）制药有限公司中药制剂全流程智能制造新模式应用等 5 个项目获批国家级智能制造项目；电连接器柔性智能制造车间试点示范入选中德智能制造合作试点。智能制造试点示范及新模式应用，促进企业转型升级，形成新的业务模式、商业模式和竞争优势，打造新的经济增长极。

（二）服务更精细

一是金融扶持更多面。为切实推动两业深度融合，贵阳经开区建立了“1＋2＋3＋N”产业金融服务体系，构建以“助力贷”等政策性产品为核心的债权融资服务、全链条股权融资服务、多元化增值服务等金融支撑服务体系，为中小微企业提供全方位“一站式”服务。设立了贵阳数安汇金投资管理公司和贵阳经济技术开发区科鑫基金管理公司，共筹建天使投资基金、数字产业基金、科康产业投资母基金、重大招商基金、科创天使投资基金 5 只基金，基金规模达到 37.1 亿元。二是要素协同共享创新。贵阳经开区紧紧围绕产业发展目标，高质量开展科技创新发展工作，全国首个大数据安全认证示范区、国家技术标准创新基地、贵州大数据安全工程研究中心、中国网络安全审查技术与认证中心等一批机构和重点实验室落地贵阳经开区。建成贵阳经开区工业产品检测中心，实现了企业间科技信息交流渠道共享、共性技术成果共享。

（三）业态更创新

一是做大做强大数据安全产业。以全国第一、国际一流的大数据安全产业示范区建设为目标，构建大数据安全软件、硬件、服务全产业链，为智能装备制造提供电子信息建设和数据安全支撑。以大数据安全产业示范区为载体，围绕百度集团等大数据重点企业，重点推进大数据安全技术攻关、硬件、软件及系统、安全服务全产业链建设，加快推动大数据与实体经济融合，大力发展以工业互联网为核心的大数据新兴业态，进一步构建大数据运营服务体系，实现大数据产业增值，全面推动贵阳经开区成为全国大数据安全产业发展示范高地。二是初步构建成产业生态圈。突破传统园区发展模式，以建设贵阳南部现代产业新城为目标，引导不同区域专业化产业集聚，围绕“产业链、创新链、人才链、服务链、城市品质”五大重点，集成构建产业生态圈。通过以区域集中、产业集群、开发集约等方式，增强产业聚合度，提高资源利用效率，引导不同区域的专业化产业集聚，推动产业发展环节向附加值高环节延伸，促进产业上下游和协作关联企业集聚，优化提升产业链。围绕价值链高端构筑产业创新链，推进“政产学研用投”协同做强研发核，建设国家级创新中心和功能中心，激发创新链。推动产业园区从单一的生产型园区经济，向生产、服务、消费等多功能的城市型经济转型。

【专家观点】

贵阳经开区以先进装备制造业、电子信息产业及新能源汽车为重点的“两主导一特色”产业体系，率先启动建设全国首个以大数据安全为主导的大数据安全产业示范区，切实谋划好重点任务和重大项目主导产业优势，大力发展生产性服务业，研发设计、科技金融、软件开发、现代物流等生产性服务业水平显著提升，生产性服务业增加值占GDP比重达到20%。以要素保障为支撑，充分释放市场主体发展潜能，先后出台政策支持文件23份，在全省率先构建产业金融服务体系，通过政策性贷款、基金、供应链、融资担保等金融要素叠加发力，持续增强金融服务实体经济的能力。贵阳经开区大力构建两业深度融合的优势产业集群、融合发展载体和产业生态圈，推动先进制造业和现代服务业深度融合发展。**（陈晓东 中国社会科学院工业经济研究所）**

云南昆明高新技术开发区：锻造特色公共技术服务平台　推动医药、新材料产业高质量发展

云南昆明高新技术产业开发区（以下简称昆明高新区）成立于1992年，是云南省首家国家级高新区，园区面积约93.64平方公里（其中城市规划面积50.42平方公里）。昆明高新区大力发展高新技术产业，持续提升创新能力，不断壮大园区规模和实力，逐步形成以生物医药大健康、稀贵金属新材料为主，数字经济及现代服务业为辅的“两主两辅”产业格局。昆明高新区先后获得国家新型工业化产业示范基地［新材料（稀贵金属）］产业示范基地、省级电子信息产业示范基地等多项殊荣。2021年，昆明高新区全口径增加值实现414.9亿元；主营业务收入实现2 665亿元，同比增长10.7%；工业总产值实现1 013亿元，成为云南首个工业总产值突破千亿元的园区。2021年，该区域被国家发展改革委列入第二批先进制造业和现代服务业融合发展试点名单。

一、主要做法

（一）搭建公共服务平台助推企业发展

昆明高新区结合已有基础，由孵化器管理中心牵头，产业技术创新联盟和促进会全程参与，充分整合利用现有科技资源及专业化服务团队，建立联合产业重点企业及第三方服务机构的特色载体公共技术服务平台，通过加大招商引资，加快引进和培育一批合同研究机构、第三方检验检测机构、认证认可分支机构，探索构建医药研发公共技术服务网络平台，为昆明高新区乃至全市、全省生物医药产业发展提供技术支撑与服务保障。其中云南省细胞工程中心有限公司建立集“细胞存储、细胞制备、细胞质量检测评价、细胞应用”等功能于一体的产业公共技术服务平台和专业孵化器，为全区提供细胞产业采集、存储、产品研发、产品制备、医疗临床研

究和应用等公共服务；昊邦医药集团有限公司搭建第三方医药物流平台等一系列公共技术服务平台，为全区提供生物医药研发、生产和流通等公共服务。

（二）发展智能制造促进转型升级

推动企业加大智能化技术改造步伐，开展设备换芯、生产换线、产品换代、机器换人为主要内容的智能化改造，引导企业建立智能工厂、数字化车间培育目录，建立智能制造单元、自动化生产线。其中昆明闻泰通讯有限公司建立集通信模组研发与智能终端研发的智能设计、智能制造、智慧供应链优化创新及智能运维于一体的智能产业生态平台，为企业提供集设计、研发和制造于一体的4G/5G通信模组及智能终端产品整体解决方案服务；贵研铂业股份有限公司加快贵金属新材料协同制造数字化平台项目实施，强化研发设计与样品试制、批量生产等环节之间的衔接，强化研发与终端应用环节之间的服务对接，进一步提升稀贵金属新材料自主创新能力和供应链保障能力。

（三）推动主导产业跨区域合作打造产业集群

昆明高新区以高质量发展为引领，充分发挥人才、金融、创新、公共服务等方面的资源优势，率先优化和调整产业功能布局，推动重点领域产业链上下游企业高效协作，促进区域间产业互联、业务互通、资源互助、信息互用，带动省内多个州市大中小企业融合发展，实现高质高效协同互通的产业集群。其中昆明高新区以稀贵金属新材料示范基地为核心，由昆明市牵头，联合红河州、曲靖市、楚雄州创建滇中稀贵金属新材料国家先进制造业集群；以生物医药产业示范基地为核心，由昆明市牵头，联合楚雄州、玉溪市、文山州创建滇中医药健康产业集群。

（四）打造产业合作共同体增强集群效应

以制造业集群竞赛为契机，依托两业融合工作，大力建设以行业龙头企业为主体，以产业联盟为引导，以研发机构、孵化器为支撑的产业合作共同体。其中昆药集团股份有限公司作为牵头单位，在化学药、中成药、精品国药、原料药、医疗器械等生物医药重点领域，打造集种植、提取、研发、生产、检测、销售服务、仓储及运输于一体的滇中医药健康产业链上下游企业共同体，建设东南亚海外营销平台，实现订单全流程可视化管理，实现省内多仓协同运营体系运营，提高医药健康产品省内仓储及运输效率，推动全区生物医药产业链上下游企业资源共享，集成壮大，配套协作与协同创新、融合发展。

（五）双创引领推进两业融合试点工作

园区以成功申报省级双创示范基地为契机，深度优化营商环境，深入推进双创示范工作，建立了集“创业指导、创新支持、市场策划、管理咨询、人力资源与培训、科技研发服务、专业技术服务、信息技术服务、技术推广与应用服务、商务服务、生产性支持服务、投融资服务”十二大功能于一体的“互联网＋”生产性服务平台（服务超市），推动全区创新资源互通共享，实现制造先进精准、服务丰富优质、流程灵活高效、模式互惠多元，形成两业融合新业态、新模式、新路径。

（六）打造昆明市知识产权服务集聚高地

昆明高新区围绕知识产权创造、运营、保护、管理和服务，通过建载体、聚资源、聚人才、聚服务等方式，建立“全门类、全链条、一站式”的知识产权综合服务体系，吸引国内外一流知识产权品牌服务机构入驻，促进优质服务资源与创新主体需求深度对接，打造昆明市知识产权服务业集聚区，全面提升全市知识产权创造质量、保护效果、运用效益、管理水平和服务能力，推动科技服务业与产业融合发展。

二、工作成效

（一）建成一批公共服务平台

依托细胞产业集群创新园建设，打造公共技术服务平台和专业孵化器，为全区细胞产业提供成果转移转化、创新创业两大服务。依托昊邦医药集团有限公司第三方医药产业园建设，建成面向云南省生物医药大健康中小企业的智能化大健康公共服务平台，包括第三方医药仓储及物流配送平台、第三方食品药品检验检测和第三方医学影像检测平台，提供医药物流、食品药品检测及研发、医学影像检测等服务。第三方医药物流平台入驻平台的中小药品、医疗器械企业近900家，平台年销售额超过50亿元；第三方药事服务平台“医链云方”已签约1 600余家中小单体药店，流转处方近300万张，日均处方流转量超1万张；第三方医学影像中心服务单位近300家，累计服务客户5万余人。依托“互联网+”中小企业公共服务超市，建成集十二大双创服务功能于一体的区域科技资源共享和集成服务平台，现已集聚双创服务机构50余家，提供精准化双创服务产品近100个。

（二）建成一批产业促进机构

面向生物医药产业、新材料产业、细胞产业，建成了一批发展促进会和产业技术创新联盟，逐步形成产业领军企业及重点企业主导、中小企业广泛参与、高校及科研院所提供技术支撑、服务机构提供创新创业公共服务。支持云南省细胞工程中心有限公司联合云南新生命干细胞有限公司、云南银丰生物工程有限公司等5家细胞产业相关企业，积极筹建昆明高新细胞技术促进会，推动全区乃至全市细胞产业创新发展。

（三）建成细胞科普教育基地

依托云南省细胞工程中心有限公司，建立了面向全社会的省级公益性细胞科普教育基地，免费为大众普及细胞的基础概念和应用研究等科学知识，目前该细胞科普教育基地建成并投入运营，2021年11月，基地正式挂牌昆明市科普教育基地，共计接待参观4 500多人次，通过参观交流学习，到访企业家充分了解昆明高新区细胞产业的发展状况及配套政策，获得了新的创新思路，为企业提升产业市场竞争力、与省外开展产业对接奠定了基础。

（四）培育一批服务型制造示范项目

鼓励全区企业发展设计创新、定制化服务，实施产品全生命周期管理，推广供应链管理，开展系统解决方案服务，提升网络化协同水平，并组织一批企业积极开展服务型制造示范工作。目前，昊邦建设集团有限公司、云南大泽电极科技股份有限公司、云南多宝电缆集团股份有限公司入选省级服务型制造示范企业，昆明安泰得软件股份有限公司的基于BIM的预制构件智能化生产服务平台、云南省细胞工程中心有限公司的细胞产业集群创新公共技术服务平台项目入选国家级服务型制造示范项目。

【专家观点】

昆明高新区强化创新驱动、数字赋能和产业协作。在生产环节，推动企业开展以设备换芯、生产换线、产品换代、机器换人为主要内容的智能化改造。在服务环节，建成了一批产业公共技术服务平台、产业发展促进会和产业技术创新联盟，补了企业生产性服务不足的短板。在协作环节，推动稀贵金属新材料、医药健康等优势产业发展，理顺产业供应链和上下游产业协作链，整合产业共享价值链和创新链，打造跨区域合作的产业集群和产业合作共同体。这些做法，有效提升了产业智能化、高端化、融合化和协作化水平，展示了昆明高新区两业融合集聚发展的新路径和成效。

（朱晓青　北京市高端服务业发展研究基地）

甘肃兰州新区秦川园区：围绕主导产业全链条式服务模式创新发展

甘肃兰州新区秦川园区（以下简称秦川园区）成立于2017年，总规划面积约630平方公里，人口约10万人。秦川园区始终坚持把发展作为第一要务，狠抓项目建设，强化产业融合，持续做大做强优势产业，初步形成了绿色化工、新材料新能源、城市矿产与表面处理、通道物流、现代农业与农副产品加工等五大主导产业。2021年，园区完成地区生产总值72.7亿元，同比增长35.7%；完成固定资产投资113亿元，同比增长13%；完成规模以上工业总产值81.4亿元，同比增长86.51%；城镇居民人均可支配收入同比增长8%，农村居民人均纯收入同比增长11.3%。2021年，该区域被国家发展改革委列入第二批先进制造业和现代服务业融合发展试点名单。

一、主要做法

（一）夯实发展基础，实施创新驱动

一是提升基础设施。依托兰州新区智慧城市体系，以化工产业为核心，重点推动化工园区智慧园区项目、化工园区应急管理中心建设，围绕园区环保管理、安全管理及应急管理要求，推进5G网络基础设施建设，建设园区立体监测网、智慧管理平台、智慧调度中心等平台，构建智慧安防、智慧环保、智慧物流、智慧消防、危化品全生命周期监管平台等模块，打造国内一流生态型、科技型化工园区。在精细化工智慧管理平台基础上，进一步完善精细化工园区综合服务平台建设，提升化工产业整体服务水平。二是深挖发展潜能。规划建设专精特新化工科技产业园，面向化工企业量身打造、建设轻资产开发生产平台，向企业提供功能齐备的基础配套、安全环保设施、应急救援设施、专用厂房、智能监管等信息基础设施，以及在知识产权、软件、设备等领域提供灵活多样的金融等服务，全面营造轻资产开发生

态环境。基于“商流”“物流”“资金流”“信息流”四流合一，有力推动园区化工、木材、粮油加工、有色金属等产业发展。积极推进大数据信息服务项目建设，提升园区信息技术服务水平。由专精特新化工科技公司牵头，发展共享研发平台，推进专精特新化工园技术研发中心、检验检测中心、科技成果孵化转化共享平台建设。三是释放创新动能。搭建东西部绿色化工企业技术供需对接平台，开展共性关键技术难题攻关、新产品开发、检验检测服务和科技人才培养，推动绿色化工产业的智能化、高端化发展。加强与东部地区和国内外技术优势公司合作，积极推进5G、区块链等技术在智慧城市、多式联运、智慧园区建设中的应用。同时，加强与兰州大学、中国科学院大连化学物理研究所产学研合作，加快推进专精特新化工新材料生产研发基地建设。支持兰州瑞朴科技有限公司、兰州助剂厂有限责任公司、兰州康鹏威耳化工有限公司等落地企业建设工程实验室等国家和省级研发中心、企业技术中心，开展新产品研发、技术工艺优化、材料产品检验检测、中试等服务，进行产品战略储备，提升生产企业科技创新能力和竞争力。

（二）聚焦信息技术，推动转型升级

一是推动“互联网＋制造业”融合发展。推动园区内企业数字化转型，鼓励落地企业实施智慧工厂、无人工厂建设。围绕园区产业定位，打造一体化产业链，实现生产、销售、物流各环节信息共享协同。加大5G网络和千兆光网建设的力度，持续推进企业内外网改造，推进企业数字化、网络化、智能化改造升级，建设一批智能工厂和数字化车间。目前，甘肃华奕门窗幕墙节能科技有限公司等2家企业已被获评甘肃省数字化车间，甘肃中元玻璃智能玻璃科技有限公司等6家企业正在申报兰州市数字化车间。同时，大力支持工业企业“上云”，进一步提高资源配置效率、降低信息化建设成本，促进共享经济发展。二是推动“互联网＋服务业”融合发展。围绕园区产业定位，打造一体化产业链，实现生产、销售、物流各环节信息共享协同，促进共享经济发展，促进产业跨界融合。推动甘肃云璟石化服务中心有限公司建设升级，开展化工数据分析、统计等指数发布服务；充分发挥兰州广通新能源汽车有限公司和兰州新区兰白试验区联合创新研究院组建的甘肃省新能源汽车产业技术创新战略联盟功能，为园区新能源企业产业发展提供“聚心、聚智、聚力”协同创新大平台。

（三）探索发展路径，推动产业融合

一是优化发展布局。依托秦川园区基础配套、产业发展实际和区位交通优势，通过机制、制度的建立实现三个层次融合，园区内部以绿色化工、通道物流为主的两业融合发展，形成良好融合生态；园区外、兰州新区内重点与中川园区、西岔园区在科技、金融、商务服务等方面以及现代物流协同方面建立合作互动机制，使园区间产业实现两业深度融合；兰州新区外重点从承接产业转移、通道物流枢纽等角度出发，基于甘肃及兰州新区发展基础，发挥优势，带动辐射，鼓励企业及园区与东部等发达地区建立合作机制，为园区制造业发展提供动力。二是创新发展模式。引导园区甘肃公航旅运输服务有限公司等重点物流企业为制造业企业提供“金融＋仓储＋物流”服务，有效嵌入制造业企业各环节，切实推动物流业与园区产业深度融合。依托园区作为“一带一路”国际大通道重要节点地位，开展保税加工贸易，形成“物流＋加工贸易”的发展模式，多元化开拓国际市场，发展外向型产业集群。围绕兰州铁路口岸中川北站作业区、兰州新区作业区，重点发展“物流＋产业”，推动中亚国际货运班列双向常态化运营，建设甘肃国际物流集散转运中心、西北地区进口商品展示中心和跨境电商园区。三是拓宽融资渠道。依托金融、制造、物流等龙头企业打造供应链金融平台，引导甘肃公航旅运输服务有限公司等重点物流企业以“实体＋金融”为特色，为有资金需求的委托客户提供安全、便捷的预付款融资业务、应收账款融资业务和存货融资管理业务等供应链金融服务，切实为企业提供供应链金融及第三方担保存货管理服务，保障园区实体经济发展，畅通贸易渠道。

二、工作成效

（一）园区综合实力显著提升

截至2021年底，秦川园区实现地区生产总值同比增长35.7%，位列兰州新区第一，增速分别高于新区、中川园区、西岔园区15.7个、19个和20.3个百分点。新增规模以上工业企业31家，为2020年同期新增数量的5倍，总量突破60家，完

成规模以上工业产值 81.4 亿元，同比增长 86.51%。2022 年，园区经济发展水平显著提升，实现地区生产总值 100.6 亿元，同比增长 22.9 %，占新区比重进一步扩大。预计完成规模以上工业总产值 133.6 亿元，同比增长 64.24%。

（二）科技创新能力有效提升

截至 2021 年底，秦川园区 200 多家企业与国内高校、科研机构等建立合作关系，30 多家企业设置研发检验检测平台、工程技术中心、工程实验室、企业技术中心等各类创新平台。2022 年底，园区规模以上工业企业中有研发活动企业占比达 20%，有研发活动企业 16 家；园区内研发人员达到 500 人，新引进培育科技型企业 15 家。

（三）产业集聚程度有效增强

截至 2021 年 4 月，秦川园区已引进产业项目 260 多个，总投资达 700 多亿元，化工、新材料和通道物流产业增加值占 GDP 比重 50% 以上，新材料产业链逐步完善，产业聚集效益凸显。2022 年，新引进产业项目 22 个（国家高新技术企业、科技型企业超过 5 家），投资额达 150 亿元，园区产业项目将突破 300 个，总投资超过 800 亿元，其中制造业增加值率超过 45%，化工、新材料、通道物流产业增加值持续增长，分别占 GDP 比重达到 42%、12%、6% 以上。

【专家观点】

秦川园区开展两业融合试点工作以来，夯实发展基础，推动创新驱动，进一步完善精细化工园区综合服务平台建设，提升化工产业整体服务水平，全面营造轻资产开发生产环境。推动绿色化工产业的智能化、高端化发展，推动“互联网＋制造业”融合发展，推动园区内企业数字化转型，建设一批智能工厂和数字化车间。推动“互联网＋服务业”融合发展，打造一体化产业链，实现各环节信息共享协同，促进产业跨界融合。优化发展布局，通过机制、制度的建立实现三个层次融合。创新发展模式，推动物流业与园区产业深度融合。依托园区作为“一带一路”国际大通道重要节点地位，发展外向型产业集群。拓宽融资渠道，依托龙头企业打造供应链金融平台，保障园区实体经济发展，“两业”融合已成为园区高质量发展的重要抓手。**（陈晓东　中国社会科学院工业经济研究所）**

青岛城阳区：四大融合模式推动产业高质量发展

青岛城阳区地处“大青岛”地理中心，胶州湾湾底核心区，总面积 583.68 平方公里，常住人口 110.96 万人。该区拥有轨道交通装备、智能制造、食品饮料三大优势产业链，重点发展先进高分子及金属材料等六大新兴产业链，着力打造现代商贸等六大现代服务业产业链。2021 年，全区生产总值达到 1 334.2 亿元，三次产业增加值占比分别为 1.5%、48.7% 和 49.8%，货物进出口总额 1 319.6 亿元、同比增长 40.7%。2020 年，该区域被国家发展改革委列入第一批先进制造业和现代服务业融合发展试点名单。

一、主要做法

（一）重构价值链，做深互补型融合

深度解构制造业价值链。根据制造行业的特点和发展需求，推进服务环节补短板、拓空间、提品质、增效益，编写《城阳区深化先进制造业和现代服务业融合发展“三年”行动计划》《城阳区先进制造业与现代服务业深度融合发展“十四五”规划》，明确了“十四五”期间的发展目标和路径；扩大现代服务业供给，引进了一批国内外知名品牌服务机构，推动一批总部型企业落户，提升服务业发展层次，形成现代服务业集聚发展群落，建设区域性服务经济高地；强化产业互动互补，重视靶向融合，推动新能源新材料产业与科技研发服务合作，轨道交通产业与工程技术服务、维修维护服务、检验检测服务业互动，形成重点行业高质量发展新路径；畅通融合渠道，依托海尔卡奥斯工业互联网平台，发展供应链管理、金融服务、物流服务等细分服务“务联网”。

（二）部署创新链，做精延伸型融合

加快关键核心技术攻关。建立“揭榜挂帅”制度，坚决打好核心技术攻坚战，推动基础研究向产业创新转化。构建两业融合协同创新体系，加快建设国家技术创新中

心，鼓励科技型企业、高校重点实验室、科研院所、协会组建创新联合体。延长全生命管理周期。规模以上制造业企业普及产品全生命周期管理，重点支持高端装备、特种设备、工程机械等领域企业建立运行监测中心，开展远程监测、智能运维。

（三）产业链数字化，做强替代型融合

创新数字化转型路径，鼓励制造业领军企业依托长期积累的核心技术、行业知识、实践经验，将数字化转型模式路径拓展至行业应用市场；发展集成服务，建成一批垂直行业平台，开展咨询设计、制造采购、施工安装、系统集成、运维管理等一揽子服务，提供整体解决方案；推动柔性制造，强化汽车制造、装备制造、生物医药等领域零件标准化、配件精细化、部件模块化管理，建成一批柔性制造标杆工厂和制造实训基地；探索共享制造，依托产业集群试点共享制造，探索产能对接、协同生产、共享工厂等多种共享模式建设。

（四）立足区域特色，打造品牌型融合

打造检验检测服务特色，建设国家质量基础设施（青岛）总部基地，重点围绕区内高端装备、新一代信息技术、新能源新材料、生物医药布局一批国家级质检中心、技术创新中心和技术标准创新基地。做亮日韩经贸与保税经济特色，充分发挥中韩交流合作“国际客厅”、中国唯一的地方中日韩经贸合作国家级平台——中日韩商务理事会作用，办好青岛世界韩商合作大会、日韩（青岛）进口商品博览会，开展重大项目合作。依托青岛胶州湾综合保税区，开展跨境电商、保税维修、保税研发、融资租赁等保税服务。发挥中欧班列转关入区货物通关优势，试点保税监管仓库，搭建中日韩特色保税业务平台。

二、工作成效

（一）重点产业规模提升

一是金融业实现了规模扩张。2021 年全行业已集聚了银行、保险、证券等各类金融机构 72 家，小额贷款公司、融资担保公司、融资租赁公司等各类地方金融组织 20

家，中国证券投资基金业协会备案基金累计达到 121 只，备案总规模 497.16 亿元，境内外上市公司 12 家。二是人力资源实现了较快增长。城阳区在统的规模以上人力资源企业达到 40 多家，人力资源行业的经营项目除了人力资源中介、劳务派遣、人事代理、流动人员档案管理等常规性服务项目外，逐步开始向高端的人力资源培训、人才测评、猎头、人力资源服务外包等发展。三是检验检测实现了集聚发展。2021 年城阳区国家质量基础设施企业机构达 270 家，同比增长 14.4%，全产业链企业过千家，全产业链产值过 100 亿元。四是科技研发实现了创新发展。突出企业创新主体地位，大力培育高新技术企业、科技型中小微企业和头部科技企业，实施创新型高成长型企业源头培育扶持，截至 2021 年底，全区高新技术企业达到 1 200 多家，数量居青岛市各区市首位。

（二）重点领域创新突破

2021 年建成智能工厂、数字化车间、工业互联网平台 21 个，培育工业互联网试点示范企业 38 家，6 330 家中小企业上云用平台。中车青岛四方机车车辆股份有限公司共有 20 项科技成果、3 个集体、75 人捧得“中国中车科技创新奖”，复兴号系列高速动车组研制及应用项目获得重大科技项目奖特别奖，高速磁浮系统集成技术研究及车辆工程化样机研制等 4 个项目获得一等奖。科技研发领域加大研发创新力度，山东省特种食品技术创新中心获批建设，青岛海尔生物科技有限公司省级院士工作站获备案，27 个平台通过市级技术创新中心评审，全区技术创新中心总数达到 60 家以上。2021 年青岛市首批备案建设的 1 009 家规模以上企业研发中心，城阳区有 223 家企业上榜，居全市榜首。专精特新企业显著增长，培育市级以上专精特新企业、“隐形冠军”企业、“瞪羚企业”929 家，其中省级“瞪羚企业、专精特新企业”和市级“隐形冠军”企业数量均居青岛市首位。

（三）重点企业运营提升

做强龙头企业，推动龙头企业延伸上下游产业链，建设产品全生命周期的服务体系和服务网络，发展成为系统集成和整体解决方案提供商。青特集团有限公司获评全国两业融合试点企业以来，在以商用车车桥为主体的汽车零部件先进制造业基础上，积极提升研发、制造平台服务能力，获评山东民营企业高端装备行业领军企业十强。中车青岛四方机车车辆股份有限公司以数字化运营和产品全生命周期管理为核心，提供面向产业链的智能研发、智能制造、智能服务、智能运营服务，为轨道交通高端装备制造向“制造＋协同＋服务”模式转型提供有效支撑，服务模式在各铁路局及城轨业主中推广应用。

（四）产业生态完善优化

清理制约两业融合发展的规章、规范性文件和其他政策措施，畅通两业融合发展路径，整理印发了《城阳区 2021 年惠企政策汇编》，内容涵盖了先进制造业、现代服务业等 10 大类 105 项惠企政策。做优检验检测认证与标准化产业，提升综合服务效能。成功举办青岛市世界认可日主题研讨会暨促进检验检测认证发展座谈会。聚力营造浓厚氛围取得新成效。在媒体开展广泛宣传，2021 年 5 月，《中国战略新兴产业》杂志对城阳区两业融合工作进行了专访，并进行了报道。

【专家观点】

城阳区深度解构制造业价值链，明确两业融合方向与融合内容，做深互补型融合。部署创新链，做精延伸型融合，推动基础研究向产业创新转化。构建两业融合协同创新体系，创新数字化转型路径，鼓励制造业领军企业依托长期积累的核心技术、行业知识、实践经验，将数字化转型模式路径拓展至行业应用市场，加快产业链数字化，做强替代型融合。立足区域特色，打造品牌型融合如检验检测服务特色，建设国家质量基础设施（青岛）总部基地，重点围绕区内高端装备、新一代信息技术、新能源新材料、生物医药布局一批国家级质检中心、技术创新中心和技术标准创新基地。通过优化产业空间布局，做好两业融合五大特色路径，实现两业融合发展，更好地推动了城阳区“四区一园”建设，为青岛建设现代化国际大都市打下了坚实基础。**（陈晓东　中国社会科学院工业经济研究所）**

宁波北仑区：
深耕制造服务业　推动先进制造业高质量发展

宁波北仑区依港而建、因港而兴，是浙江省开放时间最早、开放程度最高、国家级功能区最集中的区域之一，也是浙江自由贸易试验区宁波片区的承载地。北仑区陆域面积 614.57 平方公里（含内陆水域面积），区域内拥有宁波经济技术开发区、宁波保税区、宁波大榭开发区、宁波出口加工区、宁波梅山保税港区 5 个国家级开发区。北仑区形成以绿色石化、高端装备、汽车及零部件、智能家电等先进制造业为基础，以工业互联网、制造业服务平台等新兴战略产业为导向，以现代化物流、数字化进出口服务平台为支撑的产业发展新格局，坚持把两业融合作为“人口、产业、空间”3 个结构调整的重要抓手，积极探索促进两业深度融合发展的机制、政策、路径。2020 年，该区域被国家发展改革委列入第一批先进制造业和现代服务业融合发展试点名单。

一、主要做法

（一）大力补齐生产性服务业短板

港航服务方面，围绕浙江自由贸易试验区扩区覆盖优势，聚焦“贸易 + 物流”供应链物流创新，鼓励物流业由基础性临港物流服务向高附加增值服务转型升级，构建“特色物流供应链服务 + 临港高附加值物流服务 + 现代航运服务”的“三位一体”的现代港航物流发展体系。培育发展以国际船舶注册、船舶交易、船务服务等为重点的专业服务，拓展国际船舶运输、国际船舶管理等新兴业务。金融保险方面，围绕服务北仑区实体经济发展，重点形成以航运金融、科创金融、保险、融资租赁等业态为特色的金融产业集聚，培育发展离岸金融、产业金融、互联网金融、供应链金融、跨境金融等新业态。内外贸易方面，充分把握港口和开放两大优势，大力促进机电及高新技术产品出口，发展大宗商品和能源贸易，推动转口贸易、服务贸易、数字贸易等新型贸易的发展。坚持内外贸双循环，积极引育一批世界和全国性贸易企业注册落户。引进保税展示交易、进口商品直销、绿色食品和日用品进口等品质消费业态，拓展生鲜电商零售业态，鼓励开展直播电商、社交电商、社群电商、“小程序”电商等智能营销新业态。中介服务方面，加快发展人力资源、会议展览、广告、专业咨询、会计、税务、法务、勘察设计、节能环保等商务服务业，加快集聚和培育高能级专业服务机构，积极吸引知名专业服务机构来北仑区开办和拓展业务。

（二）持续探索两业融合新模式路径

加快装备制造业和服务业深化融合方面，重点支持海天塑机集团有限公司、宁波弘讯科技股份有限公司等龙头企业开展示范试点，鼓励、引导和支持企业由提供设备向提供系统集成总承包服务转型。推进大中型装备制造企业通过移动化改造、互联网升级、智能化提升等途径实现云计算深度应用，推进以宁波东方电缆股份有限公司“未来工厂”为代表的“未来”工程新制造场景上线。推进制造业、服务业和互联网互动融合方面，充分利用北仑区产业发展基础和优势，鼓励申洲国际集团控股有限公司等龙头企业，建设面向特定行业的工业互联网平台，实现大规模定制化生产、网络协同制造、智能生产与智慧运营等模式，推动纺织服装、文具、模具等制造业拓展柔性制造、众包设计、网络精准营销、在线售后支持等高附加值服务。加快现代物流和先进制造业高效融合方面，大力推进“互联网＋”供应链服务平台建设，培育打造一批国际供应链平台企业，做大以中信港通国际物流有限公司等为代表的国际汽车供应链，整合宁波蓝雪食品有限公司等跨境农产品、冷链供应链。加强物流信息平台建设，深入推进网络货运平台发展，扶持本地网络货运企业做大做强。推动原材料工业和服务业循环融合方面，充分利用港口和开放枢纽优势，建设宁波舟山 LNG（液化天然气）登陆中心和国际油品生产储运贸易中心，重点推进数字能源交易平台、“六六”云链能源供应链平台建设，促进油气生产、贸易、服务融合发展，打造具有竞争力的油气全产业链。

（三）健全两业融合工作机制

落实工作机制。在组建了高规格的北仑区两业融合试点建设领导小组的基础上，充分发挥领导小组组织协调作用，统筹规划、项目、土地、园区、招商和政策资源，及时研究实施重要政策和推进重大项目建设。完善工作机制，各部门加强分工协作，建立会商机制，定期召开例会，分析交流工作推进情况、协调解决难点问题。细化工作任务。围绕《北仑区推进先进制造业和现代服务业融合发展工作方案》以及相应的指标清单、任务清单、改革清单、场景清单，创新融合路径模式、融合主体培育、融合综合保障以及数字化场景建设。强化工作考评。加强对两业融合工作的督查评估，组织开展两业融合试点建设考核评价，并对评价结果进行通报。及时提炼总结区域两业融合试点建设的好经验好做法，开展典型案例和模式评选，为全国、全省两业融合发展提供典型示范，加快形成融合发展的浓厚氛围。

二、工作成效

（一）两业融合路径愈加清晰

聚焦优势主导产业，积极探索两业融合重点行业、重点领域新路径，在智能工厂打造、工业互联网应用、总集成总承包服务、优化供应链管理等领域形成了一批两业融合新路径。目前有 1 家企业入选工业和信息化部工业互联网示范试点、5 家企业入选省级制造业与互联网融合发展试点示范、2 家企业入选省级数字化车间、1 家企业入选省级“未来工厂”。全区重点行业重点领域探索两业融合发展的新路径不断涌现。涌现了区域十佳典型案例，涉及装备制造业和服务业深化融合、两业和互联网互动融合、现代物流和制造业高效融合、原材料工业和服务业循环融合 4 个方向，起到了很好的示范引领作用。

（二）两业融合业态更趋活力

加快推进传统制造业的数字化转型，在装备制造、汽车及零部件等传统优势行业，通过大力实施“点线面”智能制造计划推动企业采用柔性制造单元、机械手、全自动机器人生产线等智能化解决方案，打造一批智能工厂、“未来工厂”的同时，积极鼓励企业开展大规模个性化定制服务、集成总承包服务和共享开放服务等一系列新业态新模式，涌现出了宁波东方电缆股份有限公司依托CSP客户共享平台的集成总承包模式、宁波万航汽配制造有限公司汽车零部件优质供应商和高效解决方案模式等。在特色的压铸模具行业，通过大力实施数字化改造“百企提升”行动，培育了创元信息等“动态云脑”工业互联网平台，鼓励一批中小微模具企业“上云用数赋智”，加快推动全区模具企业从生产智能化向研发设计、仓储、物流、管理等全流程智能化拓展，打造了模具行业数字化转型的“北仑模式”。

（三）两业融合机制不断创新

积极探索两业融合政策、制度创新，以期为企业解决融合过程中的土地、资金、人才等要素需求。落实支持生产性服务业的政策措施。创新出台招商项目土地配置双轨制关联用地机制，探索二三产业混合用地、创新产业用地（M0）供地，重点聚焦两业融合重点领域的智能装备及服务、“5G + 工业互联网”、模具及高端汽车零部件等先进制造业，切实保障两业融合企业项目用地需求。创新推进“智模贷”数字化场景应用，实现供应链金融与工业互联网的深度融合，为优质模具类小微企业量身打造创新专属融资服务。为解决企业创新瓶颈，建立产研对接机制、院企人才互聘机制和全域资源共享机制，打破企业与院所间的体制机制“围墙”，实现高校院所与企业间的人才、技术、成果共用共融共享。北仑区共有省级以上研发平台超30个，其中国家企业技术中心有5家，为推进两业融合提供了智力支撑。

【专家观点】

北仑区在两业融合中，落实工作机制、细化工作任务、强化工作考评、保障要素供给。立足本区制造业和港口优势，补金融、物流、人才引进等现代服务业的短板，广泛运用智能工厂、大规模个性化定制服务、集成总承包和“互联网+”等新模式新路径，加快制造业的数字赋能、智能改造升级、与互联网对接、与现代服务业深度融合和全产业链的配套衔接，使一些具有集群优势的制造业升级为智能制造业、先进制造业、全产业链自主可控的制造业和两业融合的制造业。特别是北仑区的压铸模具行业，通过大力实施数字化改造“百企提升”行动，鼓励一批中小微模具企业“上云用数赋智”，加快推动全区模具企业从生产智能化向研发设计、仓储、物流、管理等全流程智能化拓展，打造了模具行业数字化转型的“北仑模式”。**（朱晓青　北京市高端服务业发展研究基地）**

宁波慈溪市：强化两业融合　打造智造名城

宁波慈溪市地处东海之滨，杭州湾南岸，全市行政区域面积 1 361 平方公里，常住人口 185.86 万人。县域经济连续多年蝉联全省第一，2021 年全市实现地区生产总值 2 379.2 亿元，同比增长 8.4%，其中，第二产业增加值、第三产业增加值占比分别达到 61.2%、36.3%，同比分别增长 11.4%、4.5%。2021 年，该区域被国家发展改革委列入第二批先进制造业和现代服务业融合发展试点名单。

一、主要做法

（一）探索两业融合新模式新路径

加快智能家电产业和服务业深度融合方面，积极实施“5G + 工业互联网 + 智能家电制造”数字赋能计划，探索创新引入发展众包、用户参与设计、云设计等新型研发组织模式，加快推进韩电集团有限公司、浙江夏宝电器有限公司、卓力电器集团有限公司、公牛集团股份有限公司等龙头企业建设智能工厂，提高制造智能化水平。加快汽车制造和服务全产业链融合方面，推动汽车零部件产业高端化发展，重点围绕汽车电子、新能源汽车“三电”开展技术攻关与产品生产，依托众车联产业互联网平台打造汽车全产业链综合服务平台。加快生命健康制造和服务业有机融合方面，以互联网技术为依托推进智能医疗用品制造，推进慈溪高新技术产业开发区生命健康产业园和滨海区宁波市防护品产业园建设，加快核磁共振成像设备、新型医用诊断医疗仪器设备、微创外科和介入治疗器械和装备、康复工程技术装置、可穿戴设备、体育健身器材和户外运动器材等一批智能产品生产制造。加强氢能生产使用和制造业绿色融合方面，以慈溪市滨海经济技术开发区为核心，打造国际领先、技术一流的大型氢能产业园区；积极推进国家电力投资集团公司华东氢能产业基地建设，围绕氢能装备制造，重点开展产氢、储氢、运氢等生产活动，推进加氢设备制造，加快氢能相关产品应用测试。

（二）完善两业融合平台服务体系

在家电行业，大力推进宁波家电可信工业互联网平台侧重基于质量管理的工业互联网平台的功能深化，推进魔蛋、公牛智家等智能家居联网平台建设，深化泛智能化终端集成应用，强化平台端对慈溪市家电行业的智能化和网络化改造。结合智能家电产业大脑建设，发布可信制造团体标准，推进平台试点项目扩面，为慈溪家电产业的质量管理和供应链管理提供支撑，形成具有慈溪标签的产业大脑应用场景。在轴承行业，推广宁波新思维轴承有限公司华至云智能制造服务系统的应用，结合轴承产业大脑建设，承接集成其他产业数字化服务，形成轴承产业的综合数字化服务能力，开展一批重点平台试点项目建设，深入推进轴承产业智能制造。在汽配行业，着重推广众车联产业互联网平台在集采等环节的优势，进一步深化在慈溪市汽配产业中的应用，结合网联汽车等新的市场焦点，向汽车电子、芯片集采等环节进一步拓展。加强与蓝卓工业互联网平台、上海易士云合作，探索设计制造一体化的汽车行业云建设。

（三）强化两业融合要素保障

不断完善政策，以改革创新思维，为两业融合提供土地、金融、人才等关键要素保障。全面启动新一轮制造业“腾笼换鸟、凤凰涅槃”攻坚行动，扎实开展淘汰落后、创新强工、招大引强、质量提升四大攻坚行动，推进制造业全域产业治理，分档分批实施重点企业、低效企业、规下企业整治提升，加强二手土地厂房流转监管，为两业融合腾出发展空间。加强用地保障，盘活园区存量建设用地和低效空间。深入实施新时代人才强市战略，建立人才工作“四大机制”、实施人才引育“四大行动”，扭住人才生态“四大工程”，加快建设长三角高素质人才重要集聚地和创新创业新高地，优化两业融合人才支撑。加强多层次的银企对接服务，鼓励银行资金优先向两业融合企业和重点项目倾斜。要完善政策扶持，梳理当前制造业和现代服务业等相关产业配套政策和扶持措施，研究出台慈溪市推进两业融合相关政策，进一步加大两业融合试点建设在人才引进、专项资金、金融信贷、企业上市、交通运输等要素方面的支持力度，同时消除税费、制度性交易成本等方面的不合理障碍。

二、工作成效

（一）重塑产业体系、打造两业融合新途径

慈溪入选2021年度全省制造业高质量发展示范县（市、区）优秀单位，成为全省唯一入选的县（市）、宁波入选的唯一县（市、区）。创出“高质量、加速度、数字化、新智造”发展的“慈溪模式”。2021年新增列入国家支持的专精特新“小巨人”企业5家，实施智能化改造项目320个、5G应用示范项目6个，新增“浙江制造”标准10项、“品字标”企业9家，全方位推进高质量融合发展。同时，6家企业项目入选2021年浙江省智能工厂（数字化车间）、数量居全省第二位、宁波市首位；9家企业入选2021年省级新一代信息技术与制造业融合试点示范，其中个性化方向入选8家、位列全省各县（市、区）首位，宁波健信核磁技术有限公司1.5T无液氦超导磁体系统成为宁波市首个国际首台（套）产品。

（二）强化数字经济、形成两业融合新业态

推进数字经济系统建设，联合“揭榜”省家电和轴承产业大脑建设，家电产业大脑分平台宁波科院可信制造平台完成展示平台搭建，轴承产业大脑分平台已在宁波东煌轴承有限公司成功试点。推进“5G＋工业互联网”应用试点，宁波迦南智能电气股份有限公司等23家次企业项目列入宁波“5G＋工业互联网”试点计划库，宁波德曼压缩机有限公司、宁波龙华汽车零部件制造有限公司两家企业列入2021年度宁波市“5G＋工业互联网”试点项目。6家企业入选浙江省第一批制造业“云上企业”名单、居全省各县市区首位（与杭州临平并列第一）。新增工业和信息化部两化融合管理体系贯标认证企业7家，新增企业“上云”1 132家。魔蛋智能家电共享平台，通过智能化改造、柔性化定制，整合2 000多家整机生产企业、上百万个全国代理商等资源，构建智能家电“产品＋内容＋生态”全链条。众车联产业互联网平台，整合汽车产业链供应链上下游资源，提供云集采、供应链金融、智能制

造等创新服务。

（三）重组平台体系、构建两业融合新载体

做大做强产业平台，补链延链强链，进一步打造特色鲜明的产业集群，走好新型工业化道路。加快慈溪与前湾新区深度融合，加快重组后的浙江慈溪滨海经济开发区、慈溪智能家电高新技术产业园区等重大发展平台提升，将其作为产业转型升级、两业深度融合的支撑载体。其中，浙江慈溪滨海经济开发区着力发展智能家电、新材料、高端装备等主导产业；慈溪智能家电高新技术产业园区整合观海卫工业园西区、观海卫智能家电产业集聚区、附海镇南工业园区、逍林镇北工业园区、慈溪市小家电智造小镇和长河镇工业区块，重点发展智能家电、高端装备、数字经济核心产业（电子信息）等。慈溪高新技术产业开发区、慈溪市环杭州湾创新经济区、坎墩工业园区等 6 个开发区（园区）整合纳入前湾新区，形成了更好的市区联动效应，能更好地实现二三产业跨领域、大中小企业联动的融通发展。

【专家观点】

慈溪市积极探索两业融合路径模式，不断推动智能家电产业和服务业、汽车制造和服务全产业链、生命健康制造和服务业、氢能生产使用和制造业等实现深度融合、有机融合、绿色融合。在加快完善两业融合平台服务体系的同时，强化两业融合要素保障，不断完善政策，以改革创新的魄力为两业融合提供土地、金融、人才等关键要素保障。慈溪市加快两业融合的先行先试，效果十分显著，不仅系统重塑了现代产业体系，结合两化融合和两链融合抓手，打造两业融合新途径，而且强化数字经济、形成两业融合新业态，重组平台体系、构建两业融合新载体，切实深化业务关联、链条延伸、技术渗透，促进产业链、创新链、资金链等紧密衔接，将慈溪市打造成为全国制造业和服务业融合发展的特色样板区。**（陈晓东　中国社会科学院工业经济研究所）**

第四篇

探路径、创模式，
行业企业做融合

原材料工业

包头钢铁（集团）有限责任公司：两业融合助力钢铁和稀土核心产业价值链高攀

包头钢铁（集团）有限责任公司（以下简称包钢）成立于1954年，拥有内蒙古包钢钢联股份有限公司、中国北方稀土（集团）高科技股份有限公司两个上市公司，形成以钢铁、稀土两大主业为支撑，资源及综合利用、物流、煤焦化工、节能环保、装备及现代服务5个新兴产业协同发展的产业模式。2020年，该企业被国家发展改革委列入第一批先进制造业和现代服务业融合发展试点名单。

一、主要做法

（一）推进“稀土＋”转型发展，助力产业链延伸

包钢立足稀土产业的发展优势，推进“稀土＋”转型发展战略进一步实施，围绕稀土产业与研发设计、检验检测、信息服务等现代服务业的高效融合，打造专业化的行业商端服务平台体系，广泛提供社会化服务，充分发挥包钢的行业引领示范作用。一是推进国家稀土新材料创新基地建设。国家中心已进驻北方稀土新材料创新基地。做实稀土磁性材料及应用技术创新平台，在钕铁硼辐射磁环产业示范线方面，与包头稀土研究院、钢铁研究总院等单位合作，推动热压钕铁硼实现大规模量产，打破日本等国的技术壁垒。推动稀土储氢材料及应用技术创新平台建设，与包头稀土研究院等单位合作，项目已形成阶段成果；加强高性能储氢材料产业示范线建设。与包头稀土研究院、中国科学院长春应用化学研究所等单位合作，突破高容量储氢合金日本专利壁垒，推动其在新能源交通工具上的应用。二是推进国家新材

料测试评价平台行业中心建设。为全国稀土新材料技术研发机构、上下游企业提供测试评价的“一站式”服务和资源共享平台，为政府和主中心的战略决策、重大项目等提供技术支撑，形成具有国际先进水平的、稀土行业内权威的开放式测试评价中心。推动包钢由生产商向服务商的加速转变。

（二）推进智能制造建设，加快工业互联网创新应用

包钢在协同管理平台一期工程的基础上，围绕工业互联网、云计算、大数据等新兴技术手段在生产流程和业务管理领域的综合应用，加快推进企业信息化建设，强化信息化服务能力，进一步提升企业信息管理水平。在智能矿山方面，落实 5G 网络条件下无人驾驶及远程操控的智能矿山技术的开发及应用，加快推进智能矿山及安全运营建设，打造国家级无人驾驶露天矿示范样板工程。

（三）推进融合发展，打造综合服务体系

包钢以铁捷物流有限公司为主体，打造以集装箱运输和电子商务为特色的现代物流服务综合服务体系，丰富运输、贸易、仓储、深加工、金融发展模式内涵，持续推动供应链管理优化升级，实现制造业与服务业深度融合、协同发展。坚持包钢产融结合的发展理念，依托包钢的产业优势和金融业务资源，进一步优化套期保值、融资租赁等融资模式，持续提升金融服务实体经济的能力和水平，助推企业转型升级。

（四）提升绿色化水平，赋能碳达峰碳中和

包钢承担工业产品绿色设计示范企业责任，以生命周期评价（LCA）在线绿色设计平台为依托，大力开展钢铁、稀土产线及重点产品的生命周期评价，探索利用评价结果科学实施全产业链绿色改进，不断开发、生产、推广绿色设计产品，提升绿色产品供给能力和市场影响力。继续深入推进绿色设计能力，加快绿色制造体系建设；持续加强绿色设计创新开发能力和管理水平，切实发挥工业产品绿色设计示范企业引领带动作用。

二、试点成效

随着两业融合试点工作持续推进，包钢 2021 年实现合并营业收入 1 260.36 亿元，合并利润总额 103.60 亿元，上缴税费 69.58 亿元。在钢铁方面，可生产高速钢轨、石油套管、管线管、汽车板、高级管线钢、高强结构钢等高端产品。在稀土方面，是集稀土生产、科研、贸易、新材料于一体的跨地区、跨所有制的行业龙头企业，形成以稀土资源为基础、冶炼分离为核心、新材料领域为重点、终端应用为拓展方向的产业结构，形成上下游完整产业链条，稀土选矿、冶炼分离产能产量全球第一。

【专家观点】

包钢秉承创新、绿色发展理念，通过开展两业融合，在做强做优钢铁和稀土两大核心产业的基础上，丰富运输、贸易、仓储、深加工、金融等业态，推动制造业向价值链的高附加值两端延伸，逐步形成了“主业突出、多元协同”的发展格局，有力地提升了企业整体生产效益和国际竞争力，为原材料企业开展两业融合提供了可借鉴的路径模式。包钢实施“稀土＋”转型发展战略，围绕稀土产业与研发设计、检验检测、信息服务等现代服务业的高效融合，以稀土为“链”延伸拓展高端产业，有力促进产业链延伸和产品高附加值转化，实现了稀土优势再造。**（李子文　中国宏观经济研究院产业经济与技术经济研究所）**

江西赣锋锂业股份有限公司：依托锂全产业链优势 推动服务型制造

江西赣锋锂业股份有限公司（以下简称赣锋锂业）成立于2000年3月，业务贯穿上游锂资源开发、中游锂盐深加工及金属锂冶炼、下游锂电池制造及废旧电池综合回收利用等产业链的各重要环节，产品涵盖金属锂、碳酸锂、氢氧化锂、丁基锂、锂离子电池、锂电池材料等五大系列四十多种。赣锋锂业锂矿资源遍布全球多个国家及地区，同时拥有卤水提锂、矿石提锂、回收提锂产业化技术，具备电池制造及回收能力，为电动车、电池、电子设备等厂商提供完整的原材料供应、电池定制、废旧电池循环利用方案。2021年，该企业被国家发展改革委列入第二批先进制造业和现代服务业融合发展试点名单。

一、主要做法

（一）开展产学研用合作，提升两业融合发展能力

赣锋锂业主动加强与国内相关领域知名高校、科研院所开展产学研用合作，充分利用高校与科研院所的人才智力优势，提升企业两业融合发展水平。2021年，企业与上海交通大学、中国移动智能研究院、江西省智能产业研究院等高校与科研院所在“5G＋”、工业互联网、智能制造等方面建立了长期合作关系。其中，与江西省智能产业研究院联合开发的废旧锂电池拆解装置，实现了废旧锂电池智能化精准安全拆解，可在密闭环境下无人值守拆解，劳动生产率提升25%以上，大幅改善了现场操作环境，解决了废旧锂电池拆解过程粉尘环境污染问题，经济社会效益显著。

（二）构建集团协同管控平台，优化智慧供应链管理

现代的集团公司通常组织机构庞大、产品多元化、涉及产业链长，存在信息不

对称、管理效率低等难点与痛点，对此赣锋锂业基于现有管理模式与产业特性，构建集团协同管控平台，深度融合“5G＋”、互联网、大数据、云计算等信息化技术，对集团应用信息化管理系统（NC-ERP）进行二次开发，打造集“研发设计—项目管理—生产管理—仓储—质量—采购—销售—财务—市场—物流”于一体的集团全面资源信息管控平台，该平台整合集团公司、子公司、主要供应商及客户信息等企业内外部资源，实现全集团及供应商与客户相关信息共享、互联互通、快速响应、资源统一调度及全员安全智能可视化管理，大幅提升企业管理效率。

（三）打造共享生产平台，为行业提供生产性服务

赣锋锂业依托国家企业技术中心、国家地方联合工程研究中心等科研平台，建设锂电材料公共服务平台，该平台立足新余国家锂材料及应用高新技术产业化基地，为江西省乃至全国锂电材料领域内中小微企业提供锂电材料检测、公共安全检测等公共技术服务，延伸产业链条的同时，实现资源的高效利用与价值共享。

（四）推动产品全生命周期管理，实现资源的循环利用

赣锋锂业业务贯穿锂产业上中下游全产业链，实现了锂资源的闭路循环。企业发挥锂循环生态链优势，与下游客户建立了长期合作关系；建立产品经理全链条管理模式，针对不同锂产品，跟踪产品开发、产品使用到资源回收再利用全流程，实现全生命周期管理；从回收的废旧锂电池中提取锂、镍、钴、锰等有价金属，并将该类资源再次投向锂产业链，形成资源的良性循环。

二、试点成效

随着两业融合试点工作持续推进，赣锋锂业在建设智能工厂、开展柔性化定制、发展共享生产平台、优化供应链管理、发展原材料工业和服务业融合等方面取得了突破，推动企业高质量跨越式发展，2021 年实现销售收入 110.4 亿元，同比翻番，实现净利润 52.3 亿元，同比增长 410%，服务中小企业 138 家，服务业收入 24 亿元，同比增长 106%。企业安全事故减少 30% 以上，由安全事故产生的经济损失

降低 40% 以上。仓库储存量提升了 3 倍，年节约人力成本 600 多万元，设备使用效率提升 20% 以上。流程审批效率提升 30% 以上，产品出货周期缩短 15% 以上，企业成本利润率提高 10% 以上，库存周转率提高 20% 以上，总资产周转率提高 10% 以上，现金周转期提高 10% 以上。

【专家观点】

赣锋锂业通过探索前端技术研发合作、建设智能工厂、发展共享生产平台、优化供应链管理、强化全生命周期管理等模式，向研发与服务端深度延伸，实现了原材料产业与现代服务业的融合发展。企业积极布局全产业链，已形成覆盖上游锂资源开发、中游锂盐深加工以及金属锂冶炼、下游锂电池制造及废旧锂电池综合回收利用等垂直整合业务模式，实现了附加值增值与绿色环保的双赢。赣锋锂业积极发挥龙头带动作用，开展延链、强链、补链等措施，超前介入、主动服务，助力下游产业做大做强，起到了两业融合试点企业应有的引领作用。**（李忠娟　中国产业促进会）**

攀钢集团有限公司：聚力智能化发展深度推进两业融合

攀钢集团有限公司（以下简称攀钢）始建于1965年，已形成独具特色的钒、钛、钢铁系列产品。钢铁产业拥有以重轨、板材、特钢等为代表的系列精品、名牌产品。2020年，攀钢被国家发展改革委列入第一批先进制造业和现代服务业融合发展试点名单。

一、主要做法

（一）建设“5G＋远程采矿”项目

基于攀钢朱兰铁矿露天矿场穿孔、采运管理现状，结合实际生产工艺流程，围绕本质安全、降本增效等核心建设目标，针对作业面钻机远程操控、电铲远程操控、矿卡无人驾驶3个核心场景，在5G、北斗高精度定位、雷达检测、物联传感、视频AI及边缘计算技术支撑下，解决露天矿采面工作设备远程操控及无人驾驶中的高清视频大带宽上行、控制指令低时延高可靠等问题，实现钻机、电铲的远程控制，矿用自卸车的自动驾驶及远程操控功能，并做好矿山传输基础网络及边缘计算资源支撑，为矿山设备及数据互联互通打下基础，为建设高效、绿色、智能的采场新生产管理体系奠定基础，结合3D地质建模和3D地理信息系统技术，实现从计划、设计、穿爆、铲装、破碎、运输、抛尾等采矿生产全流程的自组织、自优化。

（二）建设钒氮合金示范产线两化融合项目

攀钢在钒氮合金作业区开发应用无人天车、AGV无人叉车、卸料工业机器人等智能装备，以及自动包装机、筛分装置和自动割袋机等自动设备。项目投用后，实现了工序物流自动化、产线数字化、生产可视化、制造智能化、绿色环保化，提高了工厂自动化、信息化、数字化、智能化水平和作业效率，减轻了工人劳动强度。

（三）建设攀钢钒重轨数字产线

利用大数据、云技术、智能算法等技术，以轨梁厂万能二线生产数据为基础进行数字化工厂建设。围绕“数字化生产、数字化钢轨、数字化设备”核心目标，运用47个质量波动根因分析、67个关键过程参数寻优任务，构建数字化管理应用大数据平台，建立了“支管理”“米跟踪”“黄金批次寻优”“质量根因分析”“过程符合性评价”“设备故障劣化趋势分析”6个大数据应用，为现场生产调度、质量管理、设备保障提供有力数据支撑，实现了产品数字化、设备数字化、工艺智能化、生产管控精益化。

（四）建设西昌钢钒钢铁大脑

利用大数据分析，人工智能，机器学习等技术，优化炼钢各工序模型，实现钢铁料消耗减少1公斤/吨，降低生产成本；分析板材表面检测数据，建立智能质量分级及质量判定模型，实现带钢表面质量智能判定，减少人工判定的操作因素带来的误差，降低人工使用量。同时，以四维判钢建设为核心目标，基于机理模型和数据模型，建设组织性能预报及智能金相分析功能系统，对钢材产品质量进行分析，实现对产品性能质量进行全方位的分析和评估，减少性能检测的分析漏检率，提升对产品性能整体的把控。

（五）推动攀长特智能生产两化融合

攀钢改造、完善基础自动化系统，实现对攀钢集团江油长城特殊钢有限公司主要产线关键设备基础自动化系统的覆盖。建设以数据规划、数据分析、数据驱动为主线的生产数字化系统，实现机器与机器、机器与人的多层次数字化闭环运作；主要作业区危险作业、生产节奏重复区域部署智能工业机器人（机械手）。

（六）打造海星工业互联网平台

攀钢围绕企业数字化、网络化、智能化转型目标，充分运用5G、AI、数据技术（DT）、大数据等新一代信息技术，结合钢铁、钒钛行业特点，打造工业互联网平台架构，为制造企业构建基于海量数据采集、汇聚、分析、应用的服务体系以及连接全域生产要素的生态系统。平台帮助企业提升产品质量和生产效率，并进一步形成连接上下游合作伙伴的钢铁协同生态圈。

（七）打造积微物联CⅢ产业互联网综合平台

攀钢围绕推动数字经济和实体经济深度融合，利用先进制造业基础和工业互联网设施基础，整合新一代信息技术，构建和涵养云制造产业集群生态，面向社会提供智能制造、协同制造、云制造服务，走出一条四川本土特色的发展道路。打造线下实体物流基地供应链，搭建线上积微族群拓展产业链，发展线上线下融合产业生态圈。

二、试点成效

攀钢在制造业、现代物流、新材料研发等领域持续融合创新，运用人工智能、大数据、云计算、物联网等先进信息技术，打造数字化生产线，整合改造传统产业，打造产业数字化、数字产业化、数据价值化，引领行业转型升级，推动攀钢从钢铁材料制造向提供钢铁钒钛定制化新材料解决方案转变，从生产制造型企业向服务制造型企业转型，取得明显成效。

攀钢坚持贯彻新发展理念，大力实施智能制造项目70余项，目前已上线投用65个，预计优化人力资源1 040人以上，创效1.5亿余元。率先在全国钢铁行业引入ET工业大脑，行业首家实现在线智能炼钢，每年节约炼钢成本上千万元，率先建成了西部首张“5G + 工业专网”，推动无人吊车、无人叉车等在钒氮合金生产线成功投运，利用大数据打造国内首条钢轨数字化生产线，实现了钢轨生产工艺智能化，推进MES、自动化改造、智慧炼铁、智慧板材等数字化智能化转型项目的推进建设，将加快解决攀钢发展瓶颈，推进攀钢实现高质量发展。此外，攀钢还创建了一批试点企业，打造了一批试点平台，全力推动先进制造业和现代服务业相融相长、耦合共生。

【专家观点】

攀钢在加快制造业和服务业融合建设过程中，针对多业态、多形态、发展不平衡的实际，破解自身发展过程中存在的痛点和难点，在制造业、现代物流、新材料研发等领域持续融合创新。企业大力实施新一代信息技术与钢铁工业深度融合，加快数智化转型发展，运用人工智能、大数据、云计算、物联网等先进信息技术，建设智能工厂、智慧园区，打造数字化生产线，整合改造传统产业，强化全生命周期精细化管理，提升了企业柔性生产和智能制造水平，实现了从钢铁材料制造向提供钢铁钒钛定制化新材料解决方案转变，从生产制造型企业向服务制造型企业转型。**（姜尚清 中国钢铁工业协会）**

青海中钛青锻装备制造有限公司：由单一装备制造商向整体解决方案商转型

青海中钛青锻装备制造有限公司（以下简称中钛青锻）前身是1966年建厂的青海锻造厂，2018年11月30日由中钛新材料集团股份有限公司与新疆康泰投资集团有限责任公司完成股权并购更名为青海中钛青锻装备制造有限公司。中钛青锻致力于生产各类大尺寸模锻件、特别是大尺寸航空锻件、船用锻件，产品涉及航空航天、能源化工、海洋工程、轨道交通等多个领域。2021年，该企业被国家发展改革委列入第二批先进制造业和现代服务业融合发展试点名单。

一、主要做法

（一）学习——共建产学研用平台，优势互补、互惠双赢

中钛青锻依托青海省铸锻工程技术研究中心和青海省企业技术中心，积极同国内高校、科研院所及大型企业开展合作，共建产学研用合作平台。通过引进、聘请等手段，从行业重点单位引进挤压、锻造工程师9名，聘请专家顾问10名，以平台优势为依托、具体项目为载体，不断吸引高端人才，建成了一支结构合理、人员稳定的技术团队。依托平台的人才、科研、项目、设备、信息等资源优势，在技术研发、技术转移、技术服务和人才培养方面不断突破，使企业具备了研发生产各种钛合金、高温合金、高端铝合金、高品质不锈钢大口径无缝管材、大直径棒材及大尺寸锻件的能力。

（二）创新——构建信息化平台，数字赋能、创新驱动

中钛青锻打造创新驱动新引擎，大力发展以辅助设计、系统仿真为基础的技术中心，实现了产品研发设计可视化，融合运用精益生产理念进行设计优化，达到了

生产流程最优化、结构布局合理化、生产过程节能降耗的效果。数字赋能方面，启动应用从销售、研发、采购、生产、库存、服务等基本增值活动到财务、人力资源、协同办公等业务流程的信息化管理平台，实现了从“原材料入厂检测—生产—机加工—热处理—理化检测—发货”整个过程信息互联互通。

（三）品质——建设产品保障体系，检测升级、质量卓越

中钛青锻建立并完善产品生产所需的质量保障体系，在原有认证的基础上扩充了能源管理体系认证、压力管道特种装备制造许可证认证。完成检测中心和实验车间改造，新增各类试验及检验设备仪器约 60 多台（套），为企业产品研发及生产制造提供可靠的检测数据和质量保证。运用完整的检测链条，实现了产品制造、交付、维护、再制造、报废的全生命周期数字化管控。

（四）分享——打造产业共享平台，技术共享、协同发展

中钛青锻利用企业富集资源面向社会开放钛合金产品开发、设计、制造、技术信息等资源，提供研发设计、检验检测、质量监控等服务，实现资源高效利用和价值共享。由清华大学设计、企业自主建造的 680MN/260MN 挤压 / 模锻机组是世界唯一同时具备挤压、模锻功能的压机机组，挤压能力排在世界首位，具备自动化生产条件。企业聘请清华大学设计团队和美国奥盖尔团队作为该机组服务团队，共同持续挖掘、提升核心设备的研发潜力。组织承办了 680MN 挤压 + 模锻双功能液压机合作座谈会，签署了一系列依托 680MN 挤压 / 模锻机组的技术研发项目，通过共享企业的先进设备带动了行业的共同发展。

（五）服务——创建多元化服务体系，牢记使命、共生共荣

中钛青锻为客户建立完备的电子档案，精准分析客户需求，提供可定制的产品服务。服务地方方面：依托中钛青锻现有的技术和专业化优势，推进制造业服务化，为青海省新材料产业建链、补链、强链。服务国家方面：瞄准具有前瞻性、战略性的国家重大科技工程项目，帮助国家解决航空发动机、燃气轮机、新型火电机组等重点工程“卡脖子”问题，实现关键大部件制造自主可控。

二、试点成效

中钛青锻持续深入推进两业融合试点工作，不断加快工业互联网创新应用、推广柔性化定制、发展共享生产平台、加强全生命周期管理、优化供应链管理、拓展服务衍生制造、建立科普基地等，加快业态模式创新，释放融合发展潜力，实现了从传统的以产品为中心的发展模式向以客户需求和产品服务系统为导向的综合制造模式转变。由制造环节向研发设计和营销服务两端延伸，逐步形成全产业链条；将原来的自我服务外包给专业服务提供商完成，实现制造业与服务业共生；产学研用合作模式发挥巨大作用，拓展产品领域，衍生企业核心知识产权。

【专家观点】

在推进先进制造业与现代服务业深度融合过程中，中钛青锻通过建设智能工厂、升级工艺中心、推广柔性化定制、加强全生命周期管理、优化供应链管理、拓展服务衍生制造、发展共享生产平台等方式，推动企业由单一的装备制造商逐步向具备咨询设计、定制生产、综合服务的整体解决方案商转型。同时，该企业拓展共建产学研用合作平台，聚焦重点工程"卡脖子"问题，实现关键大部件制造自主可控，并面向社会开放钛合金产品开发、设计、制造、技术信息等资源，提供研发设计、检验检测、质量监控等服务，带动行业发展、服务地方产业的做法，很有推广借鉴的价值。**（李子文　中国宏观经济研究院产业经济与技术经济研究所）**

装备制造业

北京全路通信信号研究设计院集团有限公司：“制造 + 服务”“产品 + 服务”打造全链条服务能力

北京全路通信信号研究设计院集团有限公司（以下简称通号院）成立于 1953 年，前身为铁道部电务设计事务所，是中国铁路通信信号股份有限公司下属全资子公司。通号院主要是以轨道交通控制技术为特色的综合性研究设计和装备制造集团企业，覆盖信号、通信信息、电力电气化、土建、建筑等专业，包含系统研究、标准制定、应用开发、设计咨询、检验检测、集成交付、生产制造、运营维护的完整业务链。该企业在高铁列控市场占有率达到 80%。2021 年，该企业被国家发展改革委列入第二批先进制造业和现代服务业融合发展试点名单。

一、主要做法

（一）打通研发和制造环节壁垒

通号院通过企业组织结构重组改革，促成业务流程的优化、简化。加强产研融合全流程的一体化，打通研发和制造环节壁垒，减少不必要的重复冗余投入，提高产品转化效率和质量，提升全产业链的“一站式”服务能力，实现“1+1>2”的战略目标，助力企业高质量发展。

（二）打通设计者、制造商和终端用户之间的壁垒

通号院通过持续推进高速铁路列控系统装备完全自主化研发和产业化设计，建

立高效完整的现代化检测监测装备体系和运维技术体系，开展列控系统装备的系统研究、研发设计、测试验证、生产制造、工程应用、使用维护的全产业链融合，积极推进制造业服务化。同时，积极推动数字化、智能化发展，以产业链为枢纽加快产业转型升级，利用工业大数据推动企业向价值链、产业链两端及周边延伸，融入更多的科技创新要素，打通设计者、制造商和终端用户之间的壁垒，加快“制造＋服务”的两业融合。

（三）提升加工制造数字化水平

通号院充分利用生产资源，实现自动化生产检测装备部署应用，提升产品先进制造生产能力，提高产品的生产效能。通过先进制造技术的研究和自动化制造装备配置，利用通号院研发生产业务融合优势，提高企业生产能力和效率、降低生产成本，继续扩大当前行业内其他信号企业的集成业务，并拓展新领域产品代工生产业务，快速提升产品代加工生产服务输出，加快两业融合标准体系建设。

二、试点成效

通号院打造了“制造＋服务”新业态。从产品产业化设计及工艺提升、芯片物料自动检验、物料供应链管控研发入手，增强生产企业与上下游厂商的合作，提出明确的需求，提升供应商的管控机制，在管理手段上提升物料的质量。同时，开展制造执行、车间设备控制、供应链管理以及智能服务等高端工业软件的核心技术，加快发展具有自主知识产权的 MES、ERP 等业务管理软件，嵌入式数据库系统与实时数据智能处理系统、数据挖掘分析平台、基于大数据的智能管理服务平台等数据管理软件，推动了工业软件产业化发展。

通号院建立了“产品＋服务”新模式。依托企业现有产品测试验证平台，建立完全自主化列控系统装备综合验证平台，满足列控系统装备的综合测试、模拟负载验证、电磁兼容及环境综合验证，实现向工业软件和测试服务业延伸。该综合验证平台已向深度自主化产品、列控系统产品生产制造企业以及行业伙伴提供了测试服务。

通号院构建了提供软实力新服务。基于工程应用的集成、接口、工程适配等稳定性需求，进行装备仿真模型建设、集成接口平台建设、一体化数据配置中心建设、列控装备车地模拟仿真平台建设、列控装备线路环境模拟仿真建设，通过仿真与实物相结合的方式，实现产品的工程应用方案验证、工程数据配置、模拟运行、集成接口能力验证的仿真，以实现自主化列控系统装备满足不同工程线路的需求，达到工程应用的能力和系统集成能力，提升企业针对终端客户的工程验证服务水平，实现软实力服务输出，提升用户体验感。

【专家观点】

通号院在推动两业融合发展过程中，始终按照“制造＋服务”“产品＋服务”的发展思路，围绕轨道交通运输开展智能控制与运营维护装备的研发、制造、集成和应用，加快推进研发、生产及运维服务，构建安全控制专用低延时、高安全、高可靠和互操作平台，推动列控系统装备的系统研究、研发设计、测试验证、生产制造、工程应用、使用维护的全产业链深度融合，整体带动产业链上下游协同发展，提升全产业链的“一站式”服务能力，以高质量的服务赋能轨道交通控制信号产品制造高质量发展，实现了从单一制造向“制造＋服务”“产品＋服务”转型，提升了企业核心竞争力。（**李子文　中国宏观经济研究院产业经济与技术经济研究所**）

河北先河环保科技股份有限公司：环保设备制造向“生产 + 服务”转型

河北先河环保科技股份有限公司（以下简称先河环保）成立于1996年，是集环境监测、数据服务、综合治理于一体的集团化公司。企业主营业务包括环境监测设备的生产与销售、运营和咨询服务、建筑工程施工业务，主要产品包括空气质量连续自动监测系统、水质连续自动监测系统、污水在线自动监测系统、烟气在线自动监测系统、酸雨自动监测系统等五大在线监测系统以及数字应急监测车等。2021年，该企业被国家发展改革委列入第二批先进制造业和现代服务业融合发展试点名单。

一、主要做法

（一）聚焦技术创新，提升企业核心竞争力

先河环保持续加大科研投入力度，建立了国家工程实验室、省级企业技术中心、省级工程技术研究中心，与国内各大院校建立紧密的技术合作，加速科技成果的研发与转化，形成产学研用一体化平台，开发出多项具有自主知识产权的核心技术，共拥有专利189项、软件著作权257项（含子公司）。企业基于物联网与大数据技术创新性搭建了集感知、预警、监测、监管、分析、决策于一体的智慧生态环境精准管理信息化平台，引领我国环境监测全面进入环境物联网时代；依托物联网、大数据、云计算、人工智能、5G等前沿技术，构建生态环境治理大脑，实现城市环境的智慧化监测。

（二）打通关键环节，推动全产业链多元化发展

先河环保打通关键环节，向下游延伸生态环境全产业链综合服务；利用物联网技术，布置“小、快、灵”的微型空气、水环境监测传感器，实现精准溯源。为政

府提供集监测、咨询服务、治理于一体的全方位、“一站式”环境改善方案；利用大数据，综合气象数据、地理信息数据、多种环境质量模型等实现环境问题分析研判，并实时提供管理咨询、管控与治理方案。

（三）强化数字赋能，推动产品智能化、个性化、服务化发展

先河环保打造环保管家信息化平台，综合运用5G、遥感、云计算、物联网、大数据、人工智能、模型算法等新一代信息技术，实现“传统环境监测 + 大数据信息化”深度融合。推出“环保管家”服务模式，提供“一企一策”个性化解决方案和个性化设备定制，实现由提供产品向提供“产品 + 服务”模式转变。带动设备销量增长，提高了产品市场占有率。

二、试点成效

通过推进两业融合试点工作，先河环保服务性收入持续提升，2021年，服务性收入达到4.5亿元，占当年营业收入的40.2%。同时，“产品 + 服务”模式助力企业在环保设备市场占有率大幅提升，2020年、2021年自主研制设备销售额均超3.1亿元。

两业融合试点工作还取得了良好的环境效益和社会效益。企业通过“环保管家”信息化平台，协助各地政府部门建立长效管控机制，服务市县的空气质量获得明显改善。2021年，助力石家庄退出全国空气污染后十名城市。永年区、宁晋县、清河县、肇庆市和赣州市等地区2021年空气污染综合指数比2019年分别下降29.99%、31.16%、26.17%、20.61%和19.79%，$PM_{2.5}$和NO_2浓度下降比率分别达到20%以上和12%以上。

【专家观点】

先河环保立足于先进的技术水平和环保装备生产制造基础，打磨核心技术，搭建智慧生态环境精准管理信息化平台，大力向环境污染第三方监

测和治理领域延伸，提供生态环境全产业链综合服务，实现了企业由环保设备制造商向“产品+服务”供应商的转型。通过打通关键环节，向下游生态环境全产业链综合服务深度延伸，为地方或产业发展构建“生态大脑”整体解决方案，通过数字赋能，促进“传统环境监测+大数据信息化”进一步深度融合，实现了从环境监测到精细化管控、大数据分析、智慧治理的转型，为环保装备制造和生态环境服务两业融合发展探索出了新路径，值得相关企业借鉴。**（韩龙艳 合肥工业大学经济学院）**

经纬智能纺织机械有限公司：两业融合赋能企业全面转型高质量发展

经纬智能纺织机械有限公司（以下简称经纬智能公司）位于山西省晋中市山西转型综合改革示范区晋中开发区，隶属于中央直接管理的国有重要骨干企业、世界500强企业——中国机械工业集团有限公司，是全球规模最大的纺织机械企业，已逐渐成为一家综合性服务供应商。2021年，该企业被国家发展改革委列入第二批先进制造业和现代服务业融合发展试点名单。

一、主要做法

（一）建设产品集成研发与创新体系，加快智能化产品和基础性、原创性技术开发

经纬智能公司调整完善研发与产品创新管理组织架构，建立了公司创新体系组织模式，将产品开发由技术主导转变为市场需求主导。产品管理团队（营销、研发、交付团队）与产品线合同订单经营绩效（利润、回款等）挂钩，激发了产品全生命周期管理核心团队的积极性和创造力。建设产品集成研发与创新体系，加快智能化产品和基础性、原创性技术开发，在完善研发创新体系的基础上，持续推出“高速高效、自动化、智能化、清洁节能、免维护”产品，突破关键核心技术，加快产品数字化转型。制定并实施新一代产品电气控制系统方案，将设备电气系统软硬件及操作界面全部统一，方便用户操作。

（二）打造产品全生命周期精品工程，促进企业向服务制造型企业转型

经纬智能公司实施“铁三角”订单交付模式，不断提高安装服务质量，打通

“交钥匙工程”的最后一公里，为客户提供棉纺成套解决方案。构建细纱机远程运维大数据平台系统，致力于打造“一个纺织工业大脑＋三大技术支撑中心＋一个行业场景化套件工厂＋N 个高价值业务”的应用系统。为客户量身定制“成本低、质量高、见效快”的经纬特色升级改造方案，解决客户资金压力。加大专件产品智能制造投入，做好专备件销售网络建设。

（三）加大技术创新实现标准引领，加快先进技术转化

经纬智能公司持续推进山西省高端纺织机械装备制造标准基地建设。利用两年时间建成山西省技术标准创新基地（高端纺机装备制造），提升产品和制造水平，积极主导行业标准修订，促进行业整体制造水平提升和结构调整、转型升级。主持修订了棉纺环锭细纱机、棉精梳机等主要产品的行业标准。2021 年，企业主持了《纺织机械铭牌　第 2 部分：内容》行业标准编制，参与了《纺织机械产品涂装》行业标准修订并发布。

二、试点成效

随着两业融合试点工作推进，经纬智能公司产品创新实现突破，试制完成新一代平台式细纱机，研制成功细纱机单锭单控、整节装箱、接头机器人等一批新技术，远程运维技术在细纱机和精梳机上成熟应用，有序推进电气控制系统重构、仿真技术研究、设计软件平台建设等专项技术，为产品数字化发展奠定了良好基础。同时，企业率先在行业内推出无人值守车间和智慧纺织工厂，棉纺数字化车间项目通过国家智能制造装备发展专项验收，树立了行业内智能化产品标杆。企业重点打造武汉裕大华纺织服装集团有限公司“全流程智能纺纱新模式运用”项目，顺利通过国家智能制造新模式项目验收，实现了信息系统与工艺装备、物联网系统的精密集成，为从传统纺纱生产到智能化转型升级创新奠定了坚实的基础，确立了企业在智能纺纱领域的标杆地位。用户满意度稳步提升，伴随着产品质量、服务水平、交付周期、性价比等用户关注的企业核心能力的提升，经纬智能企业的顾客满意度持续提升。企业竞争实力显著增强，细纱机长车产品在国内市场占有率达到 70% 以

上，精梳机市场份额达到 45% 以上。自主研发的多项产品在自动化、智能化、数字化领域取得重大突破，将客户万锭用工由 50 人降为 15 人。

【专家观点】

经纬智能公司在高端纺织装备制造领域，积极探索并提供综合解决方案，形成了可复制的两业融合发展路径。该企业将产品管理团队与产品线合同订单经营绩效挂钩，促进研发成果的应用与推广，大幅提高了创新效率。同时，积极向研发端延伸，加强基础技术研究、产学研合作等方面工作，攻克前沿技术，自主研发水平大幅提高。经纬智能公司坚持以客户为中心的柔性化定制，在柔性生产线、机器人、传感器、认知技术等方面重点发力，为客户量身定制"成本低、质量高、见效快"的经纬特色升级改造方案。充分利用数字化技术，加强全生命周期管理，实现产业链上下游协同发展，服务环节与制造环节相互渗透融合，推动纺织产业模式向"定制化规模生产"和"服务型生产"转变。**（刘增华　北京工业大学）**

内蒙古北方重型汽车股份有限公司：数智化融合推动矿用车向价值链高攀

内蒙古北方重型汽车股份有限公司（以下简称北方股份）位于内蒙古包头国家稀土高新技术产业开发区。北方股份成立于1988年，现为中国兵器工业集团内蒙古北方工业集团有限公司旗下上市公司，主营业务为研制系列非公路矿用车及相关零部件，从事产品销售并提供售后服务、劳务服务、技术服务等业务，产品及零部件维修（包括大修）、租赁业务，土石方工程业务，保税库业务。北方股份是中国非公路矿用自卸车行业龙头企业，建有遍布全国、辐射全球的营销服务网络，常年占据国内80%以上市场份额，产品出口量占到总销量的50%以上。2021年，该企业被国家发展改革委列入第二批先进制造业和现代服务业融合发展试点名单。

一、主要做法

（一）提升科技创新能力，实现自主可控

北方股份不断提升技术研发创新水平和自主可控能力，大力推进与工业互联网、大数据等信息技术的融合，促进矿用车产品向价值链的设计和服务两端延伸，实现向服务型制造企业的转型升级。试点期内，大力推进国产化电动轮交流驱动系统、油冷盘制动器、电气元件、矿用车主动安全性能、动力系统等关键技术的研发和升级，初步实现了关键零部件的自主可控；实现了无人驾驶矿用车小批量验证，并推进其在智慧矿山的应用；不断提升企业的正向设计能力，强化多学科协同仿真分析技术的掌握程度；完善产品试验手段，加大了对矿用车基础数据的积累，逐步建立产品的大数据库和数字化模型，完善产品集成创新研发能力。

（二）推动智能工厂建设、建立上下游贯通的工业互联网平台

北方股份在已开展的智能制造、两化融合的基础上，紧密围绕矿用自卸车制造领域和用户智慧矿山建设的关键环节，开展新一代信息技术与制造装备、现代化服务融合的集成创新和工程应用。紧扣关键工序智能化、关键岗位机器人替代、生产过程智能优化控制、供应链优化，建设重点领域智能工厂 / 数字化车间，推动制造向数字化、网络化、智能化迈进。深入应用 5G、工业互联网、云计算、大数据、人工智能等新技术，深度融入国家智慧矿山建设，积极探索提供“矿车 + 互联网”解决方案，联合相关方，力争为矿山提供平台层、通信层、应用层全方位的无人驾驶整体解决方案。

（三）通过定制化柔性化生产、全生命周期管理，有效延伸产业链

北方股份通过定制化柔性化生产、全生命周期管理，有效延伸了产业链，向服务提供商转型。以用户需求为出发点，设计、工艺、制造、质量、运维全生命周期的协同，提高对客户个性化需求的快速满足能力。对现在正在服役的传统矿用车，运用自有的智能化、信息化和无人驾驶技术进行定制化和柔性化改造，助力智慧矿山建设。

（四）探索创新商业模式，打造全生命周期服务的品牌

北方股份依托车联网远程故障诊断服务平台，通过企业信息总线服务，打通车联网与服务平台数据接口，通过打通从研发到工艺、计划、采购、生产、服务、销售、财务的业务流和数据流，为整车销售、产品维修、大修和工程承包提供基础。全力拓展国际市场，借势“一带一路”大力拓展海外市场。

二、试点成效

北方股份通过信息化、智能化服务与矿用车设计、试验验证、生产制造的融合，促进了制造业升级。同时，搭建了工业互联网平台，提升了智能制造水平，提

高了生产效率和产品质量。信息系统综合集成，管理信息化能力全面提升。依托研发创新，提升了矿用车产品智能化、信息化、无人化，提升了核心技术自主可控程度，实现了产业链延伸和优化升级，深度参与了智慧矿山建设。

北方股份具备年产 1 000 台矿用车的生产能力。拥有 TR 系列载重 28 ~ 91 吨机械传动矿用车（含矿用洒水车）、NTE 系列载重 110 ~ 360 吨电传动矿用车，多项产品填补国内空白。

【专家观点】

北方股份通过提升技术研发创新水平和自主可控能力，大力推进产品与工业互联网、大数据等信息技术的融合，通过定制化柔性化生产、全生命周期管理，有效延伸了产业链。实现全面由装备制造业向服务型制造企业、向一流系统解决方案提供商转型升级。在产品的个性化定制方面，北方股份探索出了自己的一套“拳法心得”，如针对在用矿用车数量巨大、替换新车成本较高等现实，创新性探索出在用矿用车无人驾驶改造方案并成功实施；响应客户的定制化要求，构建全生命周期运行成本最低的矿用车和矿山运输系统解决方案。这些做法值得相关企业借鉴。（**韩龙艳　合肥工业大学经济学院**）

徐工集团工程机械股份有限公司：打造面向全球的工程装备解决方案一流服务商

徐工集团工程机械股份有限公司（以下简称徐工）是徐州工程机械集团有限公司业务最核心板块，是聚焦工程机械核心主业的重要企业，主要产品涵盖起重机械、挖掘机械、矿业机械、道路机械等16大类主机和液压、传动、电控3大类关键零部件，在2022年英国KHL集团有限公司发布的全球工程机械制造商50强排行榜位居中国第一、世界第三。2020年，该企业被国家发展改革委列入第一批先进制造业和现代服务业融合发展试点名单。

一、主要做法

（一）以研发创新，增强制造能力“硬核”水平

聚焦徐工产业发展的重大战略性产品，利用企业研发技术中心等研究平台，快速解决市场急需关键零件和重要零件，推动徐工马达、泵、电池包、电机等新产业布局；加快推进系列多档箱、港机变速箱、大型矿用减速机产品、G2断开式驱动桥、系列成套化液压系统和AP280柱塞泵的批量配套应用。持续跟踪已完成的25类通用件落地实施情况，新增驾驶室骨架结构型材、玻璃、密封条等通用件统型研究，走出了一条自主摸索、技术引进、自主创新的产业技术发展之路。

（二）以数字技术，打造全价值链智慧化服务体系

徐工汉云技术股份有限公司完成了汉云标识平台2.0产品研发，标识解析数量超过60个亿；设备画像公有云产品已服务近200家企业，设备画像完成5个细分产品研发；完成了5G智能终端、应急专用终端、终端显示器一体机等新产品研发。在大数据、云计算、物联网、人工智能等数字技术基础上建立“智＋”系列

供应链信息化平台，实现数字技术在研发设计、生产制造、供应链、销售、服务等各环节的全面覆盖、渗透融合和综合集成，建成面向全球的全价值链一体化的智慧徐工蓝图。

（三）以精准融合，实现服务链价值链协同高效发展

在现代供应链方面，驱动供应链资源，降低供应链运营成本。优化全球数字化供应链系统应用，补齐供应链管理短板，推动供应链管理体系标准化、规范化、流程化、制度化、数字化“五化”能力提升。在金融服务方面，不断强化对上下游用户的支持，推动金融科技迭代升级，将产业链全数字化系统与智能风控模型系统有机融合，打通产业链金融与终端客户间的“最后一公里”，创新开展金融机构风险共担模式，引导金融机构将角色定位由“资金供给”向“风险协同管控”转变。在电商平台方面，推进“丝路电商”项目，建成“线上＋线下”深度融合的智慧运营渠道体系，打造线上爆款，满足客户多样化采购需求。在后市场备件服务方面，贯彻国际化战略不动摇，持续推进海外网点建设布局，强化海外资产风险管控；新建南非、印度尼西亚、墨西哥、加拿大、美国、俄罗斯等 6 个国家、10 个海外自营网点；海外预计投放备件 2 亿元以上。

二、试点成效

2021 年，徐工制造服务业业务收入占全部营业收入的 30.9%，制造服务业业务收入同比增长 21.3%，企业连续多年保持制造业服务收入占全部营业收入的 30% 以上，经济效益显著。

将技术创新融入发展血脉，诞生了一批代表中国乃至全球先进水平的产品：2 000 吨级全地面起重机，4 000 吨级履带式起重机，700 吨液压挖掘机，12 吨级中国最大的大吨位装载机，百米级亚洲最高的高空消防车，第四代智能路面施工设备等，在全球工程机械行业产生了颠覆式影响。徐工累计拥有授权专利 7 137 项，其中发明专利 1 756 项，PCT（专利合作协定）国际专利 56 项，国产首台（套）产品、重大装备 100 多套。在国家发展改革委发布的全国 1 300 多家国家级企业技术中心

最新评价结果中，徐工居工程机械行业第一位。

徐工积极实施“走出去”战略，产品销售网络覆盖180多个国家及地区，在全球建立了300多个海外网点为用户提供全方位营销服务；年出口额突破20亿美元，连续30余年保持行业前列。徐工9类主机、3类关键基础零部件市场占有率居国内前列；5类主机出口量和出口总额持续位居国内行业前列；汽车起重机、大吨位压路机销量位居全球前列。

【专家观点】

徐工始终以高端科技研发服务为抓手，运用工业互联网，提升智能制造水平，通过打造现代供应链，延伸电商平台、金融租赁，以及后市场备件服务，促进了先进制造业和现代服务业融合发展，由制造向创造转变，由产品向服务转变，提升了企业的核心竞争力和面向全球的品牌影响力，实现规模和效益双提升，汇集整合优势资源，协同攻关行业难题，搭建行业交流创新平台，具有一定的借鉴推广价值。（**赵欣　中国产业发展促进会**）

江苏中天科技股份有限公司：构建两业耦合共生体系　打造融合发展中天模式

江苏中天科技股份有限公司（以下简称中天科技）起步于1992年，2002年在上海证券交易所上市，现已成为涉足光纤通信、智能电网、海洋装备、新能源、新材料等多元产业的高新技术企业集团。中天科技主营光纤通信和电力传输，现有30多家子公司，员工12 495人，研发人员2 146人；海外设立了7家工厂、10个营销中心及54个办事处；产品出口160个国家和地区。2021年，该企业被国家发展改革委列入第二批先进制造业和现代服务业融合发展试点名单。

一、主要做法

（一）坚持产学研用四位一体，对内蓄力、对外借力打造智能制造服务强联合模式

中天科技在智能工厂建设过程中创新运用产学研用四位一体强联合模式，在充分整合自身“智能制造联盟”优势资源的同时，在智能制造各领域积极借用最强外脑，打造行业内最具优势的工厂布局设计、核心装备开发及改造、软件开发、系统集成等技术攻坚团队和互信互利的长效合作机制，确保以业内最强阵容团队实现智能制造新模式应用的有效实施。

（二）强化工业互联网赋能工业制造新业态，打造千行百业数字化转型新引擎

中天科技充分发挥“5G＋工业互联网”优势，在企业大数据管理、服务生产经营、拓展外部市场、管理成果输出等方面发挥积极作用，进而推动企业整体管理模式由管理信息化向信息化管理转变拥抱工业互联网，步入工业4.0。在平台方面，

中天科技打造了线缆行业领先的工业互联网平台，具有设备智能物联、生产智能管控、大数据管理决策、协同制造、产能共享、供应链金融服务、应用开发和微服务、开发者社区八大功能，面向不同企业提供不同的商业模式。在标识方面，围绕工业互联网标识，中天科技在行业内首创标识解析"五个一"的创新应用，包括一码一物、扫码解析，一码上云、设备先行，一码全览、追根溯源，一码到底、协同制作，一码多识、分权管控。基于工业标识码形成的数据平台，可以追踪产品去向以及受欢迎的区域，扫码热力图可以对生产经营活动进行指导。在终端方面，中天科技实现一键连接的工业智能边缘终端，设备和产品快速、简洁、低成本地连接到工业互联网平台，是所有工业互联网平台运营企业的核心竞争力。同时推出了智慧采集终端，快速实现上云上平台，支持300多种常见的协议转换，可以与各种设备仪表进行通信，成为设备互联的利器。

（三）突出产品服务延伸提质增效，打造总设计、总集成、总承包、总运维一揽子服务体系

中天科技践行"海缆向系统发展、海工向总包发展"产业战略规划，不断加快从"产品销售走出去"到"工程服务走出去"，再到"产业资本走出去"的步伐。通过产业链精准布局和资源整合，形成了提供海底通信系统、海底电力系统、海底观测网系统、海洋探测系统、海上油气平台系统等一体化解决方案的能力。在海洋工程施工运维领域，中天科技集团海洋工程公司和上海源威建设工程有限公司沿着"核心产品系统化、工程服务国际化"方向稳步前行，已具备港口与航道工程施工三级总承包资质。

二、试点成效

2021年，企业实现营业收入461.63亿元，净利润2.82亿元，归属上市公司股东的净利润为1.72亿元。企业致力于成为全球能源网络解决方案服务商，通过加大技术创新与市场整合，持续加大海上风电、储能、光伏、电网建设等核心技术的研发投入，以海洋经济为龙头、新能源为突破、智能电网为支撑，打造能源网络产业

全价值链体系；围绕“全光网”建设，发挥光通信产业链作用，为通信网络升级提供更全面的解决方案和产品服务。围绕光通信、5G、工业互联网等领域，不断完善天线、漏泄同轴电缆、5G能源一体化机柜等信息与通信技术产业集群，打造“5G+”硬核能力体系，巩固主营优势，为客户创造更大价值。

【专家观点】

在推动两业融合过程中，中天科技立足先进制造业发展基础，坚持产学研用相结合，重点推动形成智能化制造、网络化协同、个性化定制、服务化延伸、数字化管理等新模式新业态，从而为传统制造型企业探索出工业电商、工业链金融、产能共享等新功能，为制造型企业谋求新发展，推动产业链拓空间、增效益。企业重点在“推进智能工厂建设”“创新工业互联网应用”“打造总设计、总集成、总承包、总运维一揽子服务体系”三个方面，探索两业融合发展新业态、新模式、新路径，积极推动从传统制造到智能制造解决方案提供商的转型升级，值得相关企业借鉴。**（韩龙艳　合肥工业大学经济学院）**

浙江精工钢结构集团有限公司：推动数字化集成化　延伸产业链价值链

浙江精工钢结构集团有限公司（以下简称浙江精工集团）成立于1999年，位于浙江省绍兴市柯桥区。浙江精工集团主要从事大型建筑钢结构、钢结构建筑、金属屋面及墙面等工程的研发、设计、制造与施工，是钢结构建筑优秀的总承包营建商、绿色预制金属建筑系统集成建筑商，已成为国内超高层建筑、超大跨度建筑钢结构体系的行业标杆企业。2020年，该企业被国家发展改革委列入第一批先进制造业和现代服务业融合发展试点名单。

一、主要做法

（一）推进精工BIM数字化协同管理平台迭代升级

浙江精工集团打造“精工BIM+管理平台”，通过信息化手段提高项目全生命周期运营管理的效率和精度，提高项目精细化管理能力，提升客户体验和企业竞争力。企业持续推进系统研发升级工作，以不断完善“精工BIM+管理平台”功能及应用，实现企业信息化战略。2022年12月，正式发布上线“精工BIM+管理平台”V8.0版，以“瞄准真痛点，避免伪需求”为宗旨，进行功能升级，并实现了基于“三算”的成本动态管控，基于BIM的进度4D可视化管控，完善了对项目全业务管理的数字化赋能。

（二）打造柯桥生产基地数字化工厂

浙江精工集团秉持“数字化、信息化、智能化”的设计理念，充分利用IOT智能设备技术、数字孪生技术、智慧生产管理系统、工业大数据平台等先进技术，构建基于云原生架构的工业互联网云平台。系统集合工厂建模、项目管理、深化管理、生产管理、质量管理、设备管理、仓储物流、外协管理、智能分析、共享中心、平台管理等 11 大模块、102 个功能点。最终通过工业大数据平台体系建设及车间全要素的集成和协同，实现工厂生产的智能化，进一步为材料、设备、产线、能耗等设计与生产过程优化提供最优的分析与决策结果，应用于工厂订单、排程、物料、生产、质检、设备等各个业务场景，形成精工钢构的智能制造参考模型，打造集团全新的数字化协同管理模式。

（三）系统集成产品开发与迭代升级

浙江精工集团 2021 年研发投入 2 400 余万元，对住宅、办公、学校、医院、公寓五大产品进行技术优化，其中住宅产品完成 2.0 版迭代升级；同时对结构、楼面、屋面、外墙、隔墙、厨卫、楼电梯、绿色智能八大系统进行了升级。通过对绿色装配式技术进行集成，实现现场人工减少 70%，材料节省 20%，粉尘减少 80%，建筑垃圾减少 90%，噪声减少 90%，工期减少 70%，广泛应用于各大学校、公寓、办公、医院、住宅，在客户中取得良好反响。

（四）收购建筑工程施工总承包特级资质延伸产业链

2020 年 6 月，企业收购建筑工程施工总承包特级资质企业——中程建工集团有限公司，实现从钢结构专业承包向建筑工程施工总承包转型，由原来的单一制造、安装向前端设计服务与后端客户运维两端扩展延伸，实现从项目前期策划、设计咨询到采购制作、安装运维等的全流程服务管理模式，为客户提供整体化服务方案，进一步增强企业核心竞争力，实现企业从提供产品到提供“产品 + 服务”的跃升。

二、试点成效

通过持续推进两业融合试点工作，浙江精工集团在取得显著经济效益的同时，实现了不断提升企业管理水平、人才储备、技术实力的良好成效。2021 年，企业主营业务收入达 69.32 亿元，其中设计咨询、制造采购、施工安装、运维管理

EPC[1]项目业务收入占比49.05%，利润达4.69亿元。

截至2021年底，浙江精工集团累计完成国家级工法7项，省级工法37项，其中2020—2021年完成省级工法6项；累计授权专利143项，其中发明专利77项、实用新型专利59项、外观设计专利7项。累计获得中国建设工程鲁班奖32项，其中近两年完成5项；累计获得中国建筑工程钢结构金奖145项，其中近两年获得16项。

【专家观点】

浙江精工集团为深化两业融合，围绕数字设计、智能制造、智慧施工、项目全生命周期信息化管理等展开，聚焦信息化、标准化、智能化、集成化，通过推进精工BIM数字化协同管理平台升级、打造柯桥生产基地数字化工厂、系统集成产品开发迭代、收购建筑工程施工总承包特级资质等方法，延伸产业链、价值链，不断完善自身建筑服务体系，提升前期策划、设计咨询、采购制作、安装运维等一体化集成化服务能力，打造精工钢构智能制造数字化协同管理方式，促进精工钢构建筑业务模式的转型升级，推动传统精工向“数字精工”转型，专业制造向集成服务转型，具有较强的示范意义。（**韩龙艳　合肥工业大学经济学院**）

---

[1] EPC是指承包方受业主委托，按照合同约定对工程建设项目的设计、采购、施工等实行全过程或若干阶段的总承包。

安徽合力股份有限公司：积极推进“四位一体”转型升级新模式

安徽合力股份有限公司（以下简称合力股份）始建于1958年，主要从事工业车辆整机、智能物流产品及关键零部件的研发、制造与销售，以及配件服务、融资租赁、车辆租赁、维保服务、再制造等后市场服务业务。2020年，该企业被国家发展改革委列入第一批先进制造业和现代服务业融合发展试点名单。

一、主要做法

（一）瞄准行业痛点，不断探索“智能+制造”

工业车辆行业是典型的离散型制造业，具有品种多、批量小、交货周期短等特点。特别是在我国，工业车辆大部分为非标定制化产品，产品配置十分复杂，给企业的生产管理带来很多挑战。同时，工业车辆行业也是传统制造业，需要同时解决设备自动化程度不高、相互不联通，新一代数字化、信息化技术应用不够等问题。合力股份以MES、WMS、机联网为着力点，推动实施基于信息物理系统（CPS）的智能工厂建设，摸索实现了适合我国工业车辆行业特点的定制化、短周期智能制造新模式，解决了基于云平台和工业App的客户个性化定制需求输入、产品设计的模块化和可组合化、产品生命周期管理（PLM）中基于计算机辅助设计（CAD）的智慧设计、实时数据驱动的MES等关键问题，在外门架视觉识别、箱体加工与测量等方面也取得了创新突破。

（二）聚焦科技创新，不断践行“制造+服务”

合力股份应用5G、大数据、边缘计算、人工智能等新一代信息技术，积极开展了有自主知识产权的工业车辆工业互联网平台建设，创新打造了基于典型应用场景的工业App和合力智能车队管理系统（FICS）系统，有效联结了制造与服务的各要素。企业积极践行“制造+服务”，在行业内推出智能车队管理、驾驶安全监测、售后维保服务、搬运精益管理、尾气排放监测、二手车交易、叉车租赁、共享叉车、智能物流、行业景气指数等商业应用的新模式，不断加快产业化进程。

（三）紧扣行业发展，不断创新“营销+服务”

随着我国叉车后市场服务的蓬勃发展，传统整机制造企业已经步入集租赁、二手车交易、再制造等多种服务业态于一体整合发展的新阶段。在此背景下，合力股份持续推进省级综合性营销服务中心的建设，对传统营销网点的功能进行拓展，构建起以省级营销服务中心为前端，以配件、租赁、再制造等后市场服务为主要盈利点，以合力工业车辆互联网平台为支撑的后向一体化服务体系，整合多种服务新业态形成“营销+服务”新模式。

二、试点成效

通过持续推进两业融合发展，近年来合力股份的生产效率和智能制造水平得到大幅提升，智能化、网联化、新能源产品得到迅速发展，取得了营业收入快速增长、行业影响力与日俱增等显著成效。2021年，产品国内销量突破20万台，同比增长16%，实现营业收入154.17亿元，同比增长20.47%。合力股份头部大客户数同比增长超过50%，24家省级营销公司服务性收入同比增长30%以上。2021年合力股份产销量进入全球前三名，市场份额全球占比大幅提升。

列入两业融合试点名单以来，合力股份不仅实现了自身高速发展，也发挥了作为产业链龙头企业的引领作用，在合肥及周边地区培养形成80余家稳定供应商。2021年，合力股份采购额超过28亿元，促使一大批供应商成长为智能装备领域的优势企业，推动形成了区域经济合作共赢、协同发展的良好局面。

【专家观点】

在探索两业融合发展的道路上，合力股份逐渐形成以智能工厂和省级综合营销服务中心为实体支柱，以工业互联网为全要素、全价值链连接纽带，以AGV无人叉车为高端产品和服务输出载体的“四位一体，线上线下”的行业转型升级新模式、新路径和新业态。通过数智赋能、制造服务化、服务多元化等手段，合力股份不断创新个性化定制的服务模式，有效提升了企业的核心竞争力。**（李忠娟　中国产业发展促进会）**

阳光电源股份有限公司：工业互联网赋能打造清洁能源全生命周期管理体系

阳光电源股份有限公司（以下简称阳光电源）成立于1997年，是一家专注于太阳能、风能、储能、电动汽车等新能源电源设备的研发、生产、销售和服务的国家重点高新技术企业。主要产品有光伏逆变器、风电变流器、储能系统、新能源汽车驱动系统等，并致力于提供全球一流的清洁能源全生命周期解决方案。自主研制开发的光伏逆变器先后批量销往全球150多个国家和地区。2021年，该企业被国家发展改革委列入第二批先进制造业和现代服务业融合发展试点名单。

一、主要做法

（一）建设基于新能源产业发展特色的Clean-E工业互联网平台

阳光电源建立基于新能源产业发展特色的工业互联网平台，打造新能源产业离散型智能制造新模式，构建了Clean-E工业互联网平台，引入智能设计、智能生产、智能管理等系统在企业内广泛使用，实现产品研发、生产、测试环节数字化、信息化和智能化，形成完整智能光伏发电系统产业链全生命周期服务体系。

（二）建设PowMart综合能源服务平台

PowMart综合能源服务平台集成清洁供能、能量调度、智慧用能、灵活交易、移动共享五大系统，贯通“源、荷、储、售”四大流通体系，实现清洁能源高效管理、一体化运营。平台契合新形势下用户对互动共享的需求，实现能源需求侧与供给侧的有效对接，电力流、信息流、业务流的多边互动与共享、多能交易市场体制构建，“源荷共舞”有效促进系统优化调度。阳光电源将围绕“互联共享智慧”，不断优化PowMart综合能源服务平台技术及服务，助推能源互联业务升级，满足更多用户及场景能源管理需求。

（三）建设 iSolar 智慧能源管理平台

2021 年平台升级为阳光云工业互联网平台（iSolarCloud），平台实现衍生子系统基础架构搭建，基于原有运维功能，构建运维中心，完成计划、值班、缺陷、两票、设备管理等模块的重新梳理与开发；平台诊断中心实现一键启动 IV 智能诊断，通过 AI 智能诊断算法自动识别组串故障，并提供诊断报告；构建对数据质量，组串低效、遮挡分析功能，实现数据质量分析、组串低效 / 遮挡诊断模块，针对低效和遮挡的算法准确率需要优化。实现业主对所有电站进行全生命周期管理，支撑电站运检、故障、维修等业务，实现人员、业务、设备的综合管理，为用户实现光伏电站全生命周期透明化管理和自动化运维打下基础。

二、试点成效

阳光电源在两业试点工作中，建成了新型光储发电装备智能工厂，取得了经济效益快速增长、智能制造水平不断提升、产业链延伸发展等良好效果。企业从先进制造向“制造 + 服务”的转变中，业务实现了跨越式的突破发展，产值多年保持 30% 以上的年增长速度。2021 年，企业实现产值约 297 亿元，同比增长 36.53%。自主研制开发的光伏逆变器先后批量销往全球 150 多个国家和地区。截至 2021 年底，企业逆变设备累计发货 224 吉瓦，光伏逆变器全球市场占有率 31.3%。同时，基于自主安全可控的阳光电源 Clean-E 工业互联网平台，集成采用自主品牌分散控制系统（DCS）、MES、计算机辅助工程（CAE）、数据采集与监控系统（SCADA）、企业资产管理（EAM）、供应链管理（SCM）、WMS、PLM、ERP 等工业软件，实现了产品数字化三维设计与工艺仿真、制造过程现场生产数据采集与可视化，实现生产数据自动采集率达到 95% 以上。

【专家观点】

阳光电源以两业融合试点为契机，依托自身在光伏、储能、风电等领域的持续创新和应用积累，从纯粹的设备制造商向一体化系统解决方案商转型升级，开展光伏发电等新能源发电工程的设计、开发、投资、建设和运维、运营服务，积极向新能源发电下游产业链延伸发展，形成了以光储智能工厂制造为基础和提供清洁能源全生命周期解决方案的工业互联网服务载体的行业转型升级新模式、新路径和新业态。**（李忠娟　中国产业发展促进会）**

安徽华米信息科技有限公司：将终端作为数据和服务入口　促进健康服务创新发展

安徽华米信息科技有限公司（以下简称华米科技）成立于2013年，主要产品包括智能手环、智能手表、运动耳机、助眠耳塞、助听器等智能可穿戴设备和ZEPP数字健康管理平台，基于强大的人工智能算法和大数据分析能力，为用户提供7×24小时健康监测服务。2018年2月，华米科技在美国纽约证券交易所成功上市，成为中国首家登陆美国资本市场的智能硬件创新公司。2020年，该企业被国家发展改革委列入第一批先进制造业和现代服务业融合发展试点名单。

一、主要做法

（一）从硬件制造到基于数据服务的转型升级

华米科技紧随产业变革风向，坚持从硬件制造到基于数据服务的转型升级。作为一家以智能可穿戴设备为核心的制造企业，华米科技专注于智能可穿戴设备的研发与制造。企业推出的智能可穿戴设备可以采集心率、呼吸频率、血压、血氧等多种生物数据，这些数据对评估用户健康状况具有重要价值。通过前期的设备资源积累获得了庞大的用户群体，获取了极为丰富的数据资源。在数据驱动、万物互联的时代，数据是核心资源，可以通过数据去推动硬件产品性能的提升和服务能力及方式的创新，华米科技正是依托这些数据开展医疗健康服务。

（二）纵向突破核心技术难题，打造全产业链健康生态

华米科技为打造智能可穿戴领域的全产业链健康生态，制定了“芯端云”战略目标，通过芯片、终端产品、云服务构建商业闭环。从智能硬件底层的芯片、操作系统，到传感器、人工智能算法，以及上层的健康云服务等核心技术和产品，坚持

自主研发并不断迭代创新。在技术层面上突破核心技术难题，通过自主可控核心技术的支撑，使得产品和产业形态不断丰富。从最初的腕上可穿戴产品，到现在的耳戴式产品、跑步机等健康周边，再到磁共振成像（MRI）等大型医疗级产品和健康保险服务，为用户提供更多健康产品和服务。

（三）横向整合产业资源，打造全球化创新布局

华米科技通过战略投资，发现医疗健康、物联网等领域优质创业企业并建立协作关系，从而不断优化自身产业布局。通过直投、基金参股、收购 A 股公司以及开放创新平台建设等方式，逐步在大健康、人工智能和互联网等更多领域进行尝试和横向拓展扩张，持续引领产业创新。

二、试点成效

持续发展健康监测技术，服务全球用户。华米科技的智能可穿戴设备能够实现对心脏健康情况的实时监测，并能够自动将 24 小时连续心率、步数、睡眠状况等数据，同步至云端，从而为用户带来全面的远程健康和医疗服务。综合利用健康云服务、终端设备以及 AI 芯片等各个模块，依托其兼具云计算平台、终端设备、AI 芯片三大要素的优势，匹配不同的监测和医疗服务，用户可以享受到医生线上 24 小时监测健康指标，并提供对心房颤动等症状进行专业研判的服务。

深入贯彻“芯端云”战略，打造全产业链生态。自主研发适用于可穿戴设备的智能芯片，打造功能更加丰富的智能终端产品，搭建云服务平台，促进全产业链健康发展。

不断整合全球资源，做大产业规模。企业内部设立华米战略投资部和华颖基金两类投资主体，从事海外并购、创业投资等业务。其中，华米战略投资部管理资金规模逾 20 亿元，围绕华米医疗健康大战略的产品线，布局领先的国内外芯片公司，已战略投资多家海外企业。华米科技华颖基金规模近 7 亿元，在合肥高新技术产业开发区参股投资企业共计 14 家，其中有 1 家企业成长为高新区“瞪羚企业”，6 家

企业成长为高新区“雏鹰企业”，此外还通过投资带动 2 家外省科创企业总部迁至高新区。

【专家观点】

华米科技通过智能可穿戴设备，基于产品服务链条、信息链条、内容链条，将终端打造成数据和服务入口，贯通软件、硬件和服务保障，开展运动健康等增值服务，满足了重点领域消费升级需求，打造“硬件 + 数据 + 服务”的全新商业模式，走出了一条数字产业化发展之路，是两业融合发展中数据生产开拓、数据服务增值的典型。在强化研发数据服务与制造生产有机融合方面，华米科技瞄准转型升级关键环节和突出短板，从智能硬件底层的芯片、操作系统，到传感器、人工智能算法，以及上层的健康云服务等核心技术和产品，大力推进自主研发，实现了关键核心技术突破，塑造了企业竞争优势。**（李子文　中国宏观经济研究院产业经济与技术经济研究所）**

厦门唯科模塑科技股份有限公司：数字赋能“模塑一体化” 实现“一站式”服务体系

厦门唯科模塑科技股份有限公司（以下简称唯科科技）成立于2005年，专业从事精密注塑模具的研发、设计、制造和销售业务，主要产品包括精密注塑模具、注塑件和健康产品三大类，产品广泛应用于电子、汽车、家居等领域，已发展成为“模塑一体化”制造企业。唯科科技面向全球市场，生产基地覆盖厦门、上海、天津、泉州以及德国耶拿市、马来西亚新山市等地。2021年，该企业被国家发展改革委列入第二批先进制造业和现代服务业融合发展试点名单。

一、主要做法

（一）高端模具个性化定制，提升制造服务化水平

建立模具协同开发平台，发展个性化设计、用户参与设计、交互设计，推动零件标准化、配件精细化、部件模块化和产品个性化重组，以PLM系统为基础，集成CAD、CAM（计算机辅助制图）、CAE等多种软件和工具，完成模具方案设计、三维可视化设计、数字化分析仿真、虚拟装配等过程，为行业企业提供原始个性化定制服务。

（二）推进建设智能工厂，推动制造环节质效提升

深入开展智能制造技术研究，加快推进智能工厂建设，着眼生产技术升级、运营管理升级和产品及数据改造，探索从市场需求分析、产品设计到产品制造、物流交付的全流程智能化新模式。生产技术升级方面，主要是围绕模块化模具设计、铣床磨床少人化、NC（数控机床）开粗扫码加工、自动化柔性生产线、慢丝3D智能编程、精细化品质管理、装配无纸化、模具生命周期管理等方面搭建自动化生产

模式体系。运营管理升级方面，主要是打通集成供应链，高效匹配生产资源与交付需求，优化物流供应体系，提升采购、仓储、配送效率。同时，开展产品及数据改造，提高智能化工厂数据存储及交互效能。

（三）建设工业互联网平台，夯实智慧生产协同能力

针对高端精密模具的生产特性，建设工业5G网络和边缘计算平台，实现厦门、上海、泉州等多个厂区内、厂区之间、业务平台之间的协调对接、产能统一调度、多业务生产排程，实现企业的生产优化、质量检测、协同生产和柔性制造；基于IOT边缘计算，构建统一的多协议数据采集平台，实现设备100%联网；构建工业信息安全防护体系，采用分层、分域的隔离和边界防护思路，保护智能装备、工业控制设备及系统，设备安全、应用安全、数据安全；为行业企业提供基于“5G＋边缘计算”的工业互联网创新平台建设服务咨询。

（四）创新发展服务模式，实现向模具制造业价值链高攀

建设技术咨询服务平台，搭建集行业共性技术研发和转化服务、柔性制造方案咨询服务、模具注塑一体化物联网解决方案于一体的综合性平台。通过知识数据共享、专家智库咨询、智慧平台上云、产业网络协同等方式，面向模具行业内的中小企业以及高端医疗器械、航空航天、精密电子、健康产品、汽车配件等模具产业链下游企业，将自身的制造资源转化为服务能力，催生制造服务新模式新业态，带动产业链、供应链、价值链的优化配置与提升，实现制造业与服务业深度融合，加速企业由制造业向服务业转型升级。

二、试点成效

随着两业融合试点工作的推进，唯科科技2021年实现营业收入11.6亿元，同比增长27.3%；净利润达到1.9亿元，同比增长19.31%。通过搭建公共服务平台，有效引导和促进国内高端精密模具提质增效、实现高质量发展。同时，根据客户需求提供个性化定制服务，实现商业模式创新，有效打通产业链上下游协同渠道，带

动模具行业向服务型制造转型。唯科科技深度践行先进制造业与现代服务业融合发展的要求，通过打造上下游产业链协同设计、构建中小模具企业开发研发平台，汇聚融入更多科技创新要素，使企业自身向价值链的高附加值纵向延伸，形成模具行业制造服务业典型，并对其他制造业企业发挥示范效应。

【专家观点】

唯科科技以数字化、智能化为牵引，以新型服务技术攻关和推广为抓手，整合服务资源，打造“个性化定制＋智能生产＋智能协作＋智能服务”的发展模式，实现了产业数据化和全产业链的高效循环畅通，逐步打破国际产品在高端模具市场的垄断，提高国内高端精密模具的市场占有率，提升产品国产化率，是两业融合发展中数据赋能、智能改造升级的典型。同时，通过推广柔性化定制实现产品升级，通过智能工厂建设实现生产技术与运营管理升级，通过工业互联网平台建设实现协同生产升级，通过搭建共享平台实现服务升级，是通过两业融合实现转型升级的典范。**（李子文 中国宏观经济研究院产业经济与技术经济研究所）**

青岛特锐德电气股份有限公司：“智能制造 + 集成服务”双轮驱动

青岛特锐德电气股份有限公司（以下简称特锐德）创立于 2004 年，2009 年成为登陆创业板第一股。特锐德专注户外箱式电力设备的研发与制造。2020 年，该企业被国家发展改革委列入第一批先进制造业和现代服务业融合发展试点名单。

一、主要做法

（一）打造技术中台，推动研发模块化数字化升级

特锐德重新定义部门职责，打造技术中台资源配置；加强研发实力，在集成服务上提供差异化解决方案，结合十大核心技术纵向深度开发，锚定 3 个核心项目研发应用；打通端到端技术体系流程，构建技术研发平台，推进技术体系数字化升级，基于模块化技术打造特锐德技术研发平台。

（二）锻造核心能力，智能制造 + 集成服务扬帆再起航

特锐德紧抓国家能源供给改革政策，开拓综合能源新领域。积极探索集成供应链新模式，对内协同资源整合、对外协同平台链接，构建一体化计划模式，加强产销协同。同时为客户提供规划咨询、设计优化、智能制造、施工运维、能源管理等全生命周期服务，拥有成熟的技术管控体系以及端到端的集成服务体系，为客户提供集成增值服务以及定制化、全场景、全生命周期的电力系统解决方案。

（三）引入 IBM 战略咨询，助力企业数字化转型

特锐德牵手 IBM（万国商业机器公司），启动数字化转型流程变革项目，以“顶层设计、分步实施”为原则，基于特锐德发展战略进行战略解码，识别并锻造超越

竞争、支撑战略目标实现的核心能力；同时，重点突破以项目管理为主线，集成供应链管理为突破口，搭建从客户需求到客户满意的端到端流程体系，并以“流程”和“数字化”为抓手规划了支撑战略目标实现的核心能力地图及数字化蓝图，搭建了一套特锐德特色的集成供应链管理体系，开启了客户价值导向的 3.0 管理时代，助力企业数字化转型。

（四）瞄准“互联网 +”战略，打造“三网融合”充电服务平台

特锐德实施“互联网 +”战略，充分发挥物联网、云计算、大数据等先进技术优势，打造了集充电网、车联网、互联网于一体的“三网融合”充电服务生态云平台。通过云平台与整车制造、车载终端、电池制造等企业合作实现产业协同技术开发，实现充电网和车联网的有机融合，为用户提供更经济、安全、智能的充电服务。向政府及企事业单位、充电服务提供商、个人用户等在线提供充电预约与结算、车辆行驶状况、健康状况、能耗情况、历史运行记录及轨迹等服务，新能源车主通过平台可以随时获得方便快捷的全方位服务，同时还提供基于大数据分析的车辆诊断、智能运维等增值服务，产业链条加速延伸。

二、试点成效

通过持续推进两业融合试点工作，特锐德持续深化“智能制造 + 集成服务”战略升级并打造以制造为支撑的生态服务新模式；紧抓国家能源供给改革方针，加强创新引领、技术营销，抢抓市场机遇，开拓综合能源新领域，巩固充电业务的市场占有率。2021 年实现营业收入 94.4 亿元，同比增长 26.48%。

企业在充电运营方面已经取得面向充电网生态的用户、车、充电设备、能源、数据的深度融合及优秀的平台运营能力，注册用户数量实现快速增长。根据充电联盟统计，截至 2021 年 12 月 31 日，企业累计充电量突破 110 亿千瓦·时。在公共充电领域，企业运营充电桩 25.23 万台，其中直流充电桩数量 15.15 万台，市场份额为 32.24%，排名全国第一；2021 年充电量超 42 亿千瓦·时，市场份额为 38.34%，排名全国第一。

【专家观点】

作为国内箱式电力设备制造业企业，特锐德在推动两业融合的过程中，始终抓住数字化这一“牛鼻子”，把数字化转型作为制造业和服务业融合发展的主要抓手，通过研发体系创新、产线升级改造、信息化平台建设，加强全生命周期管理，建立集成供应链管理体系，打造智能工厂，实现数据跨系统采集、传输、分析及应用，优化生产流程，提高效率和质量。企业通过搭建集充电网、车联网、互联网为一体的“三网融合”充电服务生态云平台，为客户提供增值服务，延长产业链，探索电力制造行业开展两业融合发展新路径，实现了节能降耗，形成绿色消费新服务模式。

（韩龙艳　合肥工业大学经济学院）

中车青岛四方机车车辆股份有限公司：数字赋能推动轨交车辆多元化发展新模式

中车青岛四方机车车辆股份有限公司（以下简称中车四方）前身是四方机车车辆厂，始建于1900年。中车四方是中国中车股份有限公司的核心企业，是中国高速列车产业化基地、国内地铁和轻轨车辆主要制造商、铁路高档客车的主导设计制造企业、国家轨道交通装备产品出口基地，可为用户提供定制化解决方案。2021年，该企业被国家发展改革委列入第二批先进制造业和现代服务业融合发展试点名单。

一、主要做法

（一）强化智慧赋能，建立城轨运维新模式

中车四方聚焦用户需求，增加客户黏度，大力推进城轨行业关键核心业务体系的智能智慧化建设。通过数据分析和数据挖掘，实现车辆运行监控和部件的故障诊断和故障预测，提前预判故障发生可能性并采取相应措施，保证车辆安全运营。通过车辆运行监控、故障诊断预测和健康评估等系统，减少非计划故障停车，确保车辆安全正点运行。降低企业运营成本，实现故障管理体系化、运维服务信息化和运维作业标准化，提升旅客服务感知，确保车辆安全正点和提升旅客乘坐舒适度。

（二）创新场景应用，提升精益与柔性生产能力

中车四方聚焦生产智慧场景，落实精益管理和制造协同理念，围绕工位“七零”管理和“八大”浪费，建立S3QDCIT（设备、安全、计划、质量、交付、成本、库存、变更）指标可视化监视体系，提升生产透明化；围绕事件全流程闭环，

提升各部门协同办公能力和现场异常的解决效率；基于工作场景提供可视化商业智能报表，用于生产指挥人员洞察趋势和管理决策。

（三）创新生产模式，建立基于厂监联合的智能监造新模式

中车四方强化铁路机车车辆产品源头质量控制，实现智能化监造业务应用，创新厂监联合的智能监造新模式。实现动车组监造业务流程再造与标准化管理，通过与企业质量管理系统之间的互联互通及信息共享，将智能制造、质量管控与产品监造融为一体。以智能化检测监测设备为核心，以数字化管理贯通监造业务为主线，将整个产品监造过程的实时采集、动态监测、质量研判、工序卡控、缺陷整改及闭环处置流程化（形成监造产品的全生命周期管理）。提升动车组生产全要素物联感知，利用工业物联网及边缘计算技术进行全面透彻感知。

二、试点成效

随着两业融合试点工作推进，中车四方 2021 年实现销售收入 380 亿元，利润 27.1 亿元。城轨列车运维模式从故障维修、计划维修向预测性维修转变，提升列车安全运营保障能力，给乘客提供更加完美的交通出行体验。同时，中车四方城轨智能运维服务与设备健康管理（PHM）解决方案分别中标郑州、天津、温州、重庆、广州等地的地铁项目，未来面向地铁业主用户有大批量推广前景。中车四方构建基于“数据 + 事件”驱动的远程运维服务模式，通过综合诊断和预测推理，及时得到可靠的系统运营状态，提高了运维效率、降低了检修服务成本，由制造业向“制造 + 服务”转型；实现了以服务为导向的一体化服务营销模式，降低了城轨列车故障率、提高了运维人员的生产效率、减少了企业运维成本、提升了企业快速响应能力，最终助力轨道交通车辆运维模式从故障维修、计划维修向预测性维修转变。中车四方以生产管理模型为基础搭建公司级、分厂级、区域级生产制造指挥平台，提升产品制造质量保证能力和产品质量，优化异常处置流程，降低异常处理耗时，异常处置时间下降了 10%。

【专家观点】

中车四方在推动两业融合的过程中，通过数字化深度赋能，利用云计算、大数据、人工智能、5G等先进信息技术，实现面向产业链的智能研发、智能制造、智能服务、智能运营。企业搭建基于生产、物料、设备、能源、环保等方面大数据的生产指挥中心，通过融合城轨业务人员、设备、物料、质量、交付、库存等资源信息，实现了全要素、全流程透明化运行，大幅提升了精益与柔性生产能力，推动了城轨列车运维模式从故障维修、计划维修向预测性维修的转变。中车四方创新城轨运维模式，探索出了城轨运行两业融合的新路径，实现了从制造业向“制造＋服务”转型。**（韩龙艳　合肥工业大学经济学院）**

海尔集团公司：
多业态、多场景、多品牌打造物联网生态体系

海尔集团公司（以下简称海尔集团）创立于1984年，是全球领先的美好生活和数字化转型解决方案服务商。海尔集团始终以用户体验为中心，布局智慧家庭、产业互联网和大健康三大主业，在全球设立了“10＋N”创新生态体系、71个研究院、30个工业园、122个制造中心。2020年，该企业被国家发展改革委列入第一批先进制造业和现代服务业融合发展试点名单。

一、主要做法

（一）推出智家定制平台，实现全流程定制服务

海尔集团打造可覆盖家电、家装、家居、家生活的三翼鸟平台，通过“1＋N”落地能力，吸引海量品牌合作方；借助平台强大的整合能力，高效整合智能家居资源；同时，平台连接海尔智家全屋全场景方案库，支撑着海尔智慧家庭定制服务的全链合作生态，已正式步入生态共创、数字化、自下而上用户参与的3.0时代。企业将线上平台与线下体验中心结合，为用户提供空间定制、产品定制、服务定制的“一站式”场景消费体验。推动制造业向服务业延伸融合，将生活服务延伸到家电的全生命周期，打造了食联、衣联等线上线下融合服务模式，用户通过家电联通云端服务资源，在家就可享受衣食住娱全场景优质服务。

（二）打造“产品＋服务”的智慧园区服务模式

海尔集团以智慧园区方案输出为牵引，基本形成了产业智慧生态整合的“产品＋服务”服务模式。一方面，实现研发、设计、运维等服务与生产制造环节整合、生态共融，打通智慧软硬件等产品的研发、设计、生产，到“产品＋服务”输出的

全通道格局，在业内树立海尔两业融合典型方案；另一方面，随着智慧园区方案输出，通过为园区企业提供领先的智慧生态基础及定制化升级服务，驱动智慧园区现代服务业与先进制造业的融合发展。

（三）打造“统仓统配”的智慧物流服务模式

海尔集团从全流程、全场景、全生态三方面加快推动“统仓统配”模式落地。在全流程服务上，通过对整体供应链的优化，为不同行业提供定制化的供应链管理解决方案。在全场景服务上，围绕用户多层次场景，为用户提供了从产品方案到场景方案的新体验。在全生态服务上，通过协同各节点资源，搭建起“创造价值—传递价值—分享价值”的循环体系，形成物流行业共享、共创、共赢的生态服务体系。

二、试点成效

2021 年，海尔集团全球收入达到 3 327 亿元，品牌价值达 4 739.65 亿元。围绕柔性化、信息化、平台化等两业融合路径，海尔集团打造了智慧家庭定制平台、智慧物流云平台、“5G + 工业互联网”体系样板、智慧园区示范样板，建立智慧物联双创服务体系，布局再循环新产业，两业融合工作初见成效。

三翼鸟生态快速落地生根，场景方案应用提速。三翼鸟平台已拥有 2 万余款组件、“1 000 + ”场景方案、200 余种服务供用户自由选择和组合，自平台上线以来，场景月活用户已达 675 万，日活增幅达到了 300%，网络电器日活增幅 212%。线下门店遍地开花，三翼鸟平台已经在全国落地 1 073 家门店，广泛分布于国内一二线城市及省会中心城市，省份覆盖率超过 90%。

智慧园区显著提升企业运行效率。园区智慧交通实现高峰通行效率提升 50%。自主研发的园区运营平台，依托园区大脑管控平台，实现一张图展示、一平台管控、一键处置的智慧园区服务。自主研发的高效会议、线上办公等系统，支撑疫情期间远程协同办公不失联、不掉线、不延误，实现协同办公效率提升 20%。

绿色回收平台创新性拓展智慧物流与服务能力。海尔集团充分发挥智慧物流、智慧服务等平台体系优势，将已有四机一脑的回收体系、全国线下门店服务体系、智慧物流体系三者打通，打造全民绿色回收平台。平台链接了海尔集团在全国拥有的 3.2 万家线下门店、10 万余名服务兵、100 余个物流配送中心等资源，可以形成覆盖全国 2 800 多个县市，涵盖回收、运输、分拣等环节的完整体系。

【专家观点】

海尔集团聚焦产品生产、物流配送、协同制造、开放共享四大关键环节，积极探索家电行业先进制造业与现代服务业融合发展新路径，实现全链式融合变革，推动企业向服务型制造转型升级。海尔集团充分发挥品牌、研发、供应链、产业、平台等优势，以智家定制、智慧物流、智慧园区等场景为引领，引入各领域优势资源，形成覆盖全链条、全流程的产业生态，带动生态资源方协同推进技术创新、模式创新、产业创新，探索出一批可推广可复制的两业融合“海尔模式”。**（韩龙艳　合肥工业大学经济学院）**

中联重科股份有限公司：数字引领工程机械全价值链融合发展

中联重科股份有限公司（以下简称中联重科）创立于1992年，主营业务为工程机械和农业机械的研发、制造、销售和服务，主要产品为混凝土机械、起重机械、土石方施工机械、桩工机械、高空作业机械、消防机械、矿山机械、叉车、耕作机械、收获机械、烘干机械、农业机具等，主导产品涵盖11大类别、70个产品系列、近600个品种。2020年，该企业被国家发展改革委列入第一批先进制造业和现代服务业融合发展试点名单。

一、主要做法

（一）数字化的产品研发创新平台建设

中联重科打造产品产业链协同研发平台，以全三维数字化样机为核心，贯穿研发部门数字化设计、仿真、分析、试验各环节，实现多专业、一体化的研发设计协同。以三维设计模型贯穿工艺、制造和服务环节；通过与工业互联网平台的融合，实现基于实际工况驱动的数字化设计；基于数据变现场景和客户需求与体验来驱动产品研发。

（二）面向工程机械行业的智能制造平台建设

中联重科面向社会开放产品制造、物流配送等数据资源，连接供应商和物流商形成行业级集群制造体系。通过中联重科自主研发的云谷工业互联网平台（ZValley OS）对智能制造软硬件数据集成，通过智慧供应链系统与上游供应商进行智能互联和协同作业，打造基于用户直连制造（C2M）的产品个性化定制生产服务模式。打通PLM、MES、供应商关系管理（SRM）、运输管理系统（TMS）等信息流，建立数字化样板工厂，实现工厂自动化产线的智能制造管控流程的信息化。

（三）依托工业互联网平台赋能行业协同发展

中联重科自主研发新一代智能网关，实现各类工业设备接入工业互联网平台；自主研发新一代工业物联平台，实现物联数据接入、清洗、存储，提供边缘计算、工业 PaaS（平台即服务）平台、工业建模知识库、工业 App 应用资源池、通用微服务组件等工业物联通用支撑服务，为智能制造和智能产品应用赋能。提供统一的数据整合、数据存储、数据计算、数据仓库和数据任务开发工具，为客户提供数据分析服务。构建共性技术中台，初步建立基于容器云的微服务开发体系。

（四）依托大数据拓展产业链上下游多元化服务

中联重科通过对设备上传数据的实时解析，综合性分析以帮助客户掌握设备一手工况、异常报警，推送保养提醒以帮助客户精准维保；为中大型租赁单位提供设备管理和租赁业务管理，实现设备租赁的全过程管理；打造集产品推广、业务交易、服务管理、设备管理的多功能平台，帮助客户提升管理效率，提升用户使用体验。打造供应链金融平台，为产业链上下游中小企业提供贴现、保理、再贴现、信用贷款等金融服务支持。

二、试点成效

2021 年，中联重科实现营业收入 671.31 亿元，同比增长 3.11%。在研发创新方面，以全球研发协同平台驱动中联重科智能化产品 4.0A 创新，大幅提升研发效率；已完成研发智能化基础机型产品 128 款，2021 年销售收入贡献率达 90% 以上；缩短新产品研发周期 20%，提高新产品研发质量 15%。在智慧制造平台方面，生产计划完成率提高 10%，报工及时率提高 10%，计划执行效率全面提高 20%。设备维修及时率提高 50%，维修及时率基本达到 99%，设备管理效率提高 30%，质量管理效率提升 20%，人员效率提升 50%，自动化率由 40% 提高到 70%，制造过程绿化率提升 50%，综合运营效率提升 20% ~ 50%。在大数据应用方面，通过对工程机械设备工况数据的综合分析和深度挖掘，已协同中联重科实现智能化 4.0 产品的设计，降低工程机械设备故障停工时间 13%，降低油耗 18%。在市场营销方面，通过对各类型产品的设备分布、施工分布、开工热度等进行动态可视化分析，平台已助力用户提升营业收入 15% 以上。在售后服务方面，通过提供在线设备管理、运营统计、异动监控、健康管理等服务，平台帮助工程机械下游客户提升生产经营效率、节约运营成本约 23%。

【专家观点】

在内部提升方面，企业通过实现产品、制造、服务、决策智能化，优化经营体系，扩展服务价值，提升自身先进制造核心竞争力；在产业链增值方面，企业以工业互联网增值服务与客户联盟为依托，创新商业模式，赋能产业上下游，扩展服务对象、延伸服务价值、扩展服务领域；在跨行业赋能方面，企业推进自身和关联行业整体的数字化、社会化、协同性现代服务试点赋能，提供制造企业数字化转型全价值链解决方案。综合绑定式融合、延伸型融合、跨行业融合等理念，通过大数据、人工智能、物联网等工业互联网技术的集成应用和工程机械产业链生态圈的建立，推动了装备制造产业全价值链融合发展。（**李忠娟　中国产业发展促进会**）

深圳市大疆创新科技有限公司：以创新为龙头以服务为纽带　提升无人机产业链价值

深圳市大疆创新科技有限公司（以下简称大疆）成立于2006年，在无人机、手持影像、机器人教育及更多前沿创新领域不断革新技术产品与解决方案。2020年，该企业被国家发展改革委列入第一批先进制造业和现代服务业融合发展试点名单。

一、主要做法

（一）推进建设无人驾驶飞行器智能工厂

大疆大力发展智能化解决方案服务，深化新一代信息技术、人工智能等应用，实现数据跨系统采集、传输、分析、应用，优化生产流程，提高效率和质量。打造包括核心板自动化测试、云台自动化、视觉测试自动化等在内的数字化车间，有效解决了制程装配精度与装配工艺一致性的质量管控难、产品飞行测试受天气环境和飞行场地影响大等难题。

（二）加快工业互联网创新应用

大疆结合无人机市场生命周期短及产品升级换代快的特点，在设计之初就充分考虑自动化设备的柔性和智能升级的需求，同时辅以大数据管理，实现生产与管理数据互联共享，实现了研发产品快速规模生产、产品高质量、生产高效率、运营低成本的目标。大疆以建设网络基础设施、发展应用平台体系、提升安全保障能力为支撑，推动制造业全要素、全产业链连接，完善协同应用生态，建设数字化、网络化、智能化制造和服务体系。

（三）推广柔性化定制

大疆通过体验互动、在线设计等方式，增强定制设计能力，加强零件标准化、配件精细化、部件模块化管理，实现以用户为中心的定制和按需灵活生产，在测绘、公共安全、农业、能源、基础设施等领域得到有效应用。2021 年，大疆测绘团队为长城、平遥古城、沈阳故宫等 175 个中国重要文化遗产完成三维重建，助力文明传承；在电力巡检领域，实现全球首次大规模配电网无人机自动化巡检，广东电网罗定供电局使用大疆产品完成超过 4 000 公里配网线路、35 000 个基塔的精准坐标采集以及自动化飞行巡检。

（四）加强全生命周期管理

通过建立监测系统、应答中心、追溯体系等方式，大疆提供远程运维、状态预警、故障诊断等在线服务，发展产品再制造、再利用，实现经济、社会生态价值最大化。不断优化完善全球服务网络，在全球自建 10 余个维修中心、7 个呼叫中心，集成 500 余家代理商，提供 20 余种服务语言。在飞控、云台、相机、图传等关键技术上采用智能工具和软件辅助维修，运用自动控制飞行测试、气密性测试等智能方案确保设备维修如新。除技术支持、维修、保养、培训等基础服务，大疆还提供快修快换、极速换新、行业无忧、农业全保等创新方案，满足不同客户需求。

（五）培育其他新业态新模式

通过建设开放性智能无人系统软硬件平台、举办机器人赛事、建设行业飞行培训基地等方式，大疆深化研发、生产、流通、消费等环节关联，加快业态模式创新升级，有效防范数据安全、道德风险，实现制造先进精准、服务丰富优质、流程灵活高效、模式互惠多元，提升全产业链价值。截至 2021 年 12 月底，全球已有 8 万多名开发者投入大疆 SDK 开发，为无人机带来 1 000 余款应用程序。同时，已有 30 多种基于 DJI Payload SDK 开发的第三方无人机负载实现量产，并服务于公共安全、能源、测绘等多个行业的用户。

二、试点成效

大疆通过持续的创新，致力于为无人机工业、行业用户以及专业航拍应用提供性能最强、体验最佳的革命性智能飞控产品和解决方案。大疆创新的业务从无人机系统拓展至多元化产品体系，在无人机、手持影像系统、机器人教育等多个领域，成为全球领先的品牌，以一流的技术产品重新定义了中国制造的内涵，并在更多前沿领域不断革新产品与解决方案。以创新为本，以人才及合作伙伴为根基，思考客户需求并解决问题，大疆创新得到了全球市场的尊重和肯定。

【专家观点】

大疆以创新为引领，以人才及合作伙伴为根基，以服务为纽带，在巩固和增强自身核心竞争力的同时，加强全生命周期管理，培育新业态新模式，建设开放性智能无人系统软硬件平台，促进研发、生产、流通、消费等环节相互渗透融合。大疆大力发展无人机技术产业生态系统，提升无人机全产业链服务价值，其发展模式和发展路径对于新兴制造领域高科技企业的成长具有很强的示范意义和参考价值。围绕数字化转型，大疆积极推进智能工厂建设，推广柔性化定制，创新工业互联网应用，通过数字化手段赋值、赋智、赋能，以数字之力促两业融合。**（韩龙艳　合肥工业大学经济学院）**

广西柳工机械股份有限公司：以工业互联网为平台　带动产业链数字化转型

广西柳工机械股份有限公司（以下简称柳工）成立于1958年，是广西柳工集团有限公司的核心子企业。经过60多年的努力和创新，已成长为一个拥有挖掘机械、铲土运输机械、起重机械、工业车辆、压实机械、路面施工与养护机械、混凝土机械、桩工机械、高空作业机械、矿山设备、钢筋和预应力机械、压缩机、经济作物机械化设备、气动工具、工程机械配套件等众多产品品种的企业。柳工在全球拥有20个制造基地，17 000余名员工，5个研发基地以及17个区域配件中心。2020年，该企业被国家发展改革委列入第一批先进制造业和现代服务业融合发展试点名单。

一、主要做法

（一）建设工业互联网创新平台应用模式

柳工创建柳工工业互联网平台，开展数字化运营体系建设，进行大数据挖掘及建模分析，用数字驱动业务改善。智能管家覆盖11大类产品的联网接入，联网设备数达22万台。实现了全球工程装备的远程服务和服务全程管理，以及远程调度及远程诊断。

（二）建设智能工厂模式

柳工实施装载机制造基地智能化改造、高端智能挖掘机智能制造示范工厂、矿山机械制造基地智能化改造、叉车制造基地智能化改造、传动和液压等核心零部件制造基地智能化改造等项目，满足客户对产品的多品种、小批量、柔性化的定制需求。同时，成立了广西七识数字科技有限公司，以工业互联网为平台，重点支持柳工数字化转型，同时向产业链上下游提供数字化转型服务，带动产业链数字化转型。

（三）建设全面解决方案新模式

柳工围绕打造柳工全产品线面向行业客户的运营平台，开展行业客户营销项目、赋能渠道行业客户拓展能力、头部客户业务深化，推进铁路、港口、煤炭、废钢铁、矿山 5 个行业及川藏铁路、北部湾港口等项目，提炼柳工矿山营销方案与隧道出渣新能源产品解决方案，建立了 9 个行业客户产品应用标杆。

（四）培育新消费模式

柳工建设了经营性租赁平台、融资租赁平台、配件电商平台，实施了再制造能力提升等项目。通过品项突破、开展服配营销模式、大客户公关等措施大幅提升配件销售。

二、试点成效

2021 年，实现整体营业收入同比增长 10%，再创历史新高。核心产品装载机、挖掘机市场地位进一步提升，装载机国内市场占有率重回行业第一，全球销量稳居全球第一，其他整机产品的国内市场占有率持续提升，进一步巩固了行业地位；海外业务较好地抓住了市场机遇，取得了全年海外收入同比增长 66% 的优异成绩。

随着两业融合试点工作推进，柳工丰富的产品线和完善的配套服务体系，为全球客户提供不同工况解决方案，有效地支撑企业“全面解决方案”战略的实施。在创新能力上，柳工始终坚持加强核心技术攻关，坚持创新并持续投入，形成了完善的研发体系，现拥有 24 个研究院所，构建了全球研发中心、产品研究院等多位一体的研发机构，并在英国、美国设立地区研发机构，形成国内与海外分工协作，协同与资源共享的研发体系；成立大数据 &AI 研究所、电驱动研究所，以加快产品智能化及新技术应用领域步伐。在国际化业务上，公司在印度、波兰、巴西、印度尼西亚设立了 4 家海外制造基地，在印度、波兰、美国、英国设立了 4 家海外研发机构，同时拥有多家包含整机、服务、配件、培训能力的营销公司，并通过 300 多家经销商的 2 700 多个网点为海外客户提供销售和服务支持。柳工海外业务覆盖了“一带一路”沿线绝大部分国家和地区，较高匹配国家“走出去”战略。

【专家观点】

柳工围绕核心产品，建设全球研发中心和服务平台，提升智能制造和智能服务水平，依托科技创新和数字赋能，实现了两业深度融合。通过智能化改造项目，满足了客户对产品的多品种、小批量、柔性化的定制需求，实现了以用户为中心的定制和按需灵活生产。作为产业链龙头企业，柳工积极面向上下游企业提供数字化转型服务，力争带动全产业链数字化转型，实现了资源高效利用和价值共享。围绕企业“全面解决方案”战略，在海内外积极布局各类研发中心和营销公司（网点），研发体系不断完善，客户服务水平不断提高，实现了向服务领域的深度延伸，值得相关企业借鉴。**（李子文　中国宏观经济研究院产业经济与技术经济研究所）**

广西玉柴机器股份有限公司：从生产制造向定制化、智能化、服务化转型发展

广西玉柴机器股份有限公司（以下简称广西玉柴）始建于1951年，总部设在广西玉林市。广西玉柴主要产品包括柴油机、燃气机、燃料电池、混合动力系统、纯电动系统等，配套卡车、客车、工程机械、农业机械、船舶机械和发电机械、专用车、皮卡、无人机等，产品远销亚洲、欧洲、美洲、非洲等180多个国家和地区。企业率先推出我国首台满足国一至国六排放标准的发动机；获得中国首张UN R49.07欧六E阶段排放证书，发布国内首台商用车燃氢发动机；率先推动重型柴油机SCR（选择性催化还原法），填补柴油机3 500千瓦以上领域空白。2020年，该企业被国家发展改革委列入第一批先进制造业和现代服务业融合发展试点名单。

一、主要做法

（一）数字赋能，实现从下单到交付的全周期管理

广西玉柴通过数字化管理平台，实现客户协同、供应链协同、产供销协同管理，打通从客户下单到订单计划的完整流程。通过网络改造、混合云平台、订单交付平台、信息安全等方面的互联网建设及改造，提供安全、坚实的网络基础，实现制造过程可追溯跟踪，从而达到缩短产品交付周期、提高准时交付率、降低产品库存等；将关键工序的人工作业方式提升为设备自动作业方式，配置机器人，机器人根据中控指令自动调用程序，可实现铸件的柔性清理、多品种清理，通过对生产线的智能改造，配套MES及数据采集系统，以透明化为基础，智能化为导向，将铸造、加工、装配等全生产流程数据贯通，实现了从订单计划到制造交付的数据贯通、数字化管控、数字化应用和数字化决策。

（二）研发赋能，实现以产品为中心转向以客户为中心

广西玉柴加强集成产品开发体系（IPD）建设，完善研发流程的产品开发、技术开发、应用开发 3 个业务场景的 IPM 产品研发项目管理系统，以及用来管理所有与产品相关信息和所有与产品相关过程，对产品开发中涉及的概念设计、系统分析、详细分析、模拟仿真等过程进行过程管理与整合管理的 TC 产品数据管理系统，实现产品模块化、配置化设计满足客户个性化需求；ECMS 产品设计变更管理和零部件通用化系统等应用系统逐步完善。做到打通产品上下游，实现产品与用户需求联合开发，缩短产品上市周期。达到从“响应式”开发向“预测性”“定制性”“服务性”开发方向发展。

（三）模式赋能，不断延伸产业链长度拓展服务后市场

广西玉柴提升传统的客服能力，创新服务模式，依托传统的客户服务活动，衍生出配件商城、远程诊断、远程故障处置、有偿延保等创新的服务模式。依托物联网技术，建立玉柴动力数据智能服务平台（PDS），完成平台底层架构建设、金融模块功能及客户 App 功能、完成 PDS 主体建设及功能模块开发，建设远程监控、标定及刷写能力、远程预判、诊断及分析能力、知识库及零部件故障失效模式及产品智能化能力，对车辆的运行数据采集和分析应用，为客户提供包括产品、服务、技术支持、知识库等在内的集成服务，拓展服务后市场。

二、试点成效

2021 年，广西玉柴实现主营业务收入 201 亿元，同比增长 7.25%，其中服务业收入占主营业务收入的 7.9%，服务业投入占主营业务投入的 8.3%；获得硕士、博士学位和高级职称员工 563 人，同比增长 17.8%；专利授权 1 038 项，同比增长 75.6%。2022 年上半年实现主营业务收入 54.9 亿元，服务业收入占主营业务收入的 14.9%。

通过客户协同、供应链协同、产供销协同，依托智能网联技术，构筑以广西玉柴为轴心，整车厂、经销商、服务商和终端用户紧密相连的生态体系，实现

玉柴动力数据智能服务平台数据可视化，服务效率全面提升，故障解决效率提升 6% ~ 7%，故障闭环周期缩短 20 天以上，智能派工效率达到 83%，服务受理时间缩短 50%。

智能生产配送执行系统运行后，使装配线嫁动率从 81% 提升到 90%，在不改造产线的前提下提升产能 47%，即每年可多产出 3.8 万台发动机。

【专家观点】

广西玉柴以企业营销和研发两大运营核心为主线，打造形成从市场、销售、研发、项目、交付到服务的闭环平台型生态运营系统，为企业高质量发展积蓄了强劲动能。通过 IPD 研发流程再造，打通产品上下游，实现产品联合开发；构建 MES 及数据采集的生产线，实现从计划到交付的数据自动化流贯通、数字化管控、数字化应用和数字化决策；通过大数据平台体系，构筑以广西玉柴为轴心，整车厂、经销商、服务商和终端用户紧密相连的“玉柴数据生态系统”。**（毕朝国　江苏现代服务业研究院）**

重庆齿轮箱有限责任公司：形成全生命周期数字化管理体系

重庆齿轮箱有限责任公司（以下简称重齿公司）始建于1966年，是一家以研发和生产高、低速重载齿轮箱为主的大型国有军工企业，以硬齿面齿轮传动装置为核心业务，产品广泛应用于船舶、海工、风力发电、水泥建材、金属冶炼、传统能源、分布式清洁能源、轨道交通、工程机械、油气开采、固体废物处理等行业，是船舶行业内唯一生产舰船齿轮箱、联轴节、减振器的重点军工企业，是国内大型硬齿面齿轮研发制造基地之一，也是我国海军舰船后传动装置的研制基地。2021年，该企业被国家发展改革委列入第二批先进制造业和现代服务业融合发展试点名单。

一、主要做法

（一）系统集成优先，全产业链信息化水平持续提升

重齿公司通过加快高精齿轮传动系统核心装置全生命周期数字化运营管理信息系统建设，实现了全面的多业务信息系统集成应用。企业打造高效的技术研发平台，实现可重构、可裁剪的动态生产计划管理；通过完善的供应链管理平台，提升了全产业链信息化水平；建设基于物联网的远程在线监测与智能诊断平台，提升了客户服务质量；平台全面的集成应用，实现了合规、内控、风险下的业财一体化融合。推动高精齿轮传动系统核心装置全生命周期数字化管理运营，利用数控资源协同平台实现与PLM、CAM的紧密集成，推动数据采集系统与ERP互联互通，实现协同管理和集成应用，提升生产制造的自动化和便捷管理。

（二）产学研用结合，人才建设与技术创新双提升

重齿公司采取产学研用结合方式，引领主流技术发展趋势，推动人才队伍建设和培养，立足企业实际，适应企业发展，服务行业，提升行业整体技术水平。自 2000 年至今，重齿公司与江苏科技大学联合开发 ERP，每年投入 300 万 ~ 400 万元，先后搭建基础网络、销售订单、技术物料清单（BOM）、生产制造、物资采购、财务结算、仓储物流、质量检验、设备管理、供应链管理等系统并持续进行优化及完善。

二、工作成效

2021 年，重齿公司累计实现营业收入 30 亿元，实现销售收入的同比增长，利润总额为 5 192 万元，资产负债率 48.35%，两金占比 46.76%，各项长期发展指标均向好态势。截至 2022 年底，重齿公司累计申请专利 700 余项，现有 270 余项有效专利，其中发明专利 90 余项；主持起草国家和行业标准 30 余项；荣获国家科技进步二等奖 2 项；重庆市及其他各类省部级科技进步奖 60 余项。通过推动两业融合发展，重齿公司生产效率提高 22% 以上，运营成本降低 20%，产品研制周期缩短 36%，产品一次下线不合格率降低 50% 以上，能源利用率提高 14%。

【专家观点】

重齿公司积极探索高精齿轮传动系统核心装置的两业融合发展的新模式新路径，依托企业的数字化研发、数字化制造、数字化管理、数字化服务等平台，重点建设协同研制创新平台，实现了产品全生命周期数字化运行管理，构建了高精齿轮传动系统核心装置的平台系统，为上下游企业开展产品运维、协同研制、测试等服务打下了好的基础，实现了两业融合发展，为装备制造业全产业链发展提供了有益借鉴。同时，通过采取产学研

用结合方式，实现研发与生产环节的深度互动，不仅大幅缩短了产品研发周期，也进一步提高了自身在行业技术发展中的主导权，值得类似装备制造企业借鉴。**（李子文　中国宏观经济研究院产业经济与技术经济研究所）**

陕西鼓风机（集团）有限公司：为客户提供全方位的分布式能源系统解决方案

陕西鼓风机（集团）有限公司（以下简称陕鼓集团）始建于 1968 年。陕鼓集团节能环保产品和智慧绿色系统解决方案及系统服务广泛应用于石油、化工、能源、冶金、空分等国民经济重要支柱产业领域。企业构建了以分布式能源为核心的七大业务能力支撑体系，实现设备、EPC、服务、运营、供应链、智能化、金融全面发展，为客户提供全方位的分布式能源系统解决方案。2021 年，该企业被国家发展改革委列入第二批先进制造业和现代服务业融合发展试点名单。

一、主要做法

（一）提升大型风机装备技术研发及产业化能力

陕鼓集团注重装备制造与研发设计有机融合，通过优化研发体系，完善全流程智能制造模式，全面提升轴流压缩机、离心压缩机等大型动力装备智能制造研发及制造能力，解决了制约我国大型装备制造的“卡脖子”问题，提升了企业的核心竞争力。企业通过打造产学研用体系，开发了轴流压缩机、离心压缩机、3 代锅炉煤气余压透平发电装置（TRT）等国际领先技术，实现研发与市场需求紧密衔接。

（二）创新升级全生命周期工业服务模式

陕鼓集团发挥龙头企业优势，抓住绿色智能再制造发展机遇，以工业服务为起点不断探索与实现系统解决方案的智能再制造能力提升，带动国内装备再制造领域从装备、材料到技术规模化应用的产业链整体攀升。企业打造全生命周期一体化服务模式，不断向下游延伸，提供与产品配套的生产性服务，突破客户、产品、服务区域限制，拓展板块发展边界；通过服务智能化平台，优化供应链、提升技术水平、推动服务规范化和标准化，提升快速精准履约能力。

（三）持续发展工程总承包业务

陕鼓集团专注提升工程设计及交付能力，带动行业发展。通过提升综合设计能力、升级供应网络、落实矩阵式项目管理等手段，实现建设工程项目“一流水平、最短工期”管理。构建市场认可的具备综合工程实力的分布式能源工程EPC品牌。建立健全组织机构，安全管理分为工程公司级和项目级进行管理，做到层层压实责任。

（四）提升气体及综合能源产业运营能力

陕鼓集团通过明晰定位、整合供应、强化金融支撑，进一步加速市场开拓和服务能力。通过强化业务聚焦、提升研发和金融支撑力，打造领先的专业分布式能源运营品牌，带动全产业链上下游企业整体综合节能降耗水平提升；通过强化集团全流程协同，实现全生命周期管理，有效提升客户满意度与黏性。

（五）建设全球供应链资源服务平台

陕鼓集团搭建全球化采购体系，结合客户需求，综合比选采购全球优质资源，实现供应链优化和最低成本集中采购，带来新利润增长点。企业通过拓宽产品品类、延长服务等手段，不断扩展细分市场，逐步成为“一站式”供应链服务提供商。在组织架构和信息化支撑下，通过提升管理水平、强化风控能力、打造高效运营平台，强化供应链全链条服务能力。陕鼓集团充分利用自身产业优势，打造分布式能源系统解决方案的陕鼓特色供应链产业，在全球设立华采中心、欧采中心、印采中心等直采中心，进行全球供应链采购，实现去代理化，向全球工业领域上下游产业企业提供多领域、“一站式”综合服务解决方案，有效降低成本，实现效率提升。

二、试点成效

随着两业融合试点工作推进，陕鼓集团主要经济指标同比呈两位数、三位数以上增长，人均利润接近或超过国际对标企业，经营绩效国内全行业第一。2021年全年实现销售合同额537.90亿元，同比增长61%以上，营业收入突破270亿元，均创历史新高。

【专家观点】

陕鼓集团发挥龙头企业优势，大力提升大型风机装备技术研发及产业化能力，升级全生命周期一体化服务模式，优化供应链、提升技术水平、推动服务规范化和标准化，打造服务智能化平台，主动挖掘用户需求，强化高端制造，以绿色发展实践践行初心，打造分布式能源系统解决方案的陕鼓特色供应链产业，向全球工业领域上下游产业企业提供多领域、“一站式”综合服务解决方案，走出了一条国有企业以两业融合试点为契机，推动装备制造产业走绿色化转型升级的新路径。**（刘增华　北京工业大学）**

新疆金风科技股份有限公司：全力打造世界领先的风电整体解决方案提供商

新疆金风科技股份有限公司（以下简称金风科技）成立于1998年，是我国最早进入风力发电设备制造领域的企业之一。金风科技主要从事风机制造、风电服务、风电场投资与开发三大主要业务以及水务等其他业务，主要有风机机组、风机零部件销售、风电服务、风电场开发等产品和服务。2020年，该企业被国家发展改革委列入第一批先进制造业和现代服务业融合发展试点名单。

一、主要做法

（一）“精益管理＋智慧运营”助力价值创造

2021年，金风科技依托旗下全资子公司北京天润新能投资有限公司深度推进两业融合，打造了达坂城整装风电场标杆项目。该项目借助数字化技术，将物联及标准化业务流管理思路应用到生产实践中，通过数字化智慧运营平台进行实时指标分析和实时策略调整，在持续开展高质量现场运维工作的基础上，实践“集控＋EAM＋风险管理”模式，推动运维智能化，资产透明化，并以服务半径为基础优化人员结构，提高工作效率。通过系统性管理，采取全生命周期维护，风机故障率降幅超过40%，综合场用电率达到1.73%，处于行业领先水平，并在组织保证、生产管理、效率效能、成本控制、安全管理、团队建设以及环境资源利用等方面表现突出。

（二）数字化手段先行，智慧设计科学提升项目效益

金风科技自主研发了数字化风电场GoldFarm平台（智能一体化风电场设计平台）、尾流模型、虚拟测风塔技术、雷达控制技术等一系列数字化信息支撑手段，

不断提升科技和信息技术在风电领域的深度应用。例如，投资建设的总装机容量高达450兆瓦的共和风电场，位于青海省东北部的海南藏族自治州，北靠青海湖，南临黄河，所在地地形开阔，地势由北向南倾斜，项目利用一系列数字化信息支撑手段解决了基于尾流控制的微观选址问题。通过采用金风科技数字化风电场GoldFarm平台和风匠ADM（致动盘模型）尾流模型对尾流重灾区进行模拟仿真，共和风电场设置了气流缓冲区并减少排数从而实现了降低全场尾流。同时，依据测风塔实测数据和虚拟测风塔技术模拟数据，综合判定发现资源优势区域，在风电场西部资源优异区域加密布机，使整体发电量大大提升。共和风电场所配置的激光雷达智能控制技术（E-Farm）可以提前感知风况，缩短机组响应时间，提升机组稳定性，精确探测前方机组信息，使项目能够充分减少尾流损失，实现发电量最大化。除了尾流控制定制化方案之外，共和风电场的微观选址方案比选还利用数字化手段充分考虑了现场地形起伏、道路、冲沟以及河流等影响因素。项目建成后，执行HS（哈密服务模式）运维服务模式，采用区域化管理模式"一机一案"管理办法，针对不同机组运行情况制定相应维护策略，确保数字化技术所设计的"好风场"实现全生命周期可靠运行。

（三）绿色发展全球服务，绿电赋能"双碳"目标

在产品制造端，金风科技初步实现了低碳风机产品与绿色供应链的双循环，构建了完整的绿色供应链管理评价指标体系。在电力供给侧和负荷侧，金风科技积极打造区域源网荷储综合供能模式，建设"风光储"电站，与自备电厂实现协调互济，为负荷侧直供电，构成源网荷储一体化的绿色供能体系。面向全球能源转型的大趋势，金风科技将可再生能源与数字化技术深度融合，积极构建面向新型电力系统的零碳解决方案，在源网荷储各环节进行优化和再造，创新能源资产管理模式，依托自身技术，与全产业链协同创新，合力推动风电行业高质量发展。

二、试点成效

金风科技快速响应市场变化，凭借强大的研发实力及产品技术优势、前瞻的

产业布局及多元化盈利模式，聚焦开拓创新，不断追求高质量、高效率、规模化发展。2021年，金风科技营业收入505.7亿元，归属母公司净利润34.6亿元，同比增长16.65%。

随着两业融合试点工作推进，金风科技已建成风电装备供应链综合智能化管理平台；通过仿真平台使风机整机仿真效率提升50%以上，建成金风科技绿色供应链管理平台，可实时显示供应链绿色节能减排信息；风机整机一次检验合格率达到98%，人工成本降低20%；风电场设计服务使风电场产能较传统方案增加2%；风电场工程建设管理服务使风电场建设周期由15个月缩短至12个月，电量损失减少2%。

【专家观点】

金风科技利用其在风能领域强大的技术优势和专家资源，并结合自身的风电服务管理经验，依靠云计算、大数据、物联网、人工智能等数字化技术，提供基于风电装备全产业链的创新服务解决方案，利用先进的理念来解决不同场景业务痛点，形成了国际化、数字化、智能化的全产业链服务体系。该企业始终注重全生命周期管理，积极搭建了数字化风电场GoldFarm平台、风电装备供应链综合智能化管理平台以及金风科技绿色供应链管理平台等数字化平台，将物联与标准化业务流程管理有机结合，不仅提高了生产效率与项目效益，而且达到了节约能源的绿色发展目标，值得类似企业借鉴。**（韩龙艳　合肥工业大学经济学院）**

消费品工业

上海微创医疗器械（集团）有限公司：数字化助力企业从研发制造向服务端延伸

上海微创医疗器械（集团）有限公司（以下简称微创）1998 年成立于上海张江科学城，是一家创新型高端医疗器械集团，致力于高端医疗器械的研发、生产、销售、售后服务，并提供相关技术开发、技术服务、技术咨询、全生命周期管理等。现已拥有（申请）专利 6 800 余项，5 次获得国家科学技术进步奖和多个省部级科技进步奖，26 个产品进入国家创新医疗器械注册绿色通道。2020 年，该企业被国家发展改革委列入第一批先进制造业和现代服务业融合发展试点名单。

一、主要做法

（一）推动研发设计和制造业有机融合

微创瞄准转型升级关键环节和突出短板，进行高性能医疗器械关键性特种原材料、特种原部件和关键零部件的设计开发。布局十二大领域，针对现有医疗解决方案的问题（如国内解决方案落后甚至空白、原有方案存在治疗局限等），提出医疗解决方案、研制高性能创新医疗器械，致力于提供全球领先的高性能医疗器械解决方案，推动研发设计与制造业融合发展、互促共进。

（二）推动医疗器械制造业和服务业融合

微创打造介植入医疗器械医患一体化服务平台。持续为患者和医疗机构提高智能化、精准化、个性化、远程化、普惠化的高端医疗产品和专业医疗解决方案，依托微创在线贯穿 BDP［药械企业（B）、医生（D）、患者（P）］3 个角色的线上一体化平台优势，整合线上线下资源。同时微创在集团层面对公共资源进行整合，搭建了通用平台，合力攻坚技术难题，提供产业孵化服务，优化资源利用。

（三）推动生产制造环节和工业互联网融合

微创建设高端医疗器械全生命周期协同管控平台，实现冠脉支架、医疗机器人等高端医疗器械产品从需求研发、生产制造、供应链和售后服务的全生命周期过程闭环协同，以及微创高端医疗器械产品与经销商、供应商、物流服务商、医疗机构和患者之间的产业链协同和内外资源的整合共享，促进降本提质增效和产品的小型化、高端化以及经营的数字化、智能化发展。

二、试点成效

微创的生命周期管理系统对产品研发过程中产生的技术文档、变更记录、数据模型、验证标准和结果进行协同管控，实现新老项目技术共享与协同并形成适用多产品研发的通用解决方案知识库，构建研发资源协同共享平台，此模式缩短产品研发周期 30% 以上。

微创的数字化应用实现生产过程流程卡无纸化率 100%，每年减少超 28 万张纸质表单填写操作；人工生产效率提高 20% 以上，节约生产员工工时约 14 000 小时，并降低员工的工作强度，使人、系统真正地集成在一起，互相配合，协同高效。全面实现制造过程的实时监控、过程控制和数据追溯，质量问题追溯时间缩短 90%，产品过程质量合格率保持在历史同期优异水平，产品合格率保持在 99.8% 以上，冠脉支架产品质量总体评价由 2019 年的 91.64 提升至 2021 年的 94.88 以上。

微创从心血管领域切入，以创新的线上模式服务于医生和患者，提供科研服务、手术导航、医患管理、随访与健康管理的诊疗全流程服务，打造公司特色的“医疗 + 互联网”一体化解决方案智慧平台。

在行业内率先实施医疗器械唯一标识（UDI）管理，植入卡保证产品全生命周期可追溯；为患者提供“一心、两线、两库、八媒体”全方位患者关爱，提升术后生活品质、收集市场数据促进产品迭代更新；医生可在线“管理、答疑、示教、术中指导”，降低产品使用风险，提高服务便捷性和基层医生业务能力。

微创平台累计为20余万名冠脉介入医师提供远程培训、为患者提供18万人次健康管理服务、录入植入卡29万张，覆盖全国33个省份、326个市、2 713家医院。

【专家观点】

目前，创新能力不足、质控流程复杂、生产成本高、运营数据“孤岛”是大多数医疗器械企业结构转型面临的普遍难题。作为两业融合试点企业，微创始终坚持创新赋能两业融合，瞄准转型升级关键环节和突出短板，布局十二大技术领域，同时创新应用工业互联网，搭建多个通用赋能平台，实现了医疗器械产品从需求研发、生产制造到供应链和售后服务的全生命周期过程协同，深化人工智能、大数据等新一代信息技术应用，开展健康管理等增值服务，提升企业服务能级，示范引领高端医疗器械行业与现代服务业深度融合发展。（**韩龙艳　合肥工业大学经济学院**）

波司登羽绒服装有限公司：坚持“品牌高端引领”探索数字化个性定制

波司登羽绒服装有限公司（以下简称波司登）始创于1976年，主要从事自有羽绒服品牌的开发和管理，包括产品的研究、设计、开发、原材料采购、生产及销售等。波司登在中国拥有八大羽绒服装生产基地，旗下品牌包括波司登、雪中飞、冰洁等。在中国市场拥有4 000余家零售网点，产品销往美国、法国、意大利等72个国家和地区。2021年，该企业被国家发展改革委列入第二批先进制造业和现代服务业融合发展试点名单。

一、主要做法

（一）双向驱动实现智能装备高度互联

波司登已形成智能生产中心与智能配送中心双驱动的融合路径，开创了品牌服装研发智造和服务化转型的新模式，实现了以消费者为中心的智能制造升级。波司登自主研发了一套具有独立知识产权的服装智能制造系统（GiMS），实现工艺（CTI/CAD/GST）、排程、MES、质量管理体系（QMS）、可视化绩效（VPM）、设备管理等环节与自动化设备、ERP、上游门户等集成互通，支持铺货、原厂委托制造、小单快返、个性化定制多种模式，实现了订单接收、自动排版、自动铺布、自动裁剪、自动充绒、半自动缝纫、自动吊挂的生产流程，在全行业首创实现所有设备的互联互通并实时和市场信息链接。

（二）大数据洞察打造全链协同供应链

通过将工厂及销售终端数据打通，波司登以“互联网+大数据+智能制造”打造行业领先的供应链体系，快速响应市场需求。行业首创的自动充绒、自动包装、自动模板等关键技术装备，可跨行业对标、部件化生产、部分流程无人化作业，实现行业内仅有的每日订单、每日补货。借助先进的数字技术，构建供应链上下游多方协同平台，在原料生产、成衣制造、生产管理等各环节，全面提升绿色设计与绿色制造水平，实现产地可干预、质量可溯源、产量精准可控、质量透明可视。

（三）探索行业个性化“特码定制”新模式

2019年以来，波司登定制云平台在全国400家门店推广应用“特码定制”项目。消费者基于个人喜好、个体尺寸，可在线在门店销售终端（POS）系统完成下单流程，云平台自动把定制款式、消费者个人喜好、个体尺寸下发技术部门制作技术资料，并上传云平台（CAD图纸、BOM用料、工艺尺寸说明等）、智能分配工厂生产，生产完毕后工厂实时调用、打印快递公司面单并自动通知快递公司揽收、配送至消费者，从门店到技术、生产再到物流全链路联通且可视。定制交货周期最快仅需一周，达到行业领先水平，也为向C2M模式转型奠定基础。

二、试点成效

波司登通过深入推进两业融合试点，使企业在市场竞争中实现了差异化竞争，持续提升品牌核心竞争力，并增强了企业营利能力。企业近五年连续取得营收、利润等主要经营指标双位数增长，市场销售量、市场占有率、市场覆盖率持续提升。2016财年至2021财年营收年均复合增长率达18.7%，利润率水平逐年提升，实现了持续、稳健、高增长的战略目标。

【专家观点】

波司登以品牌建设为引领，以数字化转型为纽带，积极探索“互联网+大数据+智能制造+品牌打造+个性定制”等多种模式的两业融合发展，开创了品牌服装研发智造和服务化转型的新模式，实现以消费者为中心的智能制造升级。推动企业战略转型和业务变革取得显著成效，推动企业重新定义顾客价值，重新定义供应链生态系统，重新定义企业运营及服务体系，提升产业核心竞争力，推动行业质量效益明显提升，对于传统服装企业开展两业融合发展具有借鉴参考价值。**（李忠娟　中国产业发展促进会）**

青岛啤酒股份有限公司：探索两业融合新模式　打造一流消费生态

青岛啤酒股份有限公司（以下简称青岛啤酒）始建于1903年，是中国历史悠久的啤酒制造厂商。青岛啤酒于1993年在上海和香港两地上市，是中国内地第一家在海外上市的企业。2021年，该企业被国家发展改革委列入第二批先进制造业和现代服务业融合发展试点名单。

一、主要做法

（一）运营模式全链式创新升级

青岛啤酒推动采购、制造、销售、消费信息交互和流程再造，形成高效协同、弹性安全、绿色可持续的智慧供应链网络。通过物联网AI智能仓储管理系统，建设成品酒追溯管理系统（PTS）、运输管理系统（TMS）、渠道管理系统、经销商管理平台、ERP系统接口以及基于云模式的数据服务器和云终端软件。实现了成品酒条形码打印、成品酒自动组垛、仓库成品酒条形码手持终端扫描出库等业务。建立包含车辆管理、出入库功能、库存管理、查询统计、数据监控、图像展示一体化智慧仓储体系，实现了生产、入库、仓储、发货等全过程数据自动采集；仓储作业的自动化和智能化，物流车辆管理及发货产品正向、逆向产品追溯查询。实现企业产品从下线到渠道的全面追溯，支持市场、打击窜货，同时规范仓储作业，提高数据准确性和及时性，提升效率，逐步建立成品酒在外部的物流跟踪，包括在途、承运商仓储和渠道库存，形成完整的、可视化的供应链系统。

（二）创新思维打造沉浸式体验新场景

青岛啤酒发挥品牌优势，打造以青岛啤酒博物馆、啤酒节、酒吧、精酿啤酒花园、啤酒小镇等多业态组成的消费新生态。在打造全国首家工业旅游示范点的基础上，行业首创 TSINGTAO1903 酒吧和全渠道覆盖的销售模式，构建沉浸式品牌体验新模式。

作为青岛啤酒板块的组成部分之一，TSINGTAO1903 酒吧始终坚持以消费者为中心，以时尚个性化的设计、先进的营销理念，为消费者提供舒适惬意的消费环境、新鲜醇正的青岛啤酒、激情时尚的啤酒文化、细致周到的服务体验，以及贴心便捷的外卖服务，致力于为消费者创造更美好的生活，引领时尚潮流生活方式，为城市注入时尚动力。青岛啤酒时光海岸精酿啤酒花园以立足青岛西海岸金沙滩啤酒城为核心点，依托西海岸良好的营商环境及自身深厚的啤酒文化底蕴和品牌优势，以精酿工坊、啤酒主题度假酒店为核心，以威士忌俱乐部、啤酒 SPA、创意烘焙、婚恋服务等时尚业态为重要体验项目，成为全球首创、规模最大、业态最全、体验最丰富的“沉浸式啤酒 + 消费生活体验”MALL，点亮“中国啤酒之都”新地标。

二、试点成效

青岛啤酒 2021 年经营业绩在连续三年高速增长的基础上创出历史新高。2022 年前三季度实现营业收入 291.1 亿元，同比增长 8.73%，实现归属于上市公司股东的净利润 42.7 亿元，同比增长 18.17%，营业收入、净利润再创历史新高。

遍布全国 50 多个城市的青岛啤酒节和 200 多家 TSINGTAO1903 酒吧，成为品牌推广的新高地、消费者体验的新高地、生鲜啤酒等高端啤酒销售的新高地。青岛啤酒品牌价值 2 182.25 亿元，连续 19 年居中国啤酒行业首位，上榜世界品牌 500 强。

【专家观点】

青岛啤酒在优化供应链管理、发展工业文化及产业上下功夫，合理布局啤酒生产的产业链体系，建设数字化服务智能制造工厂与智慧供应链服务网络，全力打造青岛啤酒文旅时尚生态圈，在提升企业内涵发展的同时，实现企业的多元化发展。青岛啤酒深挖品牌文化内涵，充分利用啤酒社交属性，创新产品与服务组合方式，融和“产、饮、餐、演”于一体，不断向消费端深度延伸，创新消费模式，持续打造品牌酒吧、精酿啤酒花园、威士忌银行、啤酒生活创意馆、啤酒SPA等新业态新场景，以新业态催生新融合，值得类似消费品制造企业借鉴。**（李子文　中国宏观经济研究院产业经济与技术经济研究所）**

成山集团有限公司：以轮胎为起点探索多元化融合发展新路径

成山集团有限公司（以下简称成山集团）成立于1976年，是一家以轮胎研发、制造为主导的大型企业集团。2020年，该企业被国家发展改革委列入第一批先进制造业和现代服务业融合发展试点名单。

一、主要做法

（一）搭建创新技术研发平台，推动研发集成化

一是搭建协同创新网络，实现研发集成化。集聚创新资源，承建了山东省轮胎制造创新中心，形成了具有自主知识产权的超低滚阻、高里程、静音等多项绿色轮胎关键技术。二是完善研发测试体系，夯实研发基础。建设11 200平方米荣成测试中心，拥有国内外领先水平的试验设备近200台套，形成了仿真及参数化设计等四大创新平台。

（二）搭建智能制造综合管理系统，高度嵌入智能化

成山集团将“智慧”与“绿色”的基因融入产品，全力打造“智能制造、绿色制造、智慧管理”的智能制造发展模式，通过MES与进阶生产规划及排程系统（APS）、射频识别技术（RFID）等联合应用，实现了制造流程的协同管理，数据实时采集，确保成山出品是走向世界的精品。

（三）搭建车队服务专家管理系统，探索服务一体化

成山集团服务100余家中大型物流车队，近12万轮位，搭建了一套在外救援服务平台管理体系，截至2022年底，注册1 942名司机，服务近900人次外修服务，

为客户提供更优质的服务奠定了数据化支撑。一是数据服务智能化。采用RFID芯片和GPS车载定位技术，结合自主研发的数据清洗模型，对轮胎实现从生产、销售、使用、报废全链条的自动化无人的数据采集。以植入式RFID芯片替代条形码与胎号，作为轮胎的“身份证”监控整个轮胎生命周期，自动监控并调节轮胎的行驶温度和气压，实现轮胎智能化、信息化管理。二是移动轮胎生产再制造。打破传统翻新工艺，通过优化设计将原占地面积2 000平方米的各种设备集中在40尺集装箱内，实现了设备功能高度集中，提供了移动翻新服务，提高了轮胎翻新便利性，降低了翻新成本。

二、试点成效

2022年，成山集团品牌价值达到381.95亿元，同比增长11.82%，累计实现服务收入近10亿元，纳税7.5亿元。围绕高性能轮胎的半制品、成型、硫化、检测、成品分拣装笼等多个物流环节，通过数字化智能工厂的总体布局和数字化再造、智能传感器和智能物流与仓储装备的集成，以及智能制造生产数据的信息化优化，打造智能轮胎制造工厂，实现整个工厂的自动物流、智能分拣、自动检测监控，完成智能化生产计划排产、精益生产、生产过程控制、过程量化管理、成本和质量、半成品、产成品的动态跟踪和追溯的一体化协同优化，实现以智能物流为核心的高性能轮胎智能制造工厂项目建设。

成山集团初步实现科研创新价值共享，已实现以项目清单式管理平台为中心，PLM、LCA、技术决策支持系统（TDSS）、化验室信息管理系统（LIMS）四大研发数据平台为基础的数字化研发设计，从项目调研、立项、模拟预测、设计/开发、制造、营销、服务，形成全生命周期的研发数据化，为生产制造及产品管理提供数据、标准及技术支撑，实现轮胎绿色低碳环保可持续发展。2020年入选工业和信息化部工业产品绿色设计示范企业；2022年完成半钢360个、全钢80个新产品的开发，为主流市场开发新花纹，均已通过严格的国内外测试。

成山集团深挖企业管理，优化组织结构，通过样板车队的搭建，建立了标准化和数字化的服务管理体系，在运营效率和资金管理等方面均得到了进一步提升。

【专家观点】

成山集团立足轮胎产业发展实际，深化新一代信息技术创新应用，全力打造数字化、网络化、智能化轮胎制造和服务体系，积极构建全产业链跨界融合、开放共享的生态平台，实现了供应链数字化转型升级及商业模式再造。积极建设创新中心和平台，聚焦关键技术突破，掌控超低滚阻、高里程、静音等多项绿色轮胎核心技术，打造具有国际竞争力的产品。搭建智能制造综合管理系统与车队服务专家管理系统，实施智能制造和产品全生命周期管理，形成了“研发＋智能制造＋智能售后服务”的两业融合发展的新模式，为轮胎制造与现代服务业融合发展筑牢基础、提供示范。

（李子文　中国宏观经济研究院产业经济与技术经济研究所）

佛山维尚家具制造有限公司：打造“C2B + O2O”全屋家居定制服务新模式

佛山维尚家具制造有限公司（以下简称维尚家具）成立于2006年，致力于为消费者提供全屋整装、全屋定制、全屋配套等一体化服务。企业还提供家居行业设计软件及信息化整体解决方案，为全国家装企业提供装修用主辅材及其他家居产品。2020年，该企业被国家发展改革委列入第一批先进制造业和现代服务业融合发展试点名单。

一、主要做法

（一）探索数字化家居个性化定制服务模式

维尚家具通过与百度（中国）有限公司、阿里巴巴（中国）有限公司、深圳市腾讯计算机系统有限公司等互联网企业合作进行数字营销，把线上的消费者引流到新居网商城，消费者可以在线看方案、看攻略以及家居DIY（自己动手做）体验，为感兴趣的消费者安排就近的设计师，提供免费上门的量尺服务。从线下服务来看，消费者可选择就近的实体门店，到店看不同家居风格、选材料、看搭配，企业安排专业设计师给顾客提供一对一的方案设计和效果图定制等服务。

（二）“看着BIM做装修、订家具”，打造数字化整装新模式

维尚家具采用先进to B产业互联网领域的S2B2C[1]模式，面向中国数万亿元级的家装市场，构建家装行业的产业互联网平台——HOMKOO整装云平台。通过互联网、大数据、云计算、AI、敏捷供应链管理等创新技术手段为传统家装企业进行

[1] S2B2C是一种集合供货商赋能于分销商并共同服务于顾客的全新电子商务营销模式。

创新产业模式赋能，重构家装行业产业链、价值链，提升行业效率，帮助传统家装企业转型升级成为创新性整装企业，使其能更好地服务海量的家装行业终端客户。

维尚家具将BIM的思路引入到家装，通过企业自研发家装行业适用的BIM系统，将装修的细节数字化、信息化后融合在BIM系统里，通过AI优化模拟，在虚拟世界中1∶1地完整建设消费者的家，并提前模拟家装的全过程，通过可视化让消费者实现“尚未动工、却已竣工”的体验并能精准统计材料用量，减少材料浪费。

（三）“维尚模式”海外输出，打造企业发展新动能

维尚家具利用在IT及信息系统技术领域的强大优势，将企业全屋家具定制产业模式整体对海外合作客户输出，同时利用自身较强的供应链管理能力，将供应链体系延伸到海外，向海外合作客户输出定制家具生产所需的原材料、设备，并为海外客户提供泛家居的各类配套供应。

二、试点成效

维尚家具打造“维意定制”和“尚品宅配”两大前端销售品牌，在佛山、广州、上海、北京、深圳、南京、武汉等10多个城市拥有上百家直营店，在全国400多个城市拥有加盟店2 000多家；同时积极响应国家“一带一路”倡议和对外开放战略，将供应链体系延伸到海外，为海外客户提供泛家居各类配套供应。

通过创新开展两业融合试点工作，维尚家具已全面转型整装战略，整装业务累计销售突破10亿元，实行招大商开大店，依托信息化与自动化深度融合、强大的供应链资源等基础，通过整装云平台的各项能力，在to B端致力为全国中小家装公司赋能，在to C端致力为消费者提供“全屋整装＋全屋定制＋全屋配套”的一体化服务。目前该整装云平台整合了包括佛山本土陶瓷企业（东鹏、冠珠、新中源等）、地板企业（大自然等）、卫浴企业（恒洁、法恩莎、箭牌等），以及国内厨电领军企业和家居配套企业，构建了数字化家居共生生态体系。

近三年维尚家具在定制家居行业的市场占有率排名位居前列，是国内定制家具头部企业。2021年，维尚家具总资产54.71亿元，营业收入达到48.18亿元。

【专家观点】

维尚家具通过深度挖掘工业互联网标识在定制家居生产制造过程的应用场景，打通厂内系统、厂外系统和服务平台之间数据互通的瓶颈，促进生产制造各个环节的数据流通和共享，提升企业生产制造过程应对供应链变化和市场反馈响应的敏捷度，形成数字化高协调高柔性化个性化家具制造企业的新模式。通过与互联网企业合作，企业实现线上线下有机结合，积极发挥龙头企业平台作用，通过搭建家装行业产业互联网平台赋能中小家装公司，为泛家居行业提供专业设计、智能制造、数字化管理、云计算等全价值链综合方案，带动全行业加“数”转型、服务升级，起到了两业融合试点企业的引领示范作用。**（李子文　中国宏观经济研究院产业经济与技术经济研究所）**

广西梧州中恒集团股份有限公司：以制药为核心　打造多元化产业

广西梧州中恒集团股份有限公司（以下简称中恒集团）成立于1993年，主营业务是医药及医疗防护用品制造、食品制造、中药材种植、医药流通及日化产业，主要业务是制药业务和食品业务。2021年，该企业被国家发展改革委列入第二批先进制造业和现代服务业融合发展试点名单。

一、主要做法

（一）强化研发设计，推动产学研用协同发展

中恒集团坚持自主创新，瞄准转型升级关键环节和突出短板，加大研发投入，推动产学研用深度融合，先后与北京大学、上海中医药大学等10多所国内知名高校、科研院所、CRO公司建立良好合作关系，形成共建共管、共同开发、资源共享的长效可持续发展机制；成立中恒研究院，聚焦医药、食品、医疗、器械等领域开展新产品研发和技术、产品提升；以集团现有院士、专家、技术人才队伍为基础，打造专业化科技研发团队，重点围绕中药、化学药、生物药、保健食品新品种和新技术的研发，打造对外开放的集产品研发、技术孵化及应用培训于一体的药品（食品）高新技术开发与科技成果转化中心，不断提升核心竞争力。

（二）创新线上线下联动，带动文化健康产业融合发展

中恒集团充分挖掘企业文化底蕴，大力推动龟苓膏配制技艺入选第五批国家级非物质文化遗产代表性项目名录，成为该技艺的保护企业，并通过短视频、互联网直播带货及在电商平台开设旗舰店等路径，推动中华老字号“双钱”龟苓膏畅销全国、走出国门。充分发挥“田七”品牌形象效用，协同开发科技含量高的三七系列

产品，打造“田七”品牌健康消费品产品生产基地，开拓三七产业的重要布局。推进双钱六堡茶茶旅融合乡村振兴项目，携手“全国脱贫攻坚先进个人”祝雪兰，探索打造具有瑶族文化特色且集“赏、住、吃、喝、乐、购”于一体的生态休闲旅游品牌，联合外部媒体开展直播，通过电商直播带货等讲好非遗文化故事，弘扬工匠精神。

（三）推动链式的协同发展，打造高端智造产业集群

在供应链管理方面，中恒集团充分利用5G、物联网、大数据等新一代信息技术打造高效协同、弹性安全、绿色可持续的智慧供应链网络，推动产品设计、物料采购、药品制造、仓储配送、营销管理、客户服务等环节加快实施流程再造，提升供应链管理和信息化水平，提高流通效率，实现现代物流和制造业高效融合。在智能工厂建设方面，中恒集团以物联网、大数据赋能先进制造，引入建筑设备管理系统（BMS）、能源管理系统（EMS）、MES、SCADA等系统，客观、动态记录生产操作指令、设备运行状态和运行结果，并形成电子批生产记录，助推在线质量控制。广西应急医疗物资保障梧州基地项目采用智能式监测装置和微机保护装置，通过通信方式接入SCADA系统，以实现综合自动化控制。在延伸产业链方面，与赛道成熟企业共同设立子公司，在全国范围提供销售服务；加快建设国家级应急医疗物资保障（梧州）基地，补齐广西在医疗防护产业链上的短板，同时引入相关项目，打造产业集群。

二、试点成效

中恒集团2021年合并营业收入31.62亿元；合并营业利润1.78亿元；归属于上市公司股东的净利润3.07亿元。自两业融合试点工作开展以来，中恒集团获授权专利14项，其中发明专利5项、实用新型专利4项、外观设计专利5项，发明专利“一种治疗肝炎的中药复方制剂”获得第二十二届中国专利优秀奖。

【专家观点】

中恒集团积极建设优质高效中医药服务体系，以健康赛道、消费场景为切入口，推动上下游产业链协同发展和“制造业＋互联网”深度融合，持续推进产业链整合，逐渐将在中成药生产制造方面的发展优势拓展到整个生物大健康领域，实现业务板块多元化发展，形成区域龙头示范效应。中恒集团充分发挥“链主”龙头企业的引领示范作用，打造对外开放的集产品研发、技术孵化、应用培训于一体的药品（食品）高新技术开发与科技成果转化中心，驱动产业集群转型升级，值得类似企业借鉴。**（李子文 中国宏观经济研究院产业经济与技术经济研究所）**

现代服务业

北京机械工业自动化研究所有限公司：两业深度融合打造智能制造全产业链

北京机械工业自动化研究所有限公司（以下简称北自所）创建于1954年，是原机械工业部直属的综合性科研机构，一直致力于制造业领域自动化、信息化、集成化、智能化技术与设备的创新研究和开发应用，是工业自动化领域内从开发、设计、制造、安装到服务的行业全面解决方案提供商。2021年，该企业被国家发展改革委列入第二批先进制造业和现代服务业融合发展试点名单。

一、主要做法

（一）推进建设智能工厂，推动制造环节质效提升

北自所深入开展智能制造技术研究，建设智能化数字工厂。利用自有的设计知识库和数字化、智能化设计系统，实现产品的协同设计，并通过虚拟运行实现结构、性能、功能的模拟、仿真与优化。将生产控制系统与MES互联，实现数据交互；MES根据设计结果进行排产，同时，实时收集现场资料，将实际生产状况数字化，优化物料、生产、制造、质量、库房等各管控环节；利用智能物流系统（WCS），打造产品全生命周期的智能制造新模式，实现智能化生产制造。

（二）加快工业互联网创新应用，建设“智能化系统集成应用体验验证中心”

北自所通过对技术、知识、人才等要素资源的整合，打造“互联网+”协同制

造集成应用模式：通过构建智能化生产系统、网络化分布生产设施，实现生产过程的智能化、生产设备的智能物联与智能管控；开发智能工厂仿真规划系统，为行业提供标准、咨询、解决方案等服务，完成智能制造装备检测验证；利用大数据技术帮助企业实现精细化管理，为行业内企业升级改造提供整体解决方案；同时打造了智能制造综合型应用人才的培训和培养平台。

（三）积极发展共享生产平台，助推制造业和服务业融合水平提升

北自所为各类智能终端提供接入服务，实现数据的集成、共享和分析处理。打造云服务平台体系，建成包括数据中台、企业数据服务平台、智能制造仿真平台、智能制造培训平台、机加服务平台和检测及实验共享平台在内的多元化服务平台，为行业内企业提供研发设计、控制优化、设备管理、质量监控、云端业务支持与设计资源共享等服务。利用线上线下相结合的共享平台，推广智能制造解决方案和应用，提供数据分析服务；组织行业论坛和产业联盟，打造智能制造联合体，提供跨领域合作平台，支撑制造业企业在生产制造各环节实现资源优化共享与协同发展。

（四）强化研发设计服务和制造业有机融合，提升总集成总承包水平

北自所瞄准制造业企业在生产活动中的关键环节和突出短板，打造“一体两级”研发体系。以物流系统解决方案为核心，整合研发设计、生产制造等各环节资源，在化学纤维、玻璃纤维、制造业、食品冷链、医药等领域延伸智慧物流，同时为相关企业提供从设计咨询、设备选型到安装调试、交付使用的全部服务，自主开发 WCS、WMS 等软件，为化学纤维和玻璃纤维行业提供独有的整体解决方案和专用设备，总设计、总集成、总承包、运维服务水平进一步提升，有力推动制造业企业转型升级。

二、试点成效

随着两业融合试点工作的持续推进，北自所立足多元产业优势，以智能制造为业务发展核心，充分发挥在信息化、自动化、集成化、智能化领域的综合技术优

势，为制造业企业提供智能制造综合解决方案。

2021 年，北自所稳健经营谋发展，全面完成中国机械科学研究总院集团有限公司下达的各项经济技术指标，经济效益达到历史最好水平。新增合同额 35.59 亿元，同比增长 11.02%；营业收入 18.8 亿元，同比增长 11.35%；净利润 1.16 亿元，同比增长 4.77%。

北自所制定了 300 余项国家标准，取得了 600 余项科研成果，在仓储物流、机器人、电子加速器、液压传动等多个领域，在物流、汽车、冶金、石化、机械、电子、能源、航天等多个行业形成丰富的全面解决方案和工程经验，持续支撑创新驱动、制造强国、“双碳”等国家重大战略实施。

【专家观点】

北自所依托装备制造行业的研发设计、供应链管理、智能制造、智能化数字工厂等优势，充分强化研发设计服务和制造业有机融合，打造“互联网＋协同制造”集成应用模式，持续推进智能工厂、产业化基地及平台建设，发展共享生产平台，将科技服务、信息咨询、工业设计与集成等生产性服务融入制造环节。企业以产业链为枢纽，利用工业大数据技术推动制造业企业向价值链两端延伸，打造覆盖智能制造全产业链的业务组合，全面提升现代服务业对先进制造业的引领和支撑作用，不断提高总集成总承包核心竞争力，推动制造行业智能制造转型升级，促进两业耦合共生。

（李于文　中国宏观经济研究院产业经济与技术经济研究所）

东软集团股份有限公司：数字驱动为汽车产业提供全方位的车联网服务

东软集团股份有限公司（以下简称东软集团）成立于 1991 年。东软集团始终坚持以软件技术为核心，通过软件与服务的结合，软件与制造的结合，技术与行业能力的结合，提供行业解决方案、智能互联产品、平台产品以及云与数据服务。东软集团主要业务领域包括智慧城市、医疗健康、智能汽车互联、企业数字化转型以及国际软件服务。2020 年，该企业被国家发展改革委列入第一批先进制造业和现代服务业融合发展试点名单。

一、主要做法

（一）与车厂建立新型伙伴关系，成为 Tier0.5 供应商

东软集团积极进行商业模式创新，与整车厂商共同组建联合创新中心、研究院等新型研发机构，与客户建立更加紧密的新型伙伴关系（成为 Tier0.5 供应商），深度融入客户生态，深度参与客户产品研发和技术创新。与中国第一汽车集团有限公司共同成立“中国一汽智能网联开发院 & 东软集团联合创新中心”。面向“软件定义汽车”的合作新模式，共同构建以面向服务架构（SOA）为基础的未来整车计算平台。与华晨汽车集团控股有限公司共同组建未来出行联合科学研究院，打造全新的产品形态、商业模式和产业生态，为用户提供简单、安全、有趣的出行体验。

（二）开展上下游联合研发，构建产业链协同创新模式

为解决关键技术、提升研发效率、缩短研发周期，东软集团与核心芯片供应商、主流液晶屏幕供应商、汽车生产厂商强强联合，开展创新产品联合研发，共同

进行产品设计、联合攻克核心技术、同步推动产品研发，创造了上下游企业联合设计、协同开发新模式。围绕车型设计和定位进行智能座舱产品设计，芯片供应商同步开发新款芯片，上下游企业间需求无缝对接、进度无缝衔接、技术无缝连接，使研发的产品更符合用户需求、更低成本、更早推向市场。联合英特尔为一汽红旗研发新一代智能座舱系统；携手亿咖通为吉利汽车打造下一代智能座舱平台；联合高通、移远通信为长城汽车打造首款5G车载终端；牵手京东方科技集团股份有限公司发力智慧城市与智能汽车互联。

（三）组建跨行业产学研联盟，推动产学研合作创新

东软集团积极融入产业大生态，围绕智能网联汽车、汽车电子、车联网、车载信息安全、自动驾驶等领域积极筹建和参与多个产学研联盟或行业协会。利用产学研联盟或行业协会的平台资源，积极推动产学研合作和资源共享，推动地区产业集群发展。联合辽宁省四十多家汽车、电子、通信、交通等车联网产业相关企业以及高等院校和科研院所，共同发起、组建辽宁省首个车联网产业创新联盟，东软集团担任联盟理事长。致力于发挥集群力量和协同效应、提升车联网产业整体实力和技术水平。

（四）积极开展试点示范，提升行业影响力和知名度

东软集团通过行业会议、技术论坛、产业展会、集中示范等方式，积极推动创新产品和先行技术的产业推广和试点示范。与上下游企业和整车厂配合演示了所有“四跨”（跨芯片模组、跨终端、跨整车、跨安全平台）应用场景，充分验证和展示了东软的技术能力与产品实力。参与蜂窝车联网（C-V2X）“四跨”（沪苏锡）先导应用实践活动，面向C-V2X的产业化开展创新技术、标准的验证，为“单车智能+网联化”跨产业协同创新提供了绝好的测试验证平台。

二、试点成效

随着两业融合试点工作持续推进，东软集团2021年实现营业收入87.3亿元，

同比增长 14.60%；实现净利润 11.7 亿元，同比增长 794.35%；每股收益 0.98 元，同比增长 794.35%。东软集团坚定全球化发展，以提高客户满意度且业务健康可持续发展为中心，稳固领先优势，把握市场增长机会，提升专业化服务能力和业务规模，全面提升整体竞争优势。

东软集团与一汽红旗、吉利汽车、奇瑞汽车、长城汽车等国内重点汽车企业达成合作意向，为中国品牌的整车厂提供急需的高性价比智能网联数字座舱和车联网服务平台，有效提升我国智能网联汽车和车联网服务平台的技术水平，加速中国汽车产业网联化、智能化、共享化的商业进程。

【专家观点】

东软集团为全球车企及产业链客户，提供面向下一代的汽车基础软件平台、自动驾驶等关键领域的系列产品、整体解决方案和服务体系，通过车联网服务平台，实现“人、车、路、云”信息互联，为汽车产业提供全方位的车联网服务。东软集团在积极布局研发体系过程中，始终瞄准关键环节和“卡脖子”技术，创造了上下游企业联合设计、协同开发的新模式，聚集软件发力，驱动集群升级，提高了自主品牌在车载智能终端产业的核心竞争力，对于助力我国汽车行业转型升级和高质量发展起到关键作用。**（韩龙艳　合肥工业大学经济学院）**

上海化工研究院有限公司：打造五个一体化的融合创新模式

上海化工研究院有限公司（以下简称上化）建于 1956 年，是隶属于原化学工业部的首批重点化学工业研究院。2021 年，该企业被国家发展改革委列入第二批先进制造业和现代服务业融合发展试点名单。

一、主要做法

（一）构建“创新一体化”能力

上化发挥技术研发、测试评价、产业服务等生产性服务技术优势，联合上海立得催化剂有限公司、上海联乐化工科技公司等生产制造端企业，通过产学研紧密合作和全方位联合攻关的开发模式，实现了“创新一体化”，突破了茂金属催化剂、锂电池隔膜树脂、高性能纤维树脂、医用树脂等关键技术，形成发明专利 12 项。推动合作企业技术水平和制造规模有效提升。

（二）建立“标准一体化”体系

上化联合行业内多家制造企业，制订“超高分子量聚乙模塑和挤出材料试样制备和性能测定”国际标准 1 项，“超高分子量聚乙烯和高密度聚乙烯模塑板材”国家标准 1 项，被上下游 100 余家企业采用，规范了国内超高新材料产品市场，引领产业有序发展。

（三）建成“服务一体化”模式

上化将国家重点实验室的技术成果在联乐公司制造基地实施转化，实现“小试—中试—产业化”的无缝衔接，而且推行研究院科技人才在制造企业兼职技术负责人的“双跨”机制，助力企业的新产品开发、技术改造、应用推广等过程中，提供技术服务1 000次/年。

（四）打造“组织一体化”蓝图

上化牵头组建“超高新材料产业技术创新战略联盟”，将行业中不同应用领域企业的技术、产品、标准进行规范整合，深化企业协同，引领产业链深度融合和提升。通过协同技术创新，联盟产业企业数量由100家上升为203家，价值链产值从100亿元增长到200亿元，科研院所、企业良性联动，形成产业融合发展生态圈。

（五）形成“资本一体化”机制

上化合资建立云南金普乐新材料科技有限公司生产高性能管材；另外达成合资协议，共同推进锂电隔膜树脂国产化，通过“科技+资本”，利用产业资本助力成果转化，形成技术和股权的双重链条。

二、试点成效

近五年，上化产品销售额超过11.2亿元，新增利税超过5亿元，应用于中国石化仪征化纤股份有限公司等80余家下游企业，带动产值300多亿元。2021年7月及11月新一代茂金属聚乙烯催化剂产品，分别在中国石油化工股份有限公司广州分公司、中沙（天津）石化有限公司等石化企业成功应用，加快茂金属催化剂的国产化进程。

在产业链方面，上化一方面完善上游产业链条，由制造环节向前延伸，加强创意开发、工业设计、技术研发、成果转化等环节，提高产品的科技含量；另一方面完善下游产业链条，由制造环节向后延伸，加强检测、评估、营销、服务，以及废旧产品回收利用等环节，提高产品附加值。提高从产品定制、设计生产到物流售后的数据驱动和网络运作程度，进而完善两业融合发展的全产业链条。

【专家观点】

上化致力在创新一体化、标准一体化、服务一体化、组织一体化以及资本一体化方面，打造全链条服务体系，积极发挥技术研发、测试评价、产业服务等优势，实现制造业和服务业的深度融合，为事业单位转型为科技型企业积累了许多宝贵经验。上化积极推行研究院科技人才在制造企业兼职技术负责人的“双跨”机制的做法，为缩短创新与应用之间的鸿沟提供了新范式。通过产学研紧密合作和全方位联合攻关，实现了创新一体化，牵头组建超高新材料产业技术创新战略联盟，促进产业链深度融合提升，起到了试点企业的引领作用。**（韩龙艳　合肥工业大学经济学院）**

江苏康缘医药商业有限公司：探索建设“互联网 + 医疗健康 + 医药流通 + 先进制造”新模式

江苏康缘医药商业有限公司（以下简称康缘商业）是江苏康缘集团有限责任公司（以下简称康缘集团）全资控股的大型医药商业企业。现有配送网络覆盖江苏省及鲁南地区，经营药品、医疗器械品规 2 万多种，承接上游药品生产企业、医疗器械生产企业、公共卫生防疫企业 2 300 多家，服务医疗机构、零售终端等下游客户单位 4 000 余家。企业已经成为集药品和医疗器械配送、学术推广、医药产业第三方物流和零售连锁药店等创新发展的综合医疗服务商。2021 年，该企业被国家发展改革委列入第二批先进制造业和现代服务业融合发展试点名单。

一、主要做法

（一）赋能药械制造企业，促进医药产业发展

康缘商业打造医药智能物流中心集团 + 分公司集合模式，实现多组织、多地点、集团化的管理要求，支持多仓库管理，优化供应链管理，为上游医药制造企业拓展供应链生态圈，由单一服务环节向提供全过程服务转变。供应链延伸服务 SPD 项目，优化传统供应链管理模式，实现医院药品、耗材零库存管理，并确保短缺药品物资信息传递及采购供应及时性，提升了为生产企业的配送效率，更有利于医院集中医疗资源为患者提供更优质服务。同时康缘医药也为制造企业研发、生产防疫药品及医疗物资提供数据指引，帮助制造企业及时调整研发方向、生产计划。

（二）创新医疗模式，助力医疗机构提升服务效能

康缘商业依托互联网医院，探寻高效的医疗智能化服务形式，建立分病种、

分人群精细化服务模式，精准满足不同患者的需求，持续完善预约诊疗服务，推进医疗资源的合理配置使用，门诊预约挂号等，充分应用现代化通信、网络、图像数据传输、视频影像技术等综合手段，实现供应链管理的协同化、集约化，由传统的“分割式”就医模式向整体医疗服务发展，拓展了医疗服务空间，激发医疗、医药新活力。

（三）培育智能终端新零售，发力惠民服务

康缘商业致力于打造药品新零售，优化传统药品服务管理模式，与传统排队、叫号方式相比，建设的自动智慧取药平台能够为患者提供就近、便捷、安全、零接触的自助购药、取药服务，满足百姓就医获得感、安全感，尤其能够让患者享受科技进步带来的服务质量的提升。从用药现代化、智能化方面进一步提高患者的依从性，推进智能化医药零售业务发展，更好地为现代药械制造业服务。同时，患者从缴费到取到药品只需要半分钟左右，缩减取药排队时间，有效减少人群聚集引起交叉感染的可能。通过搭建的电子交易平台的企业对企业（B2B）、企业对消费者（B2C）、线上到线下（O2O）模式，推进线下物流、服务、体验与线上商流、信息流融合，提高服务效率和服务品质，构建优质高效、结构优化的服务产业新体系，形成高效协同、可持续发展的智慧供应链网络。

二、试点成效

随着两业融合试点工作的持续推进，康缘商业智慧物流 2021 年全年入库 152 万件，出库 150 万件，帮助上游生产制造企业优化了资源配置、提高了运营效率、提升了服务质量、降低了供应链执行成本，发挥自身供应链优势赋能医药产业上下游，在推动制造业供应链向产业服务供应链转型的同时，促进产业以市场需求为动力转型升级。

2021 年，康缘商业在线就诊人数达 32 000 人，互联网医院就诊人次增长 13%。在连云港市第一人民医院、第二人民医院、第三人民医院已部署自动智慧取药设备 6 台，实现了发药、复核、出药、自助打印用药指导单等患者便捷购药

需求，有助于医药制造业市场渠道的下沉。

康缘商业电子交易平台 2021 年 7 月上线试运营，吸引辉瑞、恒瑞、扬子江、济川、念慈菴等厂家入驻交易平台，线下注册客户 500 多家，已形成销售额 2 000 多万元。同时 B2C 业务通过天猫、京东、自建微信商城在 2021 年完成销售额 1.41 亿元。康济连锁便民药房结合平台资源，已完成上线 76 家 O2O 门店，通过第三方或自有配送体系实现 B2C 送药上门服务，利用线下优势发展线上业务，创新商业模式，实现线上线下业务融合，拓宽了上游生产企业的销售渠道和市场，为患者提供便捷、实惠的药事服务。

【专家观点】

康缘商业以两业融合发展为突破口，依托康缘集团产业优势，以“互联网＋医疗健康＋医药流通＋先进制造”的运营理念，推动医药商业现代供应链服务与医药工业制造实现“分工—互动—融合”的路径演进，有序推进智能物流、健康服务平台、电子交易平台、大数据共享平台建设，以大数据服务推动医药生产企业根据市场情况及时调整研发方向、产品结构、生产计划等。**（王福清　中国医药企业管理协会）**

杭州网易严选贸易有限公司：强化“品质 + 服务” 打造“严选”模式

杭州网易严选贸易有限公司（以下简称网易严选）于2016年4月正式面世，致力于为消费者提供高品质、高性价比的产品。网易严选坚持自采自营模式，从设计、研发、原料、生产制造、质量检测，到物流配送、售后服务等实行严标准选择、全过程控制，以“网易严选”作为终端品牌，深度介入制造业高质量发展，形成了独特的“严选模式”。2020年，该企业被国家发展改革委列入第一批先进制造业和现代服务业融合发展试点名单。

一、主要做法

（一）推动技术普惠深入消费制造

网易严选依托数字技术等创新优势，推动技术普惠深入消费制造等实体领域。网易严选建成全流程数字化的智慧供应链系统，为宠物、家清、床品、办公家具等核心品类爆品打造打下坚实基础，帮助制造业理解新消费需求，释放供应链价值，促进实体经济发展。以宠物品类为例，在宠物产品研发生产过程中，带动新疆等上游优质原材料产地“走出来”、融入产业链条，并推动相关宠物食品工厂向智能化、品质化方向发展，建成宠物4.0智能工厂。以网易严选位于上海的宠粮工厂为例，基于智慧供应链系统预判，在“双十一”前夕以每小时15吨的高产能出货，从消费生产端助力网易严选问鼎多平台“双十一”猫主粮类目销售冠军。

（二）深入全产业链，流程再造，缩短产销环节

网易严选深入产业链上游，缩短了供应链路，让好的制造商品直达消费者，是上游制造工厂和下游消费者之间的唯一环节，从而大幅减少中间环节，去除层层溢

价，确保消费者以更低的价格获得更好的产品，并帮助制造企业免去品牌打造、营销渠道构建等方面的投入，使其能够专心根据市场变动做好生产。

（三）发展原创设计，提供个性化定制服务

网易严选推动消费品工业和服务业深度融合，刺激、促进并满足新消费需求，为消费者提供个性化定制等全方位的优质服务。网易严选拥有近 100 人的专业设计师团队和近 400 人的外包设计团队，设计资源分布于全球 11 个国家，围绕网易严选形成设计生态、商品生态和创业生态，与优秀的设计机构、专业院校合作，整合全球设计资源，面向制造企业开放共享，从生产源头让原创设计产生最大的价值，推动中国设计制造走向世界。

（四）打通线上线下业务，全面布局新零售

网易严选通过持续不断的营销创新和社群化服务模式建立消费者对品牌的好感，积极探索跨界合作模式，助力网易严选零售生态蓬勃发展。2018 年网易严选首家线下店落地杭州西湖解百购物广场，借助网易互联网技术力量赋能，线下店与线上的价格、会员账号、库存数据、售后服务等全面互通，创造了一体化零售体系。基于原有的品牌维度，拓展体验维度。一方面，推动“到店 + 到家”客户体验，引入全托管新型加盟门店模式，打造一线城市优质社区 MALL。另一方面，通过线下场景推动流量变现，并提供强大的供应链支持，强化业务体系联动。

二、试点成效

随着两业融合试点工作的持续推进，网易严选 App 用户复购率达 54% 以上，2021 年全年网易严选全渠道用户同比增长超 80%；四季度，Pro 会员数同比增长 134%。截至 2022 年三季度，网易严选抖音快手渠道销售额同比增长 93%，淘宝系渠道销售额同比增长 63%，京东渠道销售额同比增长 47%，综合渠道销售额同比增长 109%。网易严选“Dear John 原创家纺系列”和“网易严选 × 敦煌博物馆茗茶包装设计”荣获“红点品牌与传达设计大奖”，是继 2021 年“德国 iF 设计奖”“2020

金点设计奖”“2020 中国设计红星奖”后荣获的第四个国际型设计大奖。截至 2022 年 12 月底，网易严选在全国开设门店已达 29 家，其中杭州地区 11 家。

【专家观点】

基于互联网思维和技术创新商业模式，网易严选以互联网为主导，以制造为基础，从消费服务侧切入，依托自身平台利用严选消费大数据，帮助制造企业实现供应链、产业链、价值链、创新链等各类资源的整合、协同和利用，推动供给侧结构性改革。同时，企业深入制造业上游，发挥“引擎性公司”的带动作用，以高质量设计、高标准制造为切入点，构建高质量制造的完整产业链，切实助力传统制造业转型升级。通过打通供需两端，缩短产销环节，深度参与全产业链，构建了平台型企业为中心、众多企业参与的供应链生态圈，形成了基于“严选模式”的促进两业融合发展新路径新模式。**（韩龙艳　合肥工业大学经济学院）**

浪潮集团有限公司：以智能制造打造“平台＋生态”的模式

浪潮集团有限公司拥有浪潮电子信息产业股份有限公司、浪潮软件股份有限公司、浪潮国际有限公司三家上市公司，主要业务涉及云计算、大数据、工业互联网、新一代通信及若干应用场景。2020年，该企业被国家发展改革委列入第一批先进制造业和现代服务业融合发展试点名单。

一、主要做法

（一）加快服务器制造网络化、数字化、智能化发展

浪潮集团结合自身先进制造能力，以两业融合发展深化联合开发合作模式（JDM），以与用户产业链融合为手段，依托智能生产基地以及工业互联网平台，打通需求、研发、生产、交付环节，融合供需业务链。通过客户端的“一键下单”与浪潮生产的批量定制化生产有效结合，实现敏捷生产、快速供货。JDM将客户需求引入每一个产业环节，价值传递从单向线性关系变成多维协同、多向传递的关系，是符合智慧计算时代的产业模式。

（二）深化业务关联，提升平台核心能力

浪潮集团结合云计算、大数据、人工智能等新技术，采用容器化、微服务化的云原生架构，强化了浪潮全流程数字化解决方案的核心能力。推动采购、制造、销售、消费信息交互和流程再造，加强解决方案在机械制造、能源、建筑、医药等浪潮优势行业的融合创新，形成各有侧重、各具特色的智慧服务。夯实“PLM＋ERP＋MOM（浪潮制造运营管理系统）＋IoT”工业软件基础与项目协同制造、供应链协同、产业链协同产品方案，打造了全流程网络化协同

制造新模式。

（三）延伸产业链条，注重生态构建

浪潮集团立足于数万家供应商资源和合作伙伴的采购生态圈，建立基于“互联网＋供应链”模式的采购管控、金融服务、电子商城、差旅服务等综合性服务的一体化互联网平台，强化浪潮作为创新型龙头企业引领作用，作为“链主”企业搭建产业平台，推动企业上云、上平台，促进企业间紧密互动联合，形成产业链一体化发展的创新体系，形成多点辐射、放大倍增的带动效应。

二、试点成效

随着两业融合试点工作持续推进，浪潮集团服务器出货量全球第二、中国第一，存储装机容量全球第三、中国第一。一是在智能工厂建设方面，通过 JDM 创新模式，浪潮集团已为大规模数据中心用户提供冰山冷存储等一系列创新产品。从研发、采购、生产、实施、服务等整个业务链条围绕用户运作，实现了服务器的大规模定制，从研发到供货，最短周期可以缩短到 3 个月，新品的研发周期从 18 个月压缩到 9 个月。浪潮集团服务器智能工厂全面应用工业互联网，实现了从柔性化生产到交付服务的全过程智能化，人员减少 75%，生产效率提升了 30%。二是在整体解决方案方面，浪潮集团具备“三大制造领域＋N 个细分行业”的全面解决方案能力。智能制造解决方案目前在航空航天、兵器工业、船舶制造、基建装备、输变电和光纤通信等行业龙头企业进行了创新实践，取得了显著成果。三是在共享云服务方面，浪潮爱购云基于微服务架构打造数字化采购管理平台，为浪潮集团自身提供招采、询价、商城、协同、金融和其他综合类服务。2021 年实现平台入驻企业 4 万家，同比增长 120%，累计交易额达到 2 900 亿元。助力浪潮集团达成采购过程透明、风险可控、效率提升、决策精准的目标，可招标物料的招标占比达 99%，为浪潮规范采购流程、降低成本、提高效率、确保质量提供了信息化支撑。此外，配套“业务咨询＋产品交付＋平台运营”的管家式服务，确保客户战略及业务长期成功。

【专家观点】

通过推进两业融合试点工作，浪潮集团加快服务器制造网络化、数字化、智能化发展，深化业务关联、提升平台核心能力，延伸产业链条、注重生态构建，按需求定制化、多样化的生产正成为满足新一轮消费升级的关键所在。浪潮集团以推动先进制造业高质量发展为基础，搭建了一个两业融合的服务平台，提供智能制造、供应链协同、供应链金融三大服务能力，找准产业转型升级的特色和亮点，不断深入探索转型新模式、新路径，形成了一套可推广、可复制的服务业延伸制造业的“平台＋生态＋制造”模式。**（李忠娟　中国产业发展促进会）**

四川爱创科技有限公司：致力成为领先的智能一体化解决方案提供商

四川爱创科技有限公司组（以下简称爱创公司）建于 2017 年，坐落于四川省绵阳市安州区安州高新技术产业园，集技术研究（孵化）、产品开发、市场营销、智能制造、智慧仓储物流于一体。爱创公司通过将长虹企业业务群（BG）下属相关业务单元（BU）实施战略转型，面向物联网、5G、大数据、AI 应用拓展的电子 / 电器组件和整机业务进行整合，服务外部行业市场，为客户提供智能一体化解决方案。2021 年，该企业被国家发展改革委列入第二批先进制造业和现代服务业融合发展试点名单。

一、主要做法

（一）对外提供从快速原型到批量生产的一揽子产品解决方案

爱创公司通过线上和线下形式，由客户提供对产品的需求，爱创公司扮演产品设计及生产的角色，按照产品定义完成产品的设计、开模、试产、批量生产、交付等全产品生命周期服务。

（二）为入驻孵化和初创型企业提供全方位服务

爱创公司为入驻企业提供“一站式”拎包入住服务（包括办公物理空间、信息化系统、研发能力、检验检测能力、产品化能力、生产制造能力等），以降低企业运营成本，提升创业项目成功率。同时鼓励员工创新创业，成功孵化出自动咖啡售卖机、自动果汁售卖机、友唱（移动唱歌设备）等 10 余种产品，销售额超 2 亿元。

（三）为入驻企业和在线企业提供生产服务

爱创公司充分发挥公司在制造方面的优势，由客户提供较完整的产品技术图档、整机标准等，爱创公司按照技术图档开模、实现产品化、检验检测、中试生产、批量生产、物流交货等。此模式下客户提供完整的产品设计资料，产品标准，甚至是核心物料供方，爱创公司扮演“工厂”的角色，负责物料的采购、齐套及整机的生产。工厂对生产品质负责，整机从工厂端到客户仓的物流一般是客户负责。

（四）推进面向服务的制造

爱创公司根据对市场的理解及长虹集团业务实际，研发并对外提供具备有市场竞争力的、可量产供货的产品，供客户选择。此模式下爱创公司提供合格、量产产品供客户选择，企业要完成产品定义、产品 ID、产品的设计到模具开模及量产，提供可立即进行量产的产品给客户推荐。此模式下爱创公司提供的是“生产加工能力 + 产品定义能力 + 产品方案设计能力 + 整个价值链的服务”能力。同时，爱创公司通过对产品的后期售后服务、增值服务、生活服务等提供再服务，实现制造产品的附加值增值。

二、试点成效

爱创公司已具备从工业设计、模具开发、注塑加工、产品表面装饰及整机制造等方面的关键技术能力。随着两业融合试点工作持续推进，2020 年爱创公司全年营业收入近 10 亿元，2022 年爱创公司全年营业收入近 18 亿元。同时，为推进区域化协同发展，爱创公司积极融入物联网、新能源汽车等产业方向，形成服务器、高功率电源、充电桩、逆变器等高端新能源关键数字电源设计、制造、销售能力，目前企业与美的等近 100 家企业开展了深度合作，合作产品 110 多种。

爱创公司充分利用长虹供应链服务平台采购优势，为合作客户提供了上千种元器件渠道，大幅缩短了客户产品研发时间，据统计，减少中小企业采购信息系统投入与运维费用 80% 以上、降低成本 20% 以上、降低库存占有 50% 以上、提高库存周转率 30% 以上、降低坏账率 100%、缩短生产周期 50% 以上，有力地降低了产品成本，提升了客户产品竞争能力。在所有合作项目中，爱创公司占客户订单比例超五成以上，得到合作伙伴的认可。

【专家观点】

爱创公司积极探索符合自身特点的制造业与服务业深度融合之路，推动新一代信息技术与制造业融合发展，不断从单一的工业制造向制造服务的业务延伸。企业不仅布局了工业设计、模具开发、注塑加工、表面装饰、整机制造、物流仓储等工业制造配套服务，还建立了研发服务平台、智造服务平台、供应链服务平台、物流服务平台、财务金融服务平台，努力打通工业设计、制造、物流，以及可能遇到的融资渠道，实现了从单一制造业到制造业和服务业深度融合的发展模式。**（韩龙艳　合肥工业大学经济学院）**

第五篇

附录

附录一　关于推动先进制造业和现代服务业深度融合发展的实施意见

发改产业〔2019〕1762号

各省、自治区、直辖市及计划单列市、新疆生产建设兵团有关部门：

先进制造业和现代服务业融合是顺应新一轮科技革命和产业变革，增强制造业核心竞争力、培育现代产业体系、实现高质量发展的重要途径。近年来，我国两业融合步伐不断加快，但也面临发展不平衡、协同性不强、深度不够和政策环境、体制机制存在制约等问题。为推动先进制造业和现代服务业深度融合发展，经中央全面深化改革委员会第十次会议审议同意，现提出以下意见。

一、总体思路和目标

以习近平新时代中国特色社会主义思想为指导，坚持以供给侧结构性改革为主线，充分发挥市场配置资源的决定性作用，更好发挥政府作用，顺应科技革命、产业变革、消费升级趋势，通过鼓励创新、加强合作、以点带面，深化业务关联、链条延伸、技术渗透，探索新业态、新模式、新路径，推动先进制造业和现代服务业相融相长、耦合共生。

到2025年，形成一批创新活跃、效益显著、质量卓越、带动效应突出的深度融合发展企业、平台和示范区，企业生产性服务投入逐步提高，产业生态不断完善，两业融合成为推动制造业高质量发展的重要支撑。

二、培育融合发展新业态新模式

（一）推进建设智能工厂。大力发展智能化解决方案服务，深化新一代信息技术、人工智能等应用，实现数据跨系统采集、传输、分析、应用，优化生产流程，提高效率和质量。

（二）加快工业互联网创新应用。以建设网络基础设施、发展应用平台体系、提升安全保障能力为支撑，推动制造业全要素、全产业链连接，完善协同应用生态，建设数字化、网络化、智能化制造和服务体系。

（三）推广柔性化定制。通过体验互动、在线设计等方式，增强定制设计能力，加强零件标准化、配件精细化、部件模块化管理，实现以用户为中心的定制和按需灵活生产。

（四）发展共享生产平台。鼓励资源富集企业面向社会开放产品开发、制造、物流配送等资源，提供研发设计、优化控制、设备管理、质量监控等服务，实现资源高效利用和价值共享。

（五）提升总集成总承包水平。支持设计、制造、施工等领域骨干企业整合资源、延伸链条，发展咨询设计、制造采购、施工安装、系统集成、运维管理等一揽子服务，提供整体解决方案。

（六）加强全生命周期管理。引导企业通过建立监测系统、应答中心、追溯体系等方式，提供远程运维、状态预警、故障诊断等在线服务，发展产品再制造、再利用，实现经济、社会生态价值最大化。

（七）优化供应链管理。提升信息、物料、资金、产品等配置流通效率，推动设计、采购、制造、销售、消费信息交互和流程再造，形成高效协同、弹性安全、绿色可持续的智慧供应链网络。

（八）发展服务衍生制造。鼓励电商、研发设计、文化旅游等服务企业，发挥大数据、技术、渠道、创意等要素优势，通过委托制造、品牌授权等方式向制造环节拓展。

（九）发展工业文化旅游。支持有条件的工业遗产和企业、园区、基地等，挖掘历史文化底蕴，开发集生产展示、观光体验、教育科普等于一体的旅游产品，厚植工业文化，弘扬工匠精神。

（十）培育其他新业态新模式。深化研发、生产、流通、消费等环节关联，加快业态模式创新升级，有效防范数据安全、道德风险，实现制造先进精准、服务丰富优质、流程灵活高效、模式互惠多元，提升全产业链价值。

三、探索重点行业重点领域融合发展新路径

（一）加快原材料工业和服务业融合步伐。加快原材料企业向产品和专业服务解决方案提供商转型。加强早期研发介入合作，提供定向开发服务，缩短产品研发周期。鼓励有条件的企业提供社会化能源管理、安全环保、信息化等服务。推动具备区位、技术等优势的钢铁、水泥等企业发展废弃物协同处置、资源循环利用、污水处理、热力供应等服务。

（二）推动消费品工业和服务业深度融合。注重差异化、品质化、绿色化消费需求，推动消费品工业服务化升级。以服装、家居等为重点，发展规模化、个性化定制。以智能手机、家电、新型终端等为重点，发展“产品＋内容＋生态”全链式智能生态服务。以家电、消费电子等为重点，落实生产者责任延伸制度，健全废旧产品回收拆解体系，促进更新消费。

（三）提升装备制造业和服务业融合水平。推动装备制造企业向系统集成和整体解决方案提供商转型。支持市场化兼并重组，培育具有总承包能力的大型综合性装备企业。发展辅助设计、系统仿真、智能控制等高端工业软件，建设铸造、锻造、表面处理、热处理等基础工艺中心。用好强大国内市场资源，加快重大技术装备创新，突破关键核心技术，带动配套、专业服务等产业协同发展。

（四）完善汽车制造和服务全链条体系。加快汽车由传统出行工具向智能移动空间升级。推动汽车智能化发展，加快构建产业生态体系。加强车况、出行、充放电等数据挖掘应用，为汽车制造、城市建设、电网改造等提供支撑。加快充电设施建设布局，鼓励有条件的地方和领域探索发展换电和电池租赁服务，建立动力电池回收利用管理体系。规范发展汽车租赁、改装、二手车交易、维修保养等后市场。

（五）深化制造业服务业和互联网融合发展。大力发展“互联网＋”，激发发展活力和潜力，营造融合发展新生态。突破工业机理建模、数字孪生、信息物理系统等关键技术。深入实施工业互联网创新发展战略，加快构建标识解析、安全保障体

系，发展面向重点行业和区域的工业互联网平台。推动重点行业数字化转型，推广一批行业系统解决方案，推动企业内外网升级改造。加快人工智能、5G 等新一代信息技术在制造、服务企业的创新应用，逐步实现深度优化和智能决策。

（六）促进现代物流和制造业高效融合。鼓励物流、快递企业融入制造业采购、生产、仓储、分销、配送等环节，持续推进降本增效。优化节点布局，完善配套设施，加强物流资源配置共享。鼓励物流外包，发展零库存管理、生产线边物流等新型业务。推进智能化改造和上下游标准衔接，推广标准化装载单元，发展单元化物流。鼓励物流企业和制造企业协同“走出去”，提供安全可靠服务。

（七）强化研发设计服务和制造业有机融合。瞄准转型升级关键环节和突出短板，推动研发设计服务与制造业融合发展、互促共进。引导研发设计企业与制造企业嵌入式合作，提供需求分析、创新试验、原型开发等服务。开展制造业设计能力提升专项行动，促进工业设计向高端综合设计服务转型。完善知识产权交易和中介服务体系，推进创新成果转移转化。

（八）加强新能源生产使用和制造业绿色融合。顺应分布式、智能化发展趋势，推进新能源生产服务与设备制造协同发展。推广智能发电、智慧用能设备系统，推动能源高效管理和交易。发展分布式储能服务，实现储能设施混合配置、高效管理、友好并网。加强工业设备、智能家电等用电大数据分析，优化设计，降低能耗。推动氢能产业创新、集聚发展，完善氢能制备、储运、加注等设施和服务。

（九）推进消费服务重点领域和制造业创新融合。满足重点领域消费升级需求，推动智能设备产业创新发展。重点发展手术机器人、医学影像、远程诊疗等高端医疗设备，可穿戴监测、运动、婴幼儿监护、适老化健康养老等智能设备，开展健康管理、运动向导、精准照护等增值服务，逐步实现设备智能化、生活智慧化。鼓励增强 / 虚拟现实等技术在购物、广电等场景中的应用。

（十）提高金融服务制造业转型升级质效。坚持金融服务实体经济，创新产品和服务，有效防范风险，规范产融结合。依托产业链龙头企业资金、客户、数据、信用等优势，发展基于真实交易背景的票据、应收账款、存货、预付款项融资等供应链金融服务。鼓励发展装备融资租赁业务。

四、发挥多元化融合发展主体作用

（一）强化产业链龙头企业引领作用。在产品集成度、生产协作度较高的领域，培育一批处于价值链顶部、具有全产业链号召力和国际影响力的龙头企业。发挥其产业链推动者作用，在技术、产品、服务等领域持续创新突破，深化与配套服务企业协同，引领产业链深度融合和高端跃升。

（二）发挥行业骨干企业示范效应。在技术相对成熟、市场竞争充分的领域，培育一批创新能力和品牌影响力突出的行业领军企业。鼓励其先行探索，发展专业化服务，提供行业系统解决方案。引导业内企业积极借鉴、优化创新，形成差异化的融合发展模式路径。

（三）激发专精特新中小微企业融合发展活力。发挥中小微企业贴近市场、机制灵活等优势，引导其加快业态模式创新，在细分领域培育一批专精特新“小巨人”和“单项冠军”企业。以国家级新区、产业园区等为重点，完善服务体系，提升服务效能，推动产业集群融合发展。

（四）提升平台型企业和机构综合服务效能。坚持包容审慎和规范监管，构建若干以平台型企业为主导的产业生态圈，发挥其整合资源、集聚企业的优势，促进产销精准连接、高效畅通。鼓励建立新型研发机构，适应技术攻关、成果转化等需求。加快培育高水平质量技术服务企业和机构，提供优质计量、标准、检验检测、认证认可等服务。

（五）释放其他各类主体融合发展潜力。引导高等院校、职业学校以及科研、咨询、金融、投资、知识产权等机构，发挥人才、资本、技术、数据等优势，积极创业创新，发展新产业新业态。发挥行业协会在协调服务等方面的重要作用，鼓励建立跨区域、跨行业、跨领域的新型产业联盟。

五、保障措施

（一）优化发展环境。清理制约两业融合发展的规章、规范性文件和其他政策措施。放宽市场准入，深化资质、认证认可管理体制改革。改革完善招投标制度。

推动政府数据开放共享，发挥社会数据资源价值，推进数据资源整合和安全保护。建立消费网络平台产品质量管控机制。加快建立推广适应工业互联网和智能应用场景需求的设备、产品统一标识标准体系。研究支持制造领域服务出口政策。完善政府采购相关政策。支持有条件的地方开展融合发展统计监测和评价体系研究。依法规范加强反垄断和反不正当竞争执法。建立创新高效协同的两业融合工作推进机制。

（二）强化用地保障。鼓励地方创新用地供给，盘活闲置土地和城镇低效用地，实行长期租赁、先租后让、租让结合等供应方式，保障两业融合发展用地需求。鼓励地方探索功能适度混合的产业用地模式，同一宗土地上兼容两种以上用途的，依据主用途确定供应方式，主用途可以依据建筑面积占比或功能重要性确定。符合产业和用地政策，具备独立分宗条件的宗地可以合并、分割。对企业利用原有土地建设物流基础设施，在容积率调整、规划许可等方面给予支持。

（三）加大金融支持。鼓励金融机构结合职能定位，按照商业化原则，向两业融合发展企业和项目提供适应其生产和建设周期特点的中长期融资，稳妥开展并购贷款业务，积极支持开展供应链金融服务。支持符合条件的企业上市融资和发行企业债券、公司债券、非金融企业债务融资工具。建立知识产权质押信息平台，扩大知识产权质押融资规模。

（四）加强人力资源保障。改革完善人才管理评价制度，探索建立复合型人才评价和职业发展通道体系。完善学科专业体系，深化职业教育改革，深入推进产教融合，提升校企合作水平，建设一批产教融合型企业和实训基地，推行现代学徒制和企业新型学徒制，加快创新型、技能型人才培养。发挥领军人物重要作用，加快培养引进中高级经营管理、技术技能人才。

（五）开展两业融合试点。支持有条件的城市、产业园区，开展区域融合发展试点，在创新管理方式、完善工作机制和创新用地、统计、市场监管等方面先行先试。鼓励重点行业和领域代表性企业开展行业、企业融合发展试点，探索可行模式路径，加快行业转型升级，建设世界一流企业。

推动先进制造业和现代服务业深度融合发展，要加强组织领导，强化主体责任。各部门要加快出台配套政策和细则，加强业务指导；各地方要认真落实本意见要求，推动开展试点，及时研究解决实施过程中遇到的重大问题，适时总结好的经验和做法，按程序报告。

国家发展改革委　工业和信息化部　中央网信办　教育部　财政部
人力资源社会保障部　自然资源部　商务部　人民银行　市场监管总局
统计局　版权局　银保监会　证监会　知识产权局
2019 年 11 月 10 日

附录二　地方政策

为深入贯彻落实《实施意见》，全国各级政府积极响应，陆续出台了推动两业融合发展的有关政策文件，详见附表1。

附表1　地方出台政策情况

序号	省份	政策文件名
1	北京	北京市推动先进制造业和现代服务业深度融合发展的实施意见
2	河北	河北省先进制造业和现代服务业深度融合发展试点管理办法（试行）
3	吉林	吉林省关于印发贯彻落实《关于推动先进制造业和现代服务业深度融合发展的实施意见》具体措施的通知
4	黑龙江	黑龙江省先进制造业与现代服务业融合发展实施方案
5	上海	上海市推动先进制造业和现代服务业深度融合发展的实施意见
6	江苏	江苏省先进制造业和现代服务业深度融合试点工作方案
7		江苏省先进制造业和现代服务业融合发展标杆引领工程实施方案
8	浙江	浙江省推动先进制造业和现代服务业深度融合发展的实施意见
9		浙江省两业融合试点创优导则（试行）
10		浙江省推动先进制造业和现代服务业深度融合发展2021年工作要点
11		浙江省推动先进制造业和现代服务业深度融合发展2022年工作要点
12	江西	江西省关于推动先进制造业和现代服务业深度融合发展的政策措施
13	河南	河南省促进先进制造业和现代服务业深度融合实施方案

续附表 1

序号	省份	政策文件名
14	湖北	湖北省推进现代服务业与先进制造业深度融合试点工作方案
15	湖南	湖南省先进制造业和现代服务业融合发展试点管理办法（试行）
16	广西	广西先进制造业和现代服务业深度融合发展实施方案
17	宁夏	宁夏回族自治区先进制造业和现代服务业深度融合试点工作方案
18	宁波	在新发展格局构建中宁波市推动先进制造业和现代服务业深度融合发展促进产业转型升级的实施意见

扫二维码阅读：
附表 1 地方出台政策情况

后　记

自2020年国家发展改革委组织开展两业融合试点以来，各试点单位大胆创新，探索融合发展新路径新模式，各省市立足产业实际，开展融合发展创新实践，形成了许多值得借鉴的宝贵经验。本书旨在全面反映各地方、各试点单位通过深化业务关联、链条延伸、技术渗透，推动形成的两业深度融合发展新业态、新模式、新路径。

本书收纳了国家和地方的有关政策、行业专家解读、省市工作经验、试点区域及企业经验案例。其中，17个省市工作经验主要选自开展过省级两业融合试点、出台过政策文件的有关单位，25个试点区域及38个企业经验案例主要依据试点单位实践过程中的经验总结，并综合考虑地区、行业分布情况进行选取。

本书编写工作由国家发展改革委产业发展司负责，中国国际工程咨询有限公司、中国发展改革报社、中国宏观经济研究院、中国产业发展促进会等单位在案例遴选、修改编撰等方面承担了具体工作，中国计划出版社对本书进行了编辑加工整理。于彤、李忠娟、赵欣、李志明、毕朝国、李子文、陈晓东、朱晓青、韩龙艳、高宝华、刘增华、姜尚清、王福清、褚祝杰等专家给予了大力支持。地方发展改革部门和相关试点单位为本书的编写提供了大量案例资料支持。在此，一并表示感谢！

由于时间仓促、水平有限，书中难免有疏漏或不周之处，敬请读者批评指正。

本书编委会

2023年3月